新訂版 國語史槪說

李 基 文

태학사

新訂版 國語史槪說

초 판 제1쇄 발행 1961년
개정판 제1쇄 발행 1972년
신정판 제1쇄 발행 1998년 9월 15일
신정판 제40쇄 발행 2024년 3월 4일

지은이 이기문

펴낸곳 | (주)태학사
등 록 | 제406-2020-000008호
주 소 | 경기도 파주시 광인사길 217
전 화 | (031)955-7580
전 송 | (031)955-0910
전자우편 | thspub@daum.net
홈페이지 | www.thaehaksa.com

ⓒ 이기문, 1998

값 13,000원

ISBN 978-89-7626-372-8 93710

新訂版 머리말

　이 책은 1961년에 初版을 내었고 72년에 改訂版을 내었다. 늦어도 10년마다 고칠 생각을 가지고 있었는데 여러 가지 사정으로 25년이 지나서야 겨우 新訂版을 내게 되니 부끄럽기 짝이 없다.
　그 동안 國語史 硏究는 참으로 刮目할 만한 發展을 이룩하였다. 예전에는 볼 수 없었던, 때로는 이름조차 들은 일이 없었던 새로운 자료가 연이어 세상에 모습을 드러내었고 이 방면을 연구하는 젊은 學者들이 많이 나타난 것은 여간 기쁜 일이 아니다. 앞으로 국어사 연구의 발전이 끊임없이 이어져 나갈 것을 나는 믿어 의심치 않는다.
　이제는 이런 얄팍한 책 속에 그 동안의 연구 성과를 모두 담기가 어렵게 되었다. 그리하여 이 책은 初學者를 위한 것으로 삼고, 두툼한 책을 따로 써야겠다는 생각을 해온 지도 몇 해가 되었다. 여러 학자의 도움을 받아서 이 계획을 실현할 것을 새삼 다짐해 본다.
　이 新訂版은 國語學의 발전을 위하여 온 정성을 기울이고 있는 太學社에서 간행하게 되었다. 初版과 改訂版을 맡아 키워 주신 民衆書館과 塔出版社, 그리고 이번에 급히 이 新訂版을 내기 위하여 애써 주신 太學社의 여러분께 깊은 謝意를 表한다. 앞으로 이 책의 내용을 더욱 알뜰하게 고침으로써 여러분의 勞苦에 조금이라도 報答할 수 있기를 바랄 뿐이다.

1998년 8월 20일
著　者

初版 머리말

　國語의 歷史的 硏究는 아직 年淺하고 그 동안 여러 가지 條件이 그 순조로운 발전을 沮害하여 왔으므로 體系的인 國語史를 쓰는 것은 時機尙早인 처지에 있다. 文獻 資料의 硏究, 方言 硏究, 同系諸語와의 比較 硏究 등이 고루 이루어져 있어야 하는데 그 어느 分野에서도 만족할 만한 成果를 거두지 못하고 있는 것이다.

　그러나 近年 이 方面의 硏究에는 새로운 발전을 위한 강렬한 意慾이 움터 왔다. 이제 이 意慾이 옳은 方向을 잡아 착실한 業績을 쌓아 간다면 가까운 앞날에 현저한 深化 發展이 있을 것으로 기대된다. 이러한 時期에 體系的일 수는 없더라도, 우리의 現有 財産을 정리하여 國語史의 줄거리를 엮어 보는 것은 의미 없는 일이 아닐 것이다.

　이 책은 주로 전년 겨울(1959~60)에 쓰여졌다. 이것이 들어 있는 講座의 性格이 著者에게 여러 가지 制約을 주었음을 여기에 특히 밝혀 둔다. 그 뒤 著者는 좀 긴 旅程에 올라 외로운 나그네의 몸이 되었다. 해가 바뀌고 이 먼 異域에서 航空便으로 初校를 보고 나서 이제 머리말을 붙이게 되니 感慨가 자못 깊다.

　이 小著가 이루어진 것은 전혀 恩師, 先學, 同學 여러분의 恩澤이다. 여기에 충심으로부터 感謝를 드린다.

1961年 3月 14日

著　者

新訂版 國語史槪說・차례

第一章　序論・10
　　第一節　硏究의 目的 ──────── •11
　　第二節　硏究 方法 ──────── •12
　　第三節　變化의 類型 ──────── •14
　　第四節　外史와 內史 ──────── •17
　　第五節　國語史의 體系化 ──────── •18

第二章　國語의 系統・20
　　第一節　言語의 系統的 分類 ──────── •21
　　第二節　共通特徵論 ──────── •22
　　第三節　國語와 알타이諸語의 比較 ──────── •25
　　第四節　國語와 日本語의 比較 ──────── •34
　　第五節　國語의 系統的 位置 ──────── •36

第三章　國語의 形成・40
　　第一節　古朝鮮 ──────── •40
　　第二節　夫餘系와 韓系 ──────── •41
　　第三節　高句麗語 ──────── •43
　　第四節　百濟語 ──────── •47
　　第五節　新羅語 ──────── •49
　　第六節　三國語의 異同 ──────── •50
　　第七節　中世國語 ──────── •51
　　第八節　國語史의 諸段階 ──────── •52

第四章　文字 體系•56

第一節　漢文의 定着 ————————• 56
第二節　固有名詞 表記 ————————• 58
第三節　吏讀 ————————• 60
第四節　口訣 ————————• 64
第五節　鄕札 ————————• 67
第六節　訓民正音 ————————• 68

第五章　古代國語•74

第一節　資料 ————————• 75
第二節　表記法 ————————• 78
第三節　音韻 ————————• 81
第四節　漢字音 ————————• 87
第五節　文法 ————————• 89
第六節　語彙 ————————• 91
第七節　鄕歌 解讀의 方法 ————————• 94

第六章　前期 中世國語•100

第一節　中世國語의 成立 ————————• 101
第二節　資料 ————————• 103
第三節　表記法 ————————• 106
第四節　音韻 ————————• 109
第五節　語彙 ————————• 115

第七章　後期 中世國語•120

第一節　資料 ————————• 121

第二節　訓民正音 體系 ──────● 128

第三節　15世紀 正書法의 原理 ──────● 134

第四節　漢字音 表記法 ──────● 136

第五節　音韻 ──────● 137

第六節　文法 ──────● 155

第七節　語彙 ──────● 190

第八章　近代國語 • 196

第一節　資料 ──────● 198

第二節　文字 體系, 正書法 ──────● 202

第三節　音韻 ──────● 206

第四節　文法 ──────● 214

第五節　語彙 ──────● 227

第九章　現代國語 • 234

第一節　現代 正書法의 原理 ──────● 236

第二節　現代國語의 特徵과 傾向 ──────● 238

索引 • 247

第一章 序論

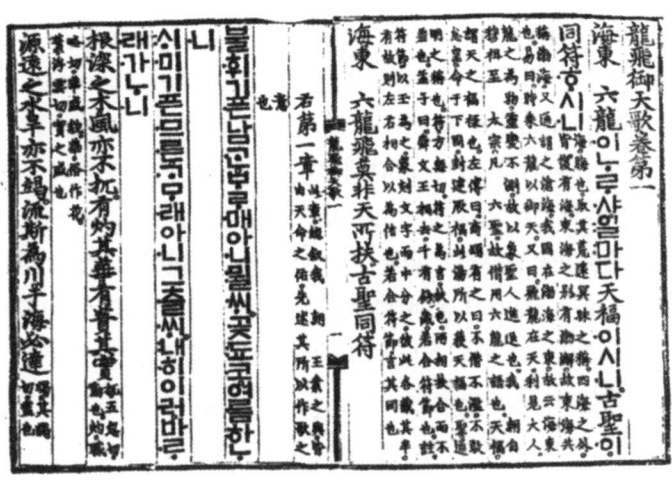

龍飛御天歌 第一章과 第二章

第一章
序論

　國語史 연구는 아득한 옛날부터 국어가 겪어 온 변화들을 밝혀 그 역사를 체계적으로 서술하는 것을 목적으로 한다.

　국어가 변화를 겪어 왔다는 것은 고전을 읽어 본 사람이면 누구나 깨달을 수 있는 사실이다. 현대어의 지식만 가지고 龍飛御天歌를 읽어 보면 오늘날은 사용되지 않는 문자나 단어가 있어 그 뜻을 이해하기 어려움을 발견한다. 이것은 국어에서만 볼 수 있는 현상은 아니다. 언어는 언제나 변화의 과정에 있다고 할 수 있는 것이다. 언어의 변화는 돌발적이 아니고 어느 기간에 걸쳐 일어나지만, 수백년을 두고 보면 그 변화가 자못 현격한 것이 보통이다.

　위에서도 암시했듯이 대부분의 사람들은 언어의 변화를 文字와 單語의 변화라고 생각하고 있다. 龍飛御天歌에 사용된 낯선 문자들은 그 당시의 문자 체계와 오늘의 문자 체계의 차이를 보여 주는 것으로서 文字史에서 매우 중요한 사실이다. 그러나 文字史는 言語史가 아니다. 언어사 학자가 문자사에 관심을 가지는 것은 다만 언어가 문자로 기록되어 있기 때문이다. 그는 문자 체계의 차이보다도 그 차이가 암시하는 音韻 體系의 변화에 관심이 있는 것이다. 한편 언어의 변화를 단어의 변화로 보는 것도 너무나 소박한 생각이다. 옛날에 사용되던 몇몇 단어가 죽고 새 단어들이 생겨난 사실을 나열하는 것이 言語史의 전부는 아니다. 언어는 단어의 단순한 집합체가 아니라 音韻 體系, 文法 體系, 語彙 體系가 유기적으로 결합된 하나의 공고한 체계이며 변화는 그 체계 전체에서 일어나는 것이다.

이러한 변화가 通時 言語學(歷史 言語學)의 연구 대상이 된다. 세계의 여러 언어들에 대한 역사적 연구의 역사는 아득한 古代로 거슬러 올라간다. 우리 국어의 경우에도 이미 新羅 시대에 이러한 연구의 싹이 텄음을 볼 수 있다.(제5장 참고) 그러나 19세기에 유럽에서 언어의 역사적 연구가 일어난 뒤에 역사 언어학은 차츰 하나의 과학으로 그 튼튼한 기반을 다져 왔다.

第一節 研究의 目的

국어의 역사를 연구하는 목적은 무엇인가. 무엇 때문에 국어의 옛 모습을 알아내려 애쓰는가.

첫째, 우리 민족의 역사 전체에서 볼 때 국어의 역사는 그 한 부분이 된다. 우리 민족은 그 오랜 역사를 통하여 국어로 서로 의사를 소통하면서 하루하루의 생활을 영위하였고 국어로 思索하였고 苦憫하였다. 따라서 국어사에는 먼 옛날부터 오늘에 이르는 우리 민족의 정신적 물질적 생활이 고스란히 반영되어 있다고 할 수 있다. 이렇게 볼 때, 국어사 연구가 매우 중요함을 새삼 깨닫게 된다.

둘째, 국어사 연구는 국어로 쓰인 古典 문학 작품들을 올바로 읽게 하는 길잡이가 된다. 15세기의 국어를 연구하지 않고는 龍飛御天歌를 읽을 수 없다. 오늘날 龍飛御天歌를 올바로 이해할 수 있게 된 것은 그 동안 국어사 연구가 15세기 국어의 연구에 큰 힘을 기울여 온 덕분이다. 歌辭나 時調 작품에 대한 정확한 해석도 국어사 연구의 발전으로 달성될 수 있었음을 명심할 필요가 있다.

셋째, 국어의 역사에 관한 지식은 오늘날 우리들이 날마다 사용하고 있는 현대국어를 이해하는 데 큰 도움이 된다. 현대국어는 옛 국어의 연속이기 때문이다. 비근한 예를 들면 '멧부리', '멧새'의 '멧'은 중세국어 문헌에 '묏부리', '묏새'로 기록되었고 '뫼'가 山을 의미한 말임을 알면 '메'가 '뫼'의 변화형임을 깨닫게 된다. 또 '갈치'라는 물고기 이름은 중세국어에서 칼을 '갈'(갏)이라 했음과 '刀魚'라고도 일컬어짐을 알면 '갈'의 유래를 쉽게 이해할 수 있게 된다. 이 예들이 암시하는 바와 같이, 合成語나 派生語에 古語의 흔적이 많이 남음을 알 수 있다.

第二節 研究 方法

모든 역사가 그렇지만, 특히 언어는 문자로 기록되어 보존되므로, 언어사의 연구는 무엇보다도 먼저 문헌 자료에 의존하게 된다. 여기서 가장 중요한 것은 그 문헌의 성격과 거기에 사용된 문자 체계에 대한 정확한 지식이다. 이러한 지식을 가지고 문헌의 언어를 검토하면 그 문헌의 가치가 결정된다. 이렇게 결정된 역대 문헌들에 의해서 그 언어의 역사를 엮을 수가 있는 것이다.

문헌에 의한 연구에 있어서는 첫째, 문자의 幻影에 사로잡혀서는 안 된다. 가령 오늘날 사용되고 있는 문자들이 龍飛御天歌에도 사용되고 있다고 해서 그들의 가치(음가)도 오늘의 것과 동일했으리라고 생각해서는 안 된다. 문자의 가치는 언제나 동일하다는 전제는 성립되지 않기 때문이다. 둘째, 문자 표기는 일반적으로 보수적인 성향을 가지고 있음을 항상 명심할 필요가 있다. 문자 체계나 정서법은 고정화되는 경향이 있어서 그 문헌이 이루어진 때의 언어보다는 앞선 단계의 언어를 반영하는 것이 보통이다. 그러므로 각 문헌에 나오는 문자 체계와 정서법의 어느 부분이 擬古的인 것인가, 어느 부분이 당시의 실제 언어를 반영하는가를 판단하지 않으면 안 된다.

그러나 문헌 자료에 의해서 엮어지는 언어사는 매우 제한된 것이다. 고대로부터 문헌이 있었다 해도 그것은 그 언어의 오랜 역사에서 보면 극히 최근에 속하는 일이며 그 문헌들은 그 언어의 그때 그때의 완전한 모습 (비유해 말하면 그 언어의 무수한 순간 사진)을 보여 주지는 않기 때문이다. 국어의 경우에 문헌의 결핍은 특히 심하다. 訓民正音이 창제된 15세기 중엽 이전에 있어서의 漢字에 의한 자료는 말할 것도 없고 훈민정음에 의한 자료도 양으로 보나 질로 보나 국어사 학자를 만족시키기에는 거리가 먼 것이다. 이 때문에 도리어 현존 자료들이 소중하고 그에 대한 면밀한 검토가 요청되기도 한다.

이러한 문헌의 결함을 보충하기 위하여 국어사 학자들이 의존하는 것으로 比較 方法, 內的 再構 및 方言學 등이 있다.

넓은 의미에서, 比較 方法은 언어의 역사를 연구하는 기본 방법이라고 할 수 있다. 위에서 말한 문헌 연구에 있어서도 서로 시대가 다른 문헌들을 놓고 음운, 문법, 어휘의 발달을 확인하는 것은 비교를 통해서 가능한 것이다. 그리고 다음에 말할 방언 연구는 한 언어 안의 방언들의 비교를 주축으로 하는 것이다. 그러나 비교 방법이란 말은 일반적으로 여러 언어의 문헌 이전의 역사 즉 先史를 밝히는 방법을 말한다. 이 방법은 동일 계통에 있는 언어들의 비교에 의하여 그 共通 祖語를 재구하고 그 祖語로부터 변화해 온 자취를 더듬는 것을 목적으로 하고 있다. 이에 대해서는 제2장에서 자세히 설명될 것이다.

內的 再構란 순전히 어떤 共時的 상태가 보여 주는 암시에 근거하여 그 이전의 상태를 재구하는 방법을 말한다. 가령 현대국어에서 모음으로 시작되는 조사 앞에서는 '낫'(鎌), '낮'(晝), '낯'(面), '낟'(穀), '낱'(個)의 末子音들이 제대로 나타나지만 休止 앞에서는 한결같이 [t]

로 나타나 모두 同音語가 되고 마는 사실이 주목된다. 이 사실은 어느 이른 단계에 있어서는 이들의 말자음이 휴지 앞에서도 각기 제대로 나타났었는데, 이들이 하나로 합류되었음을 암시하고 있다. 다행히 이러한 재구는 고대 및 중세의 문헌 자료에 의해서 확인된다.(84, 111~2면 참조) 중세국어의 체언이나 용언 어간의 특수 교체에 대해서도 이와 비슷한 내적 재구의 방법이 적용될 수 있다.(164~5면 참조) 그러나 이 경우는 문헌 자료에 의해서 확인되지 않는다.

현대의 여러 방언은 국어사 자료의 산 寶庫라고 할 수 있다. 따라서 방언학은 국어사에 매우 중요한 공헌을 행하는 것이다. 문헌 자료에 의한 국어의 역사는 특수한 예를 제외하면 중앙 방언의 그것에 한정된 것이다. 그러나 완전한 의미에서의 국어사는 그 모든 방언의 역사를 포함해야 할 것이므로 방언학은 국어사의 시야를 크게 확대해 준다. 그런데 중앙 방언에 한정된 국어사에 있어서조차 방언의 중요성은 크게 인정된다. 첫째로, 국어의 방언들 사이에는 서로 끊임없는 간섭이 있어 왔기 때문에, 중앙 방언의 역사는 이미 다른 방언들의 간섭을 고려에 넣지 않을 수 없는 것이다. 둘째로 국어 방언들에 있어서의 단어 및 문법 형태의 현재의 분포는 그들의 역사의 空間的 投影이라고 해석될 수 있는 것이다. 이러한 해석 방법은 言語地理學에 의해서 발전된 것으로, 이 방법에 의하여 문헌 연구만으로는 상상도 할 수 없었던 생생한 역사를 엮을 수 있게 된 것이다. 국어사 연구에 있어서 이것은 빈약한 문헌 자료의 결함을 보충해 주는 가장 중요한 방법이라고 할 수 있다.

第三節 變化의 類型

앞서 지적한 바와 같이, 변화는 언어 체계 전반에 걸쳐 일어난다.

즉 음운, 문법, 어휘에 걸쳐 일어난다.

음운 변화는 현저한 규칙성을 띠고 있다. 어떤 한 언어에 있어서, 어떤 일정한 시기에 동일 환경 속에 있는 어떤 음의 변화는 동일하게 일어나는 강한 경향이 있는 것이다. "音韻 法則"이라고 부르는 데는 문제가 있다고 해도, 이 규칙성은 언어사 연구에 있어서 가장 중요한 작업 원칙이 되어 왔다.

음운 변화는 흔히 條件 變化(結合的 變化)와 無條件 變化(自生的 變化)로 분류되어 왔다. 어떤 음의 변화가 그 인접음의 영향에 의해서 설명될 수 있을 때 이것을 조건 변화라 하며 이런 조건 없이 일어나는 변화를 무조건 변화라고 한다. 조건 변화에는 同化, 異化 등이 있다. 동화에는 어떤 음의 영향으로 다른 음이 그것과 닮아지는 현상으로 앞 음이 뒷 음에 영향을 미치는 경우(順行 同化)와 그 반대의 경우(逆行 同化)가 있으며 또 이들 두 음이 서로 붙어 있는 경우(隣接 同化)와 떨어져 있는 경우(遠隔 同化)가 있다. 국어에서 몇 예를 들면, 근대국어에서 양순자음 뒤의 'ㅡ'가 'ㅜ'로 변한 것(212면 참조)은 순행 인접 동화, 중세국어에서 'ㄴ' 위의 'ㄷ'이 'ㄴ'으로 변한 것(149면)과 근대국어의 口蓋音化(207~9면)는 역행 인접 동화, 근대국어의 움라우트(211~2면)는 역행 원격 동화의 예들이다. 이화의 예는 매우 드물다. 국어에서는 고대의 '*ᄒᆞᄅᆞ'(1日), '*ᄆᆞᄅᆞ'(棟) 등이 중세어에 'ᄒᆞᄅᆞ', 'ᄆᆞᄅᆞ' 등이 된 것(92, 165면)이 이화의 예로 지적되었다. 그리고 音韻倒置(가령 중세국어 하야로비>근대국어 해오라비 鷺)도 이화의 일종으로 간주된다. 이러한 조건 변화가 부분적임에 대하여, 무조건 변화는 전반적이다. 가령 중세국어에서 전기와 후기 사이에 큰 母音推移가 일어난 것(151~2면 참조)은 무조건 변화의 일례다. 한 음소가 분화하여 두 음소가 되든가, 두 음소가 합류하여 한 음소가 되든가, 음소들의 대립 관계가 새로워지든가 해서 음운 체계에 변천이 일어나는 것이다.

　類推는 문법 변화에 있어서의 가장 중요한 절차라고 생각되어 왔다. 이것은 이미 존재하는 어떤 유형을 본받아서 어떤 문법 형태가 새로이 만들어지거나 변화를 입는 것을 말한다. 가령 중세국어에서 동사 '오-'(來)는 선어말 어미 '-거-' 대신 '-나-'를 가졌었다. 예. 오나둔, 오나늘. 그러나 다른 모든 동사가 '-거-'를 가진 것을 본받아서 '오-'도 '-거-'를 가지게 된 것이다. 예. 오거든, 오거늘.(174면 참조) 유추는 일반적으로 比例 4項式으로 표시된다. 가- : 가거늘=오- : χ. 유추는 음운 변화의 결과로 생긴 "불규칙적"인 형태들을 "규칙적"인 것으로 만드는 작용을 한다. 중세국어에서 음운 변화로 'ㄹ' 뒤의 '-거-'가 '-어-'로 변하였었다. 예. 알-어늘(知). 이것이 근대국어에 와서 '알거늘'이 된 것은 다른 어간 뒤의 '-거-'에의 유추에 의한 것이었다.(220면 참조) 이리하여 음운변화가 문법 형태들의 특징을 깨쳐 문법 체계를 파괴함에 대항하여 유추는 그것을 새로이 건설하는 작용을 한다.

　그런데 유추는 어떤 문법 형태의 사용 범위를 넓히거나 좁히거나 할 뿐이지, 文法 體系의 변화를 가져오지는 않는다. 문법 체계의 변화는 가령 어떤 文法 範疇가 없어지거나 새로운 문법 범주가 생겨남으로써 일어난다. 중세국어에는 意圖法이란 문법 범주가 있어서 先語末 어미 '-오/우-'로 표시되었는데 근대국어에 와서 이것이 없어진 것이나(170~2, 222면 참고), 명사나 동사의 활용형이 특수조사로 변한 것(182 이하 참고) 등의 많은 예를 들 수 있다. 때로는 문법 범주는 그대로 있으면서 그것을 표시하는 형태에 변화가 생기기도 한다. 중세국어에서 主格 조사는 '-이'뿐이었는데 나중에 '-가'가 생긴 것(166면 참고), 속격 형태로는 '-이/의'와 '-ㅅ'(소위 사이시옷)이 있었는데(166면 참고) 뒤에 '-ㅅ'은 속격 기능을 잃은 것을 예로 들 수 있다.

　언어 변화라면 곧 어휘 변화를 생각할 만큼 어휘는 가장 많은 변화를 입는다. 널리 쓰이던 단어가 쓰이지 않게 되거나 새로운 단어(新語)가 쓰이게 되는 일이 허다하다. 그리고 단어의 意味가 변하는 일도 허다하다. 위에서 예로 든 중세국어의 '뫼'(묗)는 한자어 '山'에 밀려났지만 무덤의 뜻으로 현대국어에 남아 있음을 본다.(특히 '묏자리', '뫼를 쓰다' 참고)

借用은 일반적으로 어휘에서 행해진다. 어휘에 있어서의 차용의 결과를 차용어(또는 외래어)라고 한다. 국어의 차용어의 주된 공급원은 상고로부터 근세에 이르기까지 중국어였고, 그밖의 것으로는 중세에 몽고어, 현대에 영어를 비롯한 유럽 언어들 및 일본어를 들 수 있다. 차용은 방언간에도 행해진다는 점을 각별히 주의할 필요가 있다. 그리고 차용의 결과로 음운 체계에 변화가 생기는 일이 있음도 주목할 만하다. 새로운 음소를 추가하는 경우도 있고 이미 있었던 음소들의 분포의 변화를 가져오는 경우도 있다. 가령 국어에는 'ㄹ'이 어두에 올 수 없다는 규칙이 있었으나 현대에 와서 유럽 언어들의 차용어에 의해 이에 대한 예외들이 생겼다.

第四節 外史와 內史

언어사에 있어서는 그 외사와 내사를 구별하는 것이 중요하다. 외사는 그 언어 사용자들의 거주지 또는 이주에 대해서, 다른 언어 사용자들과의 접촉이라든가 사회적 문화적 환경의 변동이라든가, 하여튼 그 언어에 어느 형태로나 영향을 미친 모든 사실에 대해서 논하는 것이다. 이에 대하여 내사는 그 언어의 구조 자체에 일어난 여러 가지 사실에 대해서 논하는 것이다.

국어의 외사에 대해서 말하면 언제 국어를 말하는 우리 조상들이 이 반도로 들어왔으며 그 이전에는 이 반도에는 어떤 언어 사용자들이 존재했는가, 그 뒤 어떠한 곡절을 거쳐서 오늘과 같은 한반도의 언어 통일이 이루어졌는가, 또 그 동안 중국어를 비롯한 북방 제어와 어떻게 접촉하였으며 어떠한 영향을 받아 왔는가 등등의 문제가 취급되어야 할 것이다.(제3장 참조) 그러나 불행히도 국어의 외사에 대한 지식은 고대로 거슬러 올라갈수록 정확하지 못하다.

第五節 國語史의 體系化

古代로부터 작은 싹들이 보이기는 했지만, 국어의 역사적 연구는 20세기 초엽에 시작되었다. 그것은 訓民正音에 대한 연구에서 싹텄다. 그리하여 이 문자 체계가 창제된 15세기의 문헌들의 언어가 주된 대상이 되어 왔고 그로부터 현대에 이르는 변화에 대한 연구가 이루어졌다. 지금까지의 이 방면의 연구사는 한마디로 "現代的 偏見"을 극복하여 온 과정이라고 할 수 있다. 오랜 동안 연구자들은 과거의 어느 단계의 음운 체계나 문법 체계의 연구에 있어 현대국어의 체계에 대한 그들의 편견에 사로잡혔는데, 최근에 와서 연구자들은 차츰 이러한 편견에서 벗어나 고대, 중세, 근대의 제단계에 있어서의 국어의 체계와 그 발달에 대한 자못 정확한 인식에 접근하여 왔던 것이다.

종래의 국어사 연구는 문헌 연구에 가장 많은 정력을 기울여 왔으며 그 성과도 컸으나, 15세기 이전의 문헌은 말할 것도 없고 그 이후의 문헌에 대해서도 더욱 정밀한 검토가 요청되고 있다. 더욱이, 비교 연구나 방언 연구의 성과는 아직 빈약하여, 앞으로의 본격적인 연구가 절실히 요망된다.

第二章　國語의 系統

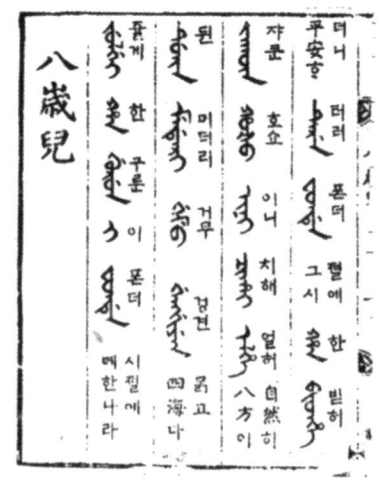

蒙語老乞大 卷1, 첫장　　　　八歲兒 첫장

第二章
國語의 系統

　오늘날 우리가 말하고 있는 국어의 조상은 어떤 언어였던가. 그 조상으로부터 갈라져 나온 언어들 즉 국어와 親族關係에 있는 언어들은 어떤 것들인가. 국어는 언제부터 이 땅에서 말해지게 되었는가. 국어의 역사를 거슬러 올라갈 때 우리는 국어의 系統에 관한 의문을 제기하게 된다.

　이러한 의문을 해결하기 위하여 우리가 의존하는 것이 比較 方法이다. 이 방법은 둘 또는 그 이상의 언어들의 친족관계를 수립해 주는 것이다. 즉 이 언어들이 아득한 옛날의 어떤 한 언어(共通祖語)에서 분화되어 서로 다르게 변화한 결과임을 증명해 주는 것이다. 한 걸음 더 나아가, 비교 방법은 그 공통조어가 어떠했으리라는 것을 再構케 하며 그로부터의 각 언어의 발달 과정을 밝혀 주기도 한다.

　친족관계에 있는 언어들을 동일 계통(同系)의 언어라고 하며, 동계의 언어들은 語族을 형성한다. 세계의 언어들을 어족으로 묶는 것을 系統的 分類라고 한다. 따라서 국어의 계통을 밝힌다는 것은 비교 방법이란 탐지기를 가지고 지구상에 현존하는 많은 언어들 중에서 국어와 동계의 언어들을 색출하는 것을 말하며 국어로 하여금 언어의 계통적 분류에서 정당한 위치를 차지하게 하는 것을 말한다.

第一節 言語의 系統的 分類

19세기 초엽 인도・유럽어족이 확립된 뒤로 계통적 분류 작업이 여러 대륙과 대양의 언어에 파급되었다. 국어에 이것이 파급된 것은 19세기 후반이었다. 그러나 불행히도 국어는 그 계통이 쉽게 드러나지 않는 언어들 중의 하나였다. 그리하여 오늘에 이르기까지 여러 가설이 제기되었던 것이다.

언어의 계통적 분류는 아직도 많은 언어를 의문 속에 남겨 두고 있지만, 적지 않은 어족의 수립에 성공하였다. 세미트어족과 하미트어족은 잘 확립되어 있다. 이 둘을 다시 묶어 하미토・세미트어족을 세우기도 한다. 19세기에 있어서는 될 수 있으면 방대한 어족을 형성하는 것이 한 풍조이기도 하였다. 유라시아대륙에 걸친 많은 언어를 포괄하는 우랄・알타이어족의 가설이 세워진 것도 이러한 풍조를 탄 것이었다. 20세기에 들어 이 가설은 비판을 받아 우랄어족과 알타이어족으로 양분되기에 이르렀다. 우랄어족은 핀・우글제어와 사모예드어를, 그리고 알타이어족은 토이기제어, 몽고제어, 퉁구스제어를 포괄한다. 한편 시베리아 동부에 있는 추크치어, 골랴크어, 캄차달어, 유카길어, 길랴크어 등은 古아세아제어(또는 極北諸語)라 불린다. 일본 북부에서 지금은 거의 소멸된 아이누어는 계통상 고립되어 있다. 중국어는 티베트・버마제어, 타이제어와 친족관계에 있다는 가설(중국・티베트어족)이 있으나 아직 증명이 되어 있지 않다. 동남아세아의 월남어, 몽크멜제어, 문다제어 등의 친족관계도 확실하지 않으나 이들은 자주 南亞語族이라고 불린다. 인도에는 인구어 계통의 언어들과 문다제어 외에 주로 남부에 드라비다제어가 있다. 이것은 인도・유럽 계통의 언어가 들어오기 이전의 인도 원주민의 언어라고 생각되고 있다. 인도양과 태평양의 여러 섬들 즉 서쪽은 마다가스칼에서 동쪽은 하와이에 이르는 언어들은 말레이·폴리네시아어족을 형성한다. 여기에는 인도네시아, 멜라네시아, 폴리네시아의 세 어군이 있다. 이밖에도 지구상에는 많은 언어들이 있고 또 그들의 계통적 분류도 행해지고 있으나, 국어와는 아무런 관련도 없는 것이기에 약하기로 한다.

19세기와 20세기의 교체기에 국어의 계통에 관한 여러 가설이 제기되었는데, 그 중에는 우랄·알타이어족, 일본어, 중국어, 아이누어, 드라비다제어, 심지어는 인도·유럽어족에 국어를 결부시키려는 시도들이 있었다. 그 중 유력한 것은 우랄·알타이 계통설과 일본어와의 동계설이었다. 전자는 우랄·알타이어족이 우랄어족과 알타이어족으로 양분된 뒤에는 알타이 계통설로 발전하였다.

第二節 共通特徵論

19세기의 우랄·알타이어족의 가설은 주로 이들 언어 사이에 공통적으로 존재하는 몇 개의 현저한 구조적 특징에 입각한 것이었다. 국어의 우랄·알타이 계통설은 이들 구조적 특징이 국어에서도 확인됨으로써 제기된 것이었다. 그 공통특징으로서 가장 중요한 것은 母音調和와 文法의 膠着性이었다.

그러나 이러한 일반적인 구조적 특징 위에 세워진 우랄·알타이어족의 가설이나 여기에 국어를 추가하는 가설은 그 근거가 매우 박약한 것이었다. 그 이유는 둘 또는 그 이상의 언어에서 발견되는 구조적 특징의 일치는 아무리 인상적인 경우에라도 친족관계를 증명하기에는 부족한 것이기 때문이다. 구조의 유사는 동계의 언어들 사이에서도 발견되지만 그렇지 않은 언어들 사이에서도 발견되므로 이것은 친족관계의 증명에 결정적 증거로 이용될 수는 없는 것이다.

그렇다고 해서 공통특징들의 존재가 전혀 무의미한 것은 아니다.

그것은 친족관계에 대한 강력한 암시를 던져 줄 수 있는 것이다. 특히 그런 특징들의 묶음이 어떤 언어들에만 발견되어 그들을 이웃 언어들로부터 뚜렷이 구별시켜 줄 때, 이것은 친족관계 증명의 단서가 되는 것으로 볼 수 있다. 이런 관점에서 국어와 알타이제어의 공통특징을 여기에 열거해 보는 것은 유익한 일이라고 생각된다.

(1) 母音調和가 있다.
(2) 語頭의 子音이 제약을 받고 있다.
(3) 膠着性을 보여 준다.
(4) 母音交替 및 子音交替가 없다.
(5) 關係代名詞 및 接續詞가 없다.
(6) 副動詞가 있다.

국어와 알타이제어를 둘러싼 언어들(인도·유럽제어, 우랄제어, 중국어, 古아세아제어 등) 중에는 위의 특징들의 몇몇을 가지고 있으나 그 전부를 가진 것은 없다.(일본어에 대해서는 후술 참조) 특히 우랄제어는 위의 대부분의 특징을 가지고 있으나 마지막 특징을 가지고 있지 않다.

국어와 알타이제어는 위의 특징들을 공통적으로 가지고 있을 뿐만 아니라 그 하나 하나의 내용에 있어서까지 현저한 일치를 보여 준다.

(1) 모음조화는 본질적으로는 한 단어 안의 모음의 同化 현상이다. 한 단어 안의 모음들의 출현에 특수한 제약 조건이 있어서 가령 前舌母音만으로 되어 있는 단어와 後舌母音만으로 되어 있는 단어는 있으나 이 두 계열의 모음이 한 단어 안에 공존할 수 없다는 규칙이다. 이처럼 전설과 후설의 양계열의 대립에 기초를 둔 것을 口蓋的 調和라고 한다. 위에 말한 여러 언어에 나타나는 모음조화는 한결같지 않지만, 가장 단순한 체계를 가진 언어들도 구개적 조화를 가지고 있고, 또 복잡한 체계를 가진 언어들에 있어서도 구개적 조화를 결하지 않

는다는 사실로 보아, 구개적 조화가 기본적인 것으로 생각된다. 여기에 圓脣과 非圓脣의 양계열의 대립에 기초를 둔 조화(脣的 調和)가 추가되기도 한다. 국어도 전기 중세 단계까지는 구개적 조화를 가졌던 것으로 추정된다.(86~7, 153~4면 참조)

(2) 어두에 子音群이나 流音(특히 r)이 오는 것을 피한다. 국어는 중세 단계에 어두 자음군이 있었으나 이것은 일시적인 것이었다. 국어와 알타이제어에는 본래 r로 시작되는 단어는 없었던 것으로 믿어지며 외래어의 r-은 모음이 첨가되거나 n-으로 바뀐다.

(3) 교착성이란 말은 본래 19세기 중엽에 유행한 언어의 形態的 分類에서 나온 것이다.(세계의 언어들을 屈折語, 膠着語, 孤立語로 나누는 三分法이 대표적이었다.) 국어와 알타이제어의 모든 단어의 派生과 屈折은 접미사에 의하여 이루어진다. 여기서 주목할 사실은, 첫째, 語幹과 接尾辭의 연결이 극히 기계적이다. 따라서 이들 언어는 지극히 "규칙적"이다. 둘째, 모든 접미사는 단일한 기능을 가진다. 인도·유럽제어에 있어서처럼 한 어미가 둘 또는 그 이상의 기능을 가지는 일이 없다.

(4) 이것은 바로 위의 특징과 관련이 있다. 접미사에 전적으로 의존하는 결과, 인도·유럽제어에서처럼 모음교체나 자음교체가 문법적 기능을 가지지 않는다.

(5) 위에서 본 특징들에서도 인구제어의 그것과 대조되는 점들이 드러났지만, 관계대명사와 접속사의 결여는 이런 관점에서 가장 현저한 것이다. 그런데 국어와 알타이제어는 이 결여에서 일치할 뿐만 아니라 그것을 보충하는 방법에 있어서도 일치한다.

(6) 접속사의 결여를 보충하는 것이 부동사의 사용이다. 인구제어에 있어서는 두 동사는 보통 접속사로 연결되지만, 국어와 알타이제어에서는 선행 동사가 副動詞形을 취하는 것이다.

국어와 알타이제어 사이에 중요한 구조적 특징들이 일치함은 사실이지만 차이가 없는 것도 아니다. 가령 알타이제어에 있어서는 명사나 동사의 최소형은 어간이다. 즉 명사는 아무 조사 없이 주격형으로 쓰이고 동사 어간은 명령형으로 쓰인다. 그런데 국어에는 주격 조사가 엄연히 존재하며 동사 어간이 어미 없이 사용되는 일은 거의 없다. 그러나 이런 차이는 그렇게 많지 않으며, 위에 든 공통특징에 비하면 중요성이 작은 것들이다. 이만한 차이들은 공통조어에서 분열된 뒤의 서로 다른 발달의 결과로 설명될 수도 있음직하다. 그런데 여기서 주목되는 것은 이런 차이가 알타이제어 상호간에보다 알타이제어와 국어 사이에 더 현저하다는 사실이다. 이것은 국어와 알타이제어의 친족관계가 소원함을 암시하는 것이라고 할 수 있다.

第三節 國語와 알타이諸語의 比較

언어의 친족관계의 증명은 資材的 細部의 一致를 발견함으로써 이루어진다. 우연성이나 차용의 결과로 설명될 혐의가 있는 것들이 없지 않으므로 이들은 철저히 배제되지 않으면 안 된다. 비교 방법은 이러한 유효한 일치만을 추구하기 위하여 발달된 것이다. 이 방법은 어휘나 문법 형태의 비교에 있어 엄밀한 音韻 對應의 規則을 수립한다. 동계 언어들의 사뭇 다른 음운체계는 공통조어의 음운체계로부터의 서로 다른 규칙적 변화의 결과에 지나지 않는 것이므로 그들 사이에는 엄밀한 대응의 규칙이 수립될 수 있는 것이다. 언어의 비교는 外形의 相似에 의해서가 아니라 이 대응의 규칙에 의해서 행해질 때 비로소 믿음직하게 된다.

현재 알타이제어의 비교에 있어서는 자못 정밀한 음운 대응의 규칙이 수립되어 있지만, 이들과 국어의 비교에 있어서 수립된 것은 그처럼 정밀하지 못하다.

알타이조어의 모음체계는 전설모음과 후설모음의 양계열의 대립을 특징으로 한다. 국어의 모음체계도 고대 및 중세(전기)에는 이런 특징을 가졌던 것으로 생각된다.(86, 115면 참조) 이제 이 두 체계를 대조시켜 보면 다음과 같이 된다.

	1	2	3	4	5	6	7	8	9
알타이조어	*a	*o	*u	*ï	*e	*ė	*ö	*ü	*i
고대 국어	a ㅏ	ɔ ㆍ	u ㅗ	i ㅣ	ä ㅓ	i ㅣ	ö ㅡ	ü ㅜ	i ㅣ

이 표가 알타이 祖語와 국어의 모음 대응의 기본 골격을 이루는 것으로 볼 수 있다. 실제로 이 대응들은 어휘 비교에 의해서 상당히 광범하게 입증된다. (1) 중세국어 아래(下)<*al, 에벤키 alas(脚), 몽고 ala(사타구니), 고대토이기 al(下面), 중세토이기 altïn(아래). (2) 중세국어 ᄆᆞᆯ(馬), 만주 morin, 몽고 morin. (3) 중세국어 오라-(久), 에벤키 uri-pti(이전에), 몽고 urida(앞서). (5) 중세국어 겪-(折), 몽고 keseg(조각), 토이기 kes-(折) (7) 중세국어 믈(水), 만주 mu-ke, 에벤키 mū. 몽고 mören(江). (8) 중세국어 불-(吹), 만주 fulgiye-. 몽고 üliye-. 중세몽고 hüli'e-<*püligē-

특히 국어의 'ㅣ'와 알타이조어의 *i, *ï, *e(닫힌 e)의 대응은 주목할 만하다. 이것은 국어가 이른 시기에 이들 모음의 합류를 경험하였음을 암시한다. 이런 합류는 다른 알타이제어에서도 일어난 것이니, 국어에 특이한 현상은 아니다. (4) 중세국어 이랑(畦), 몽고 iraγa, 만주 irun, 츄바슈 yôran<*ïran, 타타르 ïzan. (6) 중세국어 일(早), 이르-(早), 만주 erde, 몽고 erte, 츄바슈 ir, 투르크멘 īr, 아제르바이잔

ertä. (9) 중세국어 빌-(祈), 만주 firu-(禱, 呪), 에벤키 hirugē- 몽고 irüge-(祝禱).

위 표가 보여 주는 모음 대응의 규칙은 겉으로 보기에 매우 정연한 것이지만, 이 규칙에 부합되는 예들이, 특히 국어의 'ㆍ'와 'ㅡ'의 경우에 적다는 사실이 불안을 가져다 준다. 위에서 중세국어의 'ㅡ'가 알타이제어의 *ö에 대응되는 일례를 들었지만 다음 예들도 이에 못지 않게 "그럴듯한" 것들이다. 중세국어 븟-(注), 만주 fusu-(물을 뿌리다), 몽고 üsür-(뿌리다, 솟다), 몽구올 fuzuru-(붓다), 토이기 üskür-(입으로 뿜다). 중세국어 븕-(赤), 만주 fulgiyan, 몽고 ulaɣan<*pulagān. 이들 비교를 다 인정한다면 국어의 'ㅡ'는 알타이조어의 *ö, *ü, *u에 대응된다는 결론에 도달하게 될 것이다. 특히 국어에서 'ㆍ'와 'ㅡ'는 어두에는 거의 나타나지 않으니(중세국어에서 '읏듬'이 유일례), 알타이제어의 어두의 *o, *ö에 대응되는 국어 모음이 문제되지 않을 수 없다. 이런 사실들이 국어의 이들 두 모음에 대한 근본적인 재검토를 불가피하게 한다.

모음의 비교에서 드러나는 흥미있는 사실은 국어의 어말 모음의 탈락이다. 그리하여 기원적인 2음절 단어가 1음절로 되고 3음절 단어가 2음절로 되었다. 중세국어 굴(굴뚝), 만주 hûlan, 올차 kula, 몽고 qulang. 중세국어 잡-(捕), 만주 ʒafa-(잡다). 국어에서는 다시 어중의 'ㄹ'과 자음 사이에서 모음이 탈락하는 현상이 추가된 결과, 3음절 단어가 1음절로 된 예도 있다. 중세국어 솕(狸), 만주 solohi(족제비), 에벤키 soligā, 몽고 solonɣo.

자음 대응에 있어서 지금까지 밝혀진 것을 표로 보이면 다음과 같다. 자음 대응은 어두, 어중, 어말을 나눌 필요가 있으나 여기서는 이런 위치와 상관 없는 기본적인 대응들을 예시하기로 한다.

	1	2	3	4	5	6	7	8	9	10	11	12	13	14	15	16
알타이조어	*p	*b	*t	*d	*k	*g	*č	*ǯ	*s	*m	*n	*ŋ	*r¹	*r²	*l¹	*l²
국 어	ㅂ		ㄷ		ㄱ		ㅈ		ㅅ	ㅁ	ㄴ	ㆁ	ㄹ			

 자음의 비교에 있어서 드러나는 가장 흥미있는 사실은 (1)~(8)에서 국어의 평음이 알타이조어의 무성음과 유성음에 아울러 대응되는 사실이다. 국어에는 고대에도 유기음(ㅍㅌㅋㅊ)이 있었던 것으로 추정되는데, 이들은 알타이제어의 무성음에 규칙적으로 대응되지는 않는다. (이들의 예는 매우 적으나 역시 'ㅍ'은 *p, *b에, 'ㅌ'은 *t, *d에 대응되는 듯하다.) 이 사실은 국어에서 원시적인 무성음과 유성음의 합류가 일어나고 그 뒤 유기음 계열이 발달한 것으로 봄으로써만 설명될 수 있는 것이다.
 자음 대응 중에서 알타이조어의 어두의 *p는 그 반사형이 다양하여 각별히 주의할 가치가 있는 것이다. 이미 든 중세국어의 '불-'(吹), '빌-'(祈), '븟-'(注) 등의 비교에서 보는 바와 같이 알타이조어의 어두의 *p의 反射形은 퉁구스제어에서는 만주어에서 f, 골디어에서 p, 에벤키어에서 h, 솔롱어에서 ø(소실)로 나타나며 몽고제어에서는 중세몽고어에 h, 몽구올어에 f, 다굴어에 x, 이밖의 대부분의 몽고제어에서는 ø로 나타나며, 토이기제어에서는 할라주어에서 h, 그밖에서는 ø로 나타난다. 국어는 여기에 'ㅂ'(p)으로 대응하여 골디어 등과 함께 古形을 유지하고 있는 것이다.
 국어의 자음에는 'ㅎ'이 있는데, 이것은 위의 표에서 제외되었다. 이에 대해서는 더 연구할 필요가 있지만, 대부분 *i에 선행한 *s에 소급하는 것같이 생각된다. 중세국어 히(太陽), 만주 šun, 골디 siú, 솔롱 šigun. 중세국어 흙(土)<*horog<*hiroga<*široga, 골디 siru(砂), 솔롱

širuktan(砂), 몽고 širuɣai(흙, 먼지).

流音 (13)~(16)의 대응도 각별한 주목을 끈다. 알타이제어는 r과 l의 구별을 가지고 있다. 그런데 토이기제어는 몽고제어나 퉁구스제어의 일부의 r에 z, 일부의 l에 š로 대응하고 있음을 본다. (츄바슈어는 언제나 r, l을 가진다.) 이것은 알타이조어에 두 개의 r(즉 *r¹, *r²)과 두 개의 l(즉 *l¹, *l²)이 있었는데 그 중 *r²와 *l²(口蓋化音일 듯)가 토이기제어에서 z, š로 변한 결과라고 설명되고 있다. 국어에서는 이들이 합류하여 'ㄹ' 하나로 되었다. (13) 현대국어 (눈)보라, 몽고 boroɣan(비), 중세몽고 boro'an(눈보라), 야쿠트 burxān(눈보라). (14) 중세국어 이랑(畦), 몽고 iraɣa, 만주 irun, 츄바슈 yəran<*iran, 타타르 ïzan<*ir²an. (15) 중세국어 아래(下)<*al, 몽고 ala(사타구니), 에벤키 alas(腿), 고대토이기 al(下面), 중세토이기 altïn(아래). (16) 중세국어 돓(石)<*tuluh<*tïlagu. 몽고 čilaɣun<*tïla-gūn, 츄바슈 ćul 고대토이기 taš<*tïl²a

자음에 있어서는 어두 자음의 대응은 비교적 확실하나 어중의 자음 또는 자음군의 대응에 아직 적지 않은 미해결의 문제들이 남아 있다. 이 중에는 중세국어의 'ㅸ', 'ㅿ'에 관한 것도 포함되어 있다.

문법 체계는 차용이 거의 없고 보수적이어서 고유 요소의 중심부요 전통의 핵심부라고 할 수 있다. 따라서 문법 체계의 비교는 언어의 친족관계를 증명함에 있어 가장 존중되어 왔다.

알타이제어 사이에는 곡용 조사의 광범한 일치가 확인된다. 이들과 비교해 볼 때, 국어의 곡용 조사들은 상당한 차이를 보여 준다. 다만 다음 세 조사가 형태와 기능에 있어 유사성을 보여 준다.

(1) 알타이 조어의 與格 조사에 -*a/-e가 재구된다. 토이기제어(at-ïm-a 내 말에), 몽고제어(ɣaȝar-a 나라에)에 여격 및 處格으로 나타난다. 퉁구스제어의 部分格이라 불리는 -a가 여기에 비교된다. 중세국어에는 처격 조사 '-애/-에'가 있다.

(2) 알타이 조어의 向格 조사는 -*ru/-rü로 재구된다. 고대토이기어에 -rü(äb-im-rü 내 집으로)가 보이며 몽고제어에 그 흔적이 -ru(inaru 이쪽, činaru 저쪽)로 나타난다. 중세 및 현대국어의 '-로'가 이들과 일치한다.

 (3) 알타이 조어의 沿格 조사는 -*li로 재구된다. 퉁구스제어에는 연격 조사 -li(에벤키어 hokto-li 길을 따라서)로 나타나며, 몽고제어에서는 일부 대명사(keli 언제)에 그 흔적이 보인다. 중세국어에 '이리, 그리, 뎌리'의 '-리'가 있다.

 조사와 관련하여 主題化의 특수조사 '(으/으)ㄴ'은 매우 특이한 존재로 알려져 왔다. 의미론적 관점에서 이에 대응되는 것은 일본어의 -wa가 있음이 지적되어 왔는데, 몽고어의 -ni도 이와 비슷한 점이 주목된다. 이 -ni는 본래 명사 뒤에 놓인 삼인칭 대명사의 속격형 inu(단수)와 anu(복수)에서 온 것이다. 이들과 국어의 '(으/으)ㄴ'은 기원이 같을 개연성이 매우 큰 것으로 생각된다. 이것은 국어와 몽고어의 삼인칭 속격형의 일치와 함께 명사 뒤에 놓이는 그 특수한 용법의 일치도 보여 주는 점에서 매우 중요한 것이다.

 동사의 활용 체계에서도 우리는 매우 중요한 일치를 발견한다. 알타이제어의 문법 체계에서 動名詞는 매우 큰 중요성을 지니고 있다. 기원적으로 많은 활용형이 동명사형이었으니, 동사의 서술어형으로도 동명사형이 그대로 쓰였던 것이다. 따라서 알타이조어에서는 名詞文이 매우 중요했다고 할 수 있다. 가령 에벤키어에서 təgənni(네가 앉는다)<*təgən-si는 어간 təgə-에 어미 -n이 붙은 동명사에 人稱 어미 (si)가 붙은 것이다. 또 솔롱어에서 wār는 어간 wā-(죽이다)에 어미 -r이 붙은 동명사인데 wār xonin(죽일 양)에서는 수식어로 쓰이고 xoninmo wār(양을 죽일 것이다)에서는 서술어로 쓰였다. 한편 알타이제어의 부동사형들은 기원적으로는 동명사의 斜格形들이 화석화된

것이다. 일례로 몽고어의 부동사형의 하나인 -ra/-re(ide-re 먹으러) 는 본래 -r를 가진 동명사에 처격 조사 -e가 붙은 것이다. 이러한 사실들은 국어에도 그대로 부합되는 것으로 생각된다. 가령 중세국어의 서술어의 'ㅎ리라, ㅎㄴ니라' 등은 본래 'ㅎㄹ, ㅎㄴ'과 같은 동명사에 '이라'가 붙은 것이요, 의문형의 'ㅎ다, ㅎ다' 등은 'ㅎㄹ, ㅎㄴ' 등의 동명사에 '다'가 붙은 것으로 해석된다. 한편 위에 든 몽고어의 부동사의 어미 -ra/-re에는 중세국어의 '-라/-러'가 대응하는 바, 이 역시 동명사의 어미 '-ㄹ'에 처격 조사 '-아/-어'(중세의 '-애/-에'의 고형)가 붙은 것으로 해석된다.

알타이제어의 비교에서 드러나는 가장 중요한 동명사의 어미는 (1) -*r, (2) -*m, (3) -*n 등이다. 그런데 국어에 있어서도 이들 어미의 反射形이 확인된다. (1) -*r의 반사형은 고대토이기어에서는 현재형 (olur-ur 앉아 있는)으로 나타나며 몽고제어에서는 동사 파생명사의 접미사(몽고문어 amu- 쉬다, amu-r 安息)로 나타난다. 퉁구스제어에서는 일반적으로 미래의 의미를 가진 동명사의 어미로 나타난다.(앞서 든 wār의 예 참고) 중세국어의 어미 '-(ㅇ/으)ㄹ'이 여기에 비교된다. (2) 어미 -*m의 반사형은 대부분의 알타이제어에서 동사 파생명사의 접미사로 나타난다. 고대토이기어 öl- 죽다, öl-üm 죽음. 몽고어 naɣad- 놀다, naɣad- um 놀음. 옛날 몽고 문헌에 보면 이 어미를 가진 동사가 서술어로 쓰여서 현재를 나타낸 예가 보인다. yubu-m (간다). 퉁구스제어에서는 이 어미가 단독으로 쓰이지 않고 다른 어미들과 결합된 것을 분석해 낼 수 있다. 의심할 것도 없이 국어에는 동사 파생 명사와 동명사의 어미로 사용되고 있다. 중세국어 동사 파생 명사 여름(實), 거름(步), 동명사 여룸(實), 거룸(步).(158~9면 참조) 제주도 방언의 많은 동사형에서 이 어미는 현재의 뜻을 나타내고 있다. (3) 어미 -*n의 반사형은 고대토이기어에서 동사 파생명사를 만들며(aq-흐르다, aqin 水流), 몽고제어와 퉁구스제어에서도 마찬가지다. 몽고어 singge-(녹다), singgen(액체). 위에 든 에벤키어의 təgənni의 예 참고. 중세국어의 '-ㄴ'(-온/은)이 여기에 비교된다. 이들 세 어미가 時相과 관련이 있는 점이 주목되는데, 국어에서 비교적 분명히 드러나 -r은 未來, -m은 現在, -n은 過去를 나타낸다.

이 세 동명사의 어미의 일치는 매우 중요한 것으로 생각된다. 언어의 친족관계는 지극히 특수한 사실, 즉 절대로 우연한 유사로 돌릴 수 없는 사실을 발견함으로써 증명되는 것이다. 이런 특수한 사실은 문법적 불규칙성에서 자주 발견된다. 인도·유럽제어는 補充法과 같은 불규칙적인 사실을 많이 가지고 있는 것으로 알려져 있다.(가령 영어의 good, better, best에 나타나는 gud-, bet-, be- 등은 독일어의 gut, besser, best에 나타나는 gut-, bes-, be- 등과 音相, 意味 및 交替의 조건에 있어서 일치하는 바, 이런 예에는 우연성이 개재할 여지가 전혀 없다고 해도 지나친 말이 아니다.) 그런데 불행히도 알타이제어와 국어는 매우 "규칙적인" 언어여서 이런 특수한 사실을 발견하기가 어렵다. 이것이 알타이제어와 국어의 친족관계 증명에 있어 큰 난점이 되어 온 것이 사실이다. 그러나 알타이제어와 국어에서 우리는 규칙적인 사실들의 특수한 구조를 발견할 수 있는 것이다. 위에서 본 동명사의 어미들 사이에는 그 개별적 일치와 함께 그들이 이루고 있는 구조의 일치가 있으며 여기에는 우연성이 개재할 여지가 거의 없는 것으로 생각된다.

알타이제어와 국어는 어휘에 있어서도 현저한 일치를 보여 준다. 음운 대응의 규칙이 확정되지 않은 탓으로 어휘 비교에 유동적인 일면이 없지 않지만, 자못 인상적인 일치만도 수백을 헤아린다. 앞으로 음운 대응의 정밀화로 이들의 대부분은 진정한 일치로 확정될 것이 기대된다.

적지 않은 일치가 국어와 토이기, 몽고, 퉁구스 세 어파에서 다 발견되지만 국어와 어느 두 어파 또는 한 어파에서만 발견되는 것이 도리어 많다. 앞으로 이런 일치들을 정리해 보면 이들의 친족관계의 정도를 측정하는 데 도움이 될 것으로 믿어진다.

대체로 보아, 국어와 퉁구스제어 사이에 어휘의 일치가 가장 많은 것 같다. 이들 사이에서만 발견되는 것도 적지 않다. 중세국어 발(足), 골디어 palgan, 에벤키어 halgan(足). 중세국어 히(太陽), 만주어 šun, 솔롱어 šigun(太陽) 등. 특히 남방퉁구스제어와 국어에서만 발견되는 일치도 존재한다. 중세국어 나랗(國, "랗"는 접미사), 만주어 na, 골디어 nā(地). 이 단어는 후술될 바와 같이 고구려어, 신라어, 고대일본어에서도 발견된다.

한편 국어와 몽고제어 사이의 일치는 수적으로는 국어와 퉁구스제어 사이의 그것보다 못한 듯하지만, 매우 인상적인 것들이 존재하여 주목을 끈다. 중세국어 날(日), 몽고 naran(太陽). 중세국어 눈(眼), 몽고 nidün<*nün-dün(眼) 등. 일인칭 대명사에 있어 국어의 '나'와 몽고어의 斜格形들에 나타나는 *na(처격 nadur, 대격 namayi 등)의 일치도 주목된다. 그리고 국어의 '오-'(來), '가-'(去)와 몽고어의 oru-(入), γar-(出)와 같은 일치 가능성도 보인다.

국어와 토이기제어에 특수한 일치는 매우 적은 것으로 생각된다. 중세국어 온(百), 고대토이기어 on(十) 등.

이 마지막 예는 數詞의 일례인데 국어와 알타이제어 사이에 수사의 일치는 매우 적다. 그러나 이것은 국어에 특수한 현상은 아니다. 알타이제어 상호간에도 수사의 일치는 매우 드물다. 인도·유럽제어에 있어서는 수사의 일치가 매우 현저하지만, 알타이제어에 있어서는 그렇지 못하다. 아마도 알타이제어는 분열 이후에 적지 않은 수사의 변화를 입은 것으로 추측된다.

第四節 國語와 日本語의 比較

19세기와 20세기의 교체기에 국어의 계통에 대하여 제기된 또 하나의 유력한 가설로 국어와 일본어의 同系說이 있었다. 이것은 주로 일본어의 계통을 밝히려는 노력의 일환으로 이루어진 것이었다. 일본어 계통론에 있어서는 北方系說과 南方系說이 대립되어 왔다고 할 수 있는데, 일본어와 국어의 동계설은 북방계설을 대표하는 것이었다.

국어와 일본어는 그 구조가 자못 유사하다. 위에서 든 알타이제어와 국어의 여섯 특징의 묶음은 일본어에도 그대로 해당된다. 다만 모음조화에 관한 것이 확실치 않다. 고대일본어에 모음 연결에 관한 제약 규칙이 조금 있었음이 드러나 있으나 이것이 알타이제어나 국어에서 볼 수 있는 모음조화 현상의 흔적인지는 결정하기 어렵다.

일본어의 특이한 구조적 특징의 하나로 그 開音節性을 들 수 있다. 즉 일본어의 음절은 그 고대 단계로부터 모음으로 끝나는 것이 특징이다. 그러나 일본어도 본래는 폐음절을 가지고 있었음이 여러 모로 드러나고 있다. 즉 일본어에서는 *kar, *kal, *kag 등의 음절이 ka로 변화한 흔적이 있는 것이다. 일본어의 kata(한쪽)와 에벤키어의 kalta(半), 몽고어 qaltas(半) 등 참고. 아마도 알타이계 언어가 일본에 들어가기 이전에 그곳에 개음절을 특징으로 하는 언어가 말해졌던 것이 아닌가, 그리하여 그 底層의 영향으로 위에 말한 변화가 일어난 것이 아닌가 한다. 이렇게 볼 때 일본어가 이미 고대에 모음조화를 잃어버린 것도 같은 底層의 영향으로 설명될 수 있을 성싶다.

국어와 일본어는 그 구조상의 현저한 일치에도 불구하고 어휘 및 문법적 요소의 일치는 매우 빈약하다. 지금까지의 연구를 정리해 보면 "그럴듯한" 유사를 보여주는 단어 200여, 접미사 15 정도가 있을 뿐이다. 이들의 토대 위에서는 정밀한 음운대응의 규칙을 세우기는 어려운 형편이다. 이것이 국어와 일본어의 동계설의 가장 큰 고민이 되어 왔다. 그러나 일본어로서는 국어만큼 유사를 보여 주는 언어가 달리 없는 것도 사실이어서, 이 동계설이 큰 주목을 받아 온 것이었다.

국어와 일본어의 유사 중에서 몇 예를 들어 보기로 한다. 동명사 또는 동사 파생명사의 접미사 -*i(중세국어 -이, 고대일본어 -i)와 -*m(중세국어 -ㅁ/-음/-음, 고대일본어 -mi)의 일치는 알타이제어에서도 발견되는 것으로 주목된다. -*m에 대해서는 위에서 말한 바 있거니와, -*i는 알타이제어에서 일반적으로 동사 파생명사 형성 접미사로 나타난다. 고대일본어에서는 na가 일인칭 또는 이인칭 대명사로 쓰이고 있는데 이것은 국어의 '나' 또는 '너'와 비교될 수 있으며 이밖에도 몇 개의 대명사의 비교가 인상적이다. 한편 다음과 같은 명사들의 일치는 국어와 일본어에서만 발견된다. 중세국어 셤, 고대일본어 sima(島); 낟(鎌), nata(鉈); 밭, fata(田); 바닿, wata(海) 등. 많건 적건 이런 특수한 어휘 층위의 존재는 국어와 일본어가 알타이어족에 속한다 해도 그 속에서 남다른 관계가 있었음을 입증하는 것이 아닌가 생각된다.

한편 일본어에는 알타이제어 중 특히 퉁구스어군과 가까운 일면이 있음이 드러난 바 있다. 퉁구스어군의 對格 형태 -wa/-we는 몽고어군이나 토이기어군에서는 볼 수 없는 특이한 것인데 고대일본어의 -wo가 이것과 일치하는 사실은 매우 흥미 깊은 것이다. 그리고 이에 못지 않게 고대일본어의 沿格 -yuri가 원시퉁구스어의 연격 -*duli에 일치하는 사실도 흥미 깊은 것이다.(이 어미는 기원적으로는 처격의 -*du와 연격의 -li의 결합이다. -*li는 국어에서도 확인되지만, -*du는 확인되지 않는다.) 고대일본어의 수사 yo(四)와 nana(七)가 각각 원시퉁구스어의 *dö와 *nadan에 대응되는 사실도 주목되지 않을 수 없다.

*dö는 다른 알타이제어에서도 나타나지만, *nadan은 그렇지 않는 것이다.(고구려어에 '난은'이 있음은 뒤에 말하겠다.) 위의 비교들에서 알타이조어 또는 원시퉁구스어의 *d-가 고대일본어에서 y-로 나타나는 사실이 엿보이는데, 이것은 고대일본어 yo(夜), 원시퉁구스어 *dolbo(夜)의 비교에서도 확인된다. 이런 인상적인 일치들이 있기는 하지만, 일본어와 퉁구스제어 사이에 확인된 어휘의 유사는 수적으로나 질적으로 국어와 일본어의 그것을 능가하지는 못한다.

요컨대 일본어는 일반 구조에 있어서나 구체적 자재에 있어서 한편으로는 국어와, 다른 한편으로는 퉁구스어군과 주목할 만한 일치를 가지고 있음이 드러나 있다. 그러나 일본어와 국어, 또는 일본어와 퉁구스어군의 친족관계를 인정한다 해도 그것들은 먼 것으로 보지 않을 수 없다. 정밀한 음운 대응의 규칙을 세우기 어렵고 언어재의 유사가 양적으로나 질적으로 매우 빈약한 것이다.

第五節 國語의 系統的 位置

지금까지 우리는 간략하게 국어와 알타이제어, 국어와 일본어의 비교 연구에 대해서 살펴보았다. 일세기 이상의 연구사를 가지고 있으면서도 아직 초창기에 있다는 느낌을 주는 것이 이 분야다. 이 연구는 심각한 停頓을 의식하여 온 것이 사실이다.

생각컨대 알타이제어와 국어 및 일본어는 비교 방법을 적용하기에 불리한 점들을 가지고 있다. 첫째, 각 어군의 고대 자료들이 적다. 둘째, 각 어군에 속하는 언어들 사이의 차이 또한 적다. 셋째, 많은 언어가 아무런 자취도 남기지 않고 소멸하였다. 이리하여 우리가 알 수 있는 각어군의 역사가 그렇게 오랜 것이 아닐 뿐 아니라, "잃어 버린 고리"들 때문에 그들 사이에 크고 작은 도랑들이 가로놓이게 되었다. 이

도랑은 특히 알타이제어와 국어 및 일본어 사이에 큰 것으로 생각된다. 이것이 위에 말한 정돈의 근본적 요인을 이루는 것이다.

이 큰 도랑은 주로 夫餘系 제어의 소멸로 해서 생겨난 것으로 생각된다. 부여계 제어에 대해서는 다음 章에서 자세히 말하게 되겠지만, 오늘날 남아 있는 高句麗語 자료가 종래의 비교 연구에서는 이용되지 않았던 것이다. 이 자료를 검토해 보면, 夫餘系 제어는 한편으로는 알타이제어 특히 퉁구스제어와 가깝고 다른 편으로는 韓系 제어와 가까웠음이 드러난다. 오늘의 국어는 古代 新羅語의 계통을 끄는 것이니 韓系에 속한다고 할 수 있다. 그리고 日本語와도 각별한 관계에 있었음도 드러난다.(43~6면 참조) 여기서 비로소 어찌하여 국어와 알타이제어, 국어와 일본어의 비교가 만족할 만한 성과를 거두지 못했는가 하는 이유를 깨닫게 된다.

이렇게 볼 때, 국어와 알타이제어의 친족관계는 의심할 수 없는 것이지만 그것은 자못 소원한 것임을 결론하게 된다. 퉁구스, 몽고, 토이기 세 어군의 밀접한 관계와는 대조적이다. 이들 3어군은 하나의 공통조어(알타이조어)에서 분리해 나온 것으로(아마도 토이기어군의 조상이 먼저 분리해 나가고 뒤에 몽고어군과 퉁구스어군의 선조가 분리해 나간 것으로) 추정되는데, 이 알타이조어와 국어의 조상(다음 장에서 말할 夫餘・韓祖語)이 어떤 관계에 있었는지는 지금의 단계로서는 결정하기 어렵다. 부여・한조어가 알타이조어에서 일찍 분리해 나온 일파일 가능성도 있고 이들이 자매 관계에 있어서 하나의 공통조어로 거슬러 올라갈 가능성도 있는 것이다.

第三章 國語의 形成

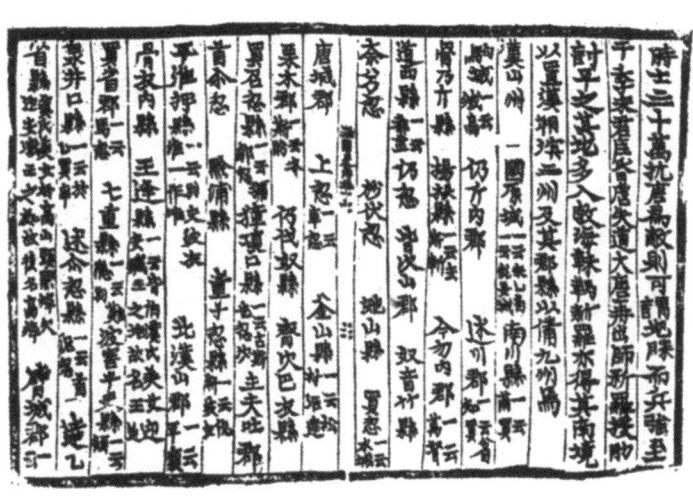

三國史記 卷37(地理 4)의 高句麗 地名

第三章

國語의 形成

　오늘날 우리 민족은 단일 언어를 말하고 있다. 예로부터 우리 민족이 온갖 어려움 속에서도 고유한 언어를 지켜온 것은, 특히 중국 문화의 큰 영향 속에서도 고유한 언어를 줄곧 이어온 것은 일찍부터 우리 민족이 높은 문화적 역량을 지니고 있었기에 가능했던 것이다.

　아득한 옛날에는 오늘의 韓半島와 滿洲에 걸친 넓은 지역에 여러 언어들이 널려 있었던 것으로 보인다. 불행히도 이들은 거의 아무런 기억도 남기지 않고 소멸하여 자세한 것은 알 길이 없다. 다만 옛 史書에 토막 기록들이 더러 전하여 이 언어들의 모습을 어렴풋이 엿볼 수 있을 뿐이다.

第一節　古朝鮮

　古朝鮮에 관해서는 '檀君', '王儉'이 '阿斯達'에 도읍하고 나라를 열어 '朝鮮'이라 일컬었다는 기록이 있을 뿐이다. 서너 고유명사의 단일 표기뿐이어서 아무리 그럴듯한 해석이라 해도 억측의 범위를 넘을 수 없지만, 뒤에 말할 고구려나 신라의 언어들에 비추어볼 때 '儉'은 신라어의 '금'(王)과 비슷하고 '達'은 고구려어의 '달'(山)과 비슷한 점이 눈길을 끈다. 그리고 '朝鮮'의 '朝'와 '阿斯' 사이에 어떤 관련이 있는 것으로 보기도 하였다. 중세국어의 '아츰'(朝), 일본어의 asa(朝)를 참고한 것이다.

뒤에 箕子朝鮮이 있었다고 한다. '箕子'가 중국에서 왔다는 옛 기록은 부인되고 있지만, 이에 대한 해석은 참으로 구구하였다. 최근에 백제어에서 임금을 '그즈'라 한 사실이 밝혀지면서(50면 참조) '箕子'는 통치자의 일컬음이었던 것으로 추측되기도 하였다.

第二節 夫餘系와 韓系

서력 기원을 전후한 시기의 韓半島와 滿洲의 언어 상태에 대해서는 중국에서 편찬된 三國志(289년경)의 魏志 東夷傳에 적힌 기록을 통해서 그 한 자락을 들추어 볼 수 있다.

우선 북쪽에는 夫餘, 高句麗, 沃沮, 濊의 언어들이 있었다. 위의 책은 고구려에 대해서 "東夷舊語 以爲夫餘別種 言語諸事 多與夫餘同"이라 하였고 東沃沮에 대해서는 "其言語與句麗大同 時時小異"라 하였으며 濊에 대해서는 "言語法俗 大抵與句麗同"이라 하였다. 이 기록을 믿는다면 이들 언어는 서로 비슷했던 것으로 보인다.

이 語群이 肅愼의 언어와 대립했던 것으로 중국인들이 보았음은 주목할 만한 사실이다. 위의 東夷傳에는 挹婁에 대하여 "其人形似夫餘 言語不與夫餘句麗同"이라 분명히 적혔음을 본다. 읍루는 숙신의 후예로서 뒤에 勿吉, 靺鞨로 이어지는 바, 이들의 언어와 부여계 언어의 다름은 중국의 역사 기록에 일관되어 있는 것이다. 北史(659) 勿吉傳이 "在高句麗北 言語獨異"라 한 것도 요컨대 고구려와 물길의 언어가 다름을 지적한 것이다.

숙신이나 그 뒤를 이은 읍루, 물길, 말갈의 언어에 대해서 우리가 구체적으로 알고 있는 것은 이 이름들뿐이다. 따라서 이것이 오늘의 어느 언어로 이어지는지 밝힐 길이 막연하다. 어디서 살았는가, 어떤 모습과 습관을 가지고 있었는가를 보아 그 人種的 계통을 밝히고 이를 통하여 언어의 계통에 접근하는 길이 있을 뿐이다. 숙신이 女眞의 조상이라는 通說도 이런 연구에서 나온 것인데, 이보다 좀 넓게 잡아 현대 퉁구스족의 조상이라 하는 것이 더 온당할 듯이 여겨진다.

숙신이 퉁구스 계통이요 그 언어가 퉁구스 어군에 속하는 것이었다면, 숙신의 언어와 부여계 언어는 다르다고 한 중국 역사책들의 기록은 매우 중대한 의미를 띠게 된다. 고대에 이미 부여계 언어와 퉁구스계 언어의 구별이 있었음을 증언한 것으로 볼 수 있기 때문이다. 이것은 오늘날 전하는 부여계 언어의 자료(고구려 자료)와 현대 퉁구스 제어의 비교를 통해서 재구한 퉁구스 祖語의 비교를 통해서도 인정된다.

부여계 중에서 高句麗라는 강대한 국가가 이룩되었음은 누구나 다 잘 알고 있는 사실이다. 그러나 이 고구려에 관한 기록에 그 언어의 편린이 남아 있음을 아는 사람은 많지 않다. 이것은 부여계 언어들의 달리 볼 수 없는 자료로서 지극히 소중한 것이다.

남쪽에는 三韓(馬韓, 辰韓, 弁韓)이 있었다. 삼한의 위치에 대해서는 학자들의 의견이 반드시 일치하지 않으나, 마한 지역에서 百濟가 일어나고 진한 지역에서 新羅가 일어나고 변한 지역에서 加耶(加羅)가 일어났음은 널리 인정되고 있다. 三國志 魏志 東夷傳은 먼저 진한에 대하여 "辰韓在馬韓之東 其耆老傳世自言 古之亡人避秦役 來適韓國 …… 其言語不與馬韓同"이라 하였으며 변한에 대해서는 "弁辰與辰韓雜居 …… 言語法俗相似"라 하였다. 진한과 변한의 언어가 비슷하고 마한의 언어는 이들과 달랐다고 한 것이다. 그런데 後漢書(5세기) 東夷傳에는 진한과 변한에 대해서 "言語風俗有異"라 적혔음을 본다. 그 옛날 중국의 저자들이 자세한 지식 없이 적었으므로 이런 혼선이 생긴 것이 아닌가 한다. 삼한의 언어들은 서로 닮은 점도 있고 다른 점도 있었을 것이다. 이 삼한은 百濟와 新羅의 두 국가로 통합되었다. 낙동강 유역에 있었던 가야는 6세기에 신라에 귀속되었다.

고대 언어의 역사에서 제기되는 중대한 문제의 하나는 위에 말한 부여계 제어와 한계 제어의 관계가 어떠했던가 하는 것이다. 중국의 역사책들은 언어에 관심을 가졌으면서도 이 문제에 대해서는 한 마디도 직접적인 言及을 하지 않았다. 한편 三國史記를 비롯한 우리 나라 역사책들도 고구려, 백제, 신라의 언어에 대해서는 아무 말도 하지 않았다. 따라서 이 문제에 대해서는 오늘날 전하는 언어 자료의 검토를 통해서 해답을 찾는 길밖에 없다.

第三節 高句麗語

古代 三國의 先進이었고 그 중 강대했던 고구려의 언어는 어떠했던가. 위에서 말한 바와 같이 고구려어는 오늘날까지 자료가 전하는 유일한 부여계 언어다. 이 자료는 여러 역사책에 적힌 고유명사들인 바, 그 중에서도 가장 중요한 것은 三國史記 地理志에 보이는 地名들이다.

고구려 지명은 三國史記 권35와 권37에 실려 있는데, 이 중 권37이 기본 자료이며 권35는 보조 자료임을 분명히 알아둘 필요가 있다. 이 두 권에서 오늘의 水原에 해당되는 예를 들어 설명하기로 한다.

買忽 一云 水城(권37)
水城郡 本高句麗 買忽郡 景德王改名 今水州(권35)

여러 점으로 보아 권37의 고구려 지명은 고구려의 자료를 옮겨 실은 것으로 보인다. 여기에는 '一云'이라 하여 한 지명에 漢字의 音을 빈 表記와 그 새김(釋, 訓)을 빈 표기가 나란히 제시된 것들이 많다. 위에 든 권37의 예에서 '買忽'은 音讀表記요 '水城'은 釋讀表記인 것이다. 즉 이 둘은 같은 이름을 다르게 표기한 것이다.

옛날 삼국의 지명은 서로 사뭇 달랐으므로 신라는 통일을 이룬 뒤에 나라 안의 모든 지명을 같은 방식으로 통일할 필요를 느껴 景德王 16년(757)에 漢字 2字로 고치게 되었다.(이로써 우리 나라에 漢字 지명이 생기게 된 것이다. 93면 참고) 권35의 지명 표기는 이 경덕왕의 改名을 적은 것이다. 위에 든 권35의 예에서 첫머리의 '水城郡'은 바로 그 새 이름(景德王 改名)이요 '買忽郡'은 고구려의 옛 이름이요 끝의 '水州'는 고려 시대의 이름이다. 여기서 권35의 '水城'은 권37의 '水城'과 글자는 같으나 본질적으로 다른 것임을 분명히 인식할 필요가 있다. 권37의 '水城'은 고구려의 釋讀表記요 권35의 '水城'은 漢字名인 것이다. 서로 관계가 있다면 한자명을 지음에 있어 고구려의 석독표기를 참고했다는 것뿐이다.

위의 간단한 설명으로 고구려어 연구가 권37의 지명 표기를 중심으로 이루어져야 할 이유가 밝혀진 것으로 믿는다. 이 권37이 보여주는 음독표기와 석독표기 사이의 대응을 검토함으로써 고구려어의 어휘를 얻을 수 있는 것이다.

　　水谷城郡 一云 買旦忽(권37)

이 예에 보이는 석독표기의 '水', '城'과 음독표기의 '買', '忽'의 대응은 저 위에 든 예에서 본 것과 같다. 이렇게 같은 대응이 두번 또는 여러번 나타날 때에 우리의 추정은 그만큼 확실성을 더하게 된다. 여기서 우리는 고구려어에 물을 의미한 단어 '미'(買)와 城을 의미한 단어 '홀'(忽)이 있었다는 결론에 도달하게 된다. 여기서 음독표기에 쓰인 '買'와 '忽'을 어떻게 읽을까 하는 것이 매우 어려운 문제로 등장한다. 漢字音은 중국에서 왔으므로 고구려 시대의 중국의 한자음을 먼저 알아보아야 할 것이다. 그리고 고구려 지명 표기에서 '買'가 '米', '彌'와 섞바뀐 예들이 있음도 생각해야 할 것이다. 內乙買 一云 內尒米, 買召忽 一云 彌鄒忽. 고구려 한자음의 연구는 앞으로 이루어져야 할 일이므로, 지금으로서는 우리 나라의 전통적 한자음으로 읽는 임시의 방편을 택하기로 한다.

위에 든 예들과 같이 음독표기와 석독표기에서 똑같은 대응이 두번 이상 확인되는 경우는 드물고 한번밖에 나타나지 않는 경우가 더 많다. 위에 든 예의 '谷'과 '旦'의 대응도 한번밖에 나타나지 않는다. 그런데 석독표기의 '谷'에 대하여 음독표기에 '旦'(단)과 비슷한 '頓'(돈), '呑'(튼)이 나타나는 예들이 있으므로 고구려어에 이런 발음을 가진, 골짜기를 의미한 단어가 있었음을 추정하게 된다.

十谷縣 一云 德頓忽
於支呑 一云 翼谷

이 예들에서 석독표기에 보이는 '十', '翼'과 음독표기의 '德', '於支'가 대응된다. 그러나 이들의 경우는 이 한 예뿐이어서 확실성이 적다고 할 수밖에 없다. 이런 예들까지 합한다 해도, 오늘날 우리가 얻을 수 있는 고구려어 단어의 수는 100에도 차지 못한다. 그러나 이들은 고구려어, 더 크게는 부여계 제어가 어떤 언어였던가를 짐작케 할 뿐 아니라 신라어와 백제어(크게는 한계 제어), 일본어 및 알타이 제어와의 친족관계 결정에 빛을 던져 주는 점에서 지극히 소중하다고 아니할 수 없다.

고구려어는 분명한 알타이적 요소를 가지고 있었다. 그 대표적인 예로 '買 미'(水)를 들 수 있다. 이것은 에벤키어 mū(水), 만주어 muke (水), 중세몽고어 mören(江, 海), 중세국어 '믈'(水), 고대일본어 midu (水) 등과 매우 유사하다.

고구려어와 중세국어는 현저한 어휘의 일치를 보여 준다. 위에 예시한 것들 외에도 많이 있으며 두 언어에서만 발견되는 것도 적지 않다. 고구려어 어스 於斯(橫), 중세국어 엇(橫); 야츠 也次(母), 어싀(母, 親); 파혜 波兮, 파의 波衣, 巴衣(巖), 바회(巖); 별 別(重), 볼(重, 層); 슈 首(牛), 쇼(牛) 등. 이들 단어는 다 신라어 또는 백제어에도 있었던 것으로 생각해도 큰 틀림이 없을 것이다. 한편 고구려어의 '어을 於乙'(泉)과 신라어의 '나을 奈乙'(蘿井)의 '을 乙'(井)의 일치 같은 것은 신라어가 중세국어보다도 고구려어와 더욱 가까웠음을 암시해 주는 듯하다.

고구려어와 퉁구스제어와의 일치도 特記할 만하다. 고구려어 '니미 內米'(池), 퉁구스제어 namu, lamu(海); 난은 '難隱'(七), nadan(七); 니, 나, 노 內, 那, 奴(土, 壤), nā, na(地) 등.

고구려가 일본어와 공통 어휘를 가졌음은 놀라운 일이다. 고구려어 단, 돈, 튼 旦, 呑, 頓(谷), 고대일본어 tani(谷); 오스함 烏斯含(兎), usagi(兎); 나믈 乃勿(鉛), namari(鉛) 등. 특히 고구려어 수사로서 '밀 密'(三), '우츠 于次'(五), '난은 難隱'(七), '덕 德'(十)이 보이는데 이들과 고대일본어의 mi(三), itu(五), nana(七), töwo(十)의 유사는 주목할 만한 것이다. 위에서 본 바와 같이 七에 있어서는 퉁구스제어의 nadan과도 비교되는데, 이 nadan이 고형으로 추정된다. 여기서도 고구려어와 일본어는 *d>n의 변화를 같이 보여줌으로써 서로의 친근성을 드러내고 있다. 알타이제어 사이에 수사의 일치가 매우 드문 사실임은 위에서 지적했는데 유독 고구려어와 일본어 사이에 이처럼 현저한 일치가 존재함은 特記할 만한 사실이다.

지금까지 말한 것을 종합해 보면, 고구려어는 분명한 알타이계 언어로서 신라어와 가까우면서 퉁구스제어와도 가까운 일면을 보여주며 일본어와도 각별한 관계에 있었음을 드러내 준다. 고구려어와 알타이제어(특히 퉁구스제어)의 관계는 신라어와 알타이제어의 그것보다 훨씬 가까운 것으로 추정된다. 이것은 고구려어가 알타이제어와 신라어의 사이에 있음을 암시한다.

第四節 百濟語

백제어에 대해서는 梁書(629) 百濟傳에 "今言語服章 略與高驪同"이라 하였다. 이것은 아마도 백제의 지배족의 언어에 관한 기술로 생각된다. 다 아는 바와 같이 백제의 피지배족은 한계에 속하는 마한어를 사용했을 것이므로 그들의 언어가 지배족의 그것과는 달랐을 것을 짐작하기에 어렵지 않다. 이 차이에 대해서는 周書(636) 異域傳 百濟條에 "王姓夫餘氏 號於羅瑕 民呼爲鞬吉支 夏言並王也…"라는 기록에서 그 일단을 엿볼 수 있다. 이 기록은 지배족의 언어로는 왕을 '於羅瑕'(어라하)라 하고 피지배족의 언어로는 왕을 '鞬吉支'(건길지)라 했다는 것으로 해석된다. 이것은 고대에 있어서의 부여계 제어와 한계 제어의 차이를 단적으로 드러내는 사실이라고 할 수 있다.

오늘날 남아 있는 백제어의 편린은 이 언어가 신라어와 매우 가까웠음을 보여 주고 있다. 이것은 백제에 있어서 지배족의 언어가 피지배족의 언어를 동화시키지는 못했고 다만 그것에 어느 정도의 영향을 미친 데 그쳤음을 결론케 한다. 따라서 백제어는 마한어의 계속으로서 부여계 언어의 上層을 가지고 있었음을 특징으로 한다고 할 수 있다.

　백제어 자료는 고대 삼국의 언어 중에서 가장 적다. 三國史記 地理志(권37)가 그 주된 자료인데, 음독표기와 석독표기의 並記가 매우 드물다. 여기서는, 아쉽지만, 권36의 자료에 의존하지 않을 수 없는 형편이다. 백제어 지명의 특징으로는 '부리 夫里'를 들 수 있다. 夫餘郡本百濟所夫里郡, 陵城縣本百濟尒陵夫里郡 등. 이것은 신라어 지명의 '火'(블)과 같은 것이다. 이 예에서 보는 바와 같이 백제어는 신라어와는 달리, 어말모음을 보존하는 경향이 있은 듯하다. 이것은 후대의 기록이기는 하지만, '熊津'이 龍飛御天歌에 '고·마ᄂᆞᄅ'로 나타나는데 이것은 백제어의 잔영이 아닌가 한다. 이 '고·마'는 중세국어의 ':곰'(熊)에 대응되는 고형이다. (이 대응은 성조에 있어서까지 완전한 것이다.) 이 제2음절 모음은 일본어의 kuma(熊)의 그것과의 일치에서도 확인된다.

　백제어 어휘는 신라어(및 중세국어)의 그것과 대체로 일치한다. 가령 "石山縣本百濟珍惡山縣"에서 石을 의미하는 백제어 단어가 '돌악'(珍惡)이었음을 추정할 수 있다.('珍'은 새김으로 '돌'이라 읽는다. "馬突郡一云馬珍" 등 참고) 이것은 중세국어의 '돓'(石) 및 현대 중부 이남의 방언형 tok(<*tork)에 대응되는 것이다. 한편 백제어에는 '사 沙'(新), '믈거 勿居'(淸), '모량 毛良'(高) 등이 있었음이 드러나는데 이들은 중세국어의 '새', '몱-', 'ᄆᆞᄅ'(棟) 등에 대응되는 것이다.

　끝으로 백제어에는 위에 말한 상층의 영향으로 부여계의 단어들이 있었을 것으로 생각되나 그 증거가 뚜렷하지 않다. "赤鳥縣本百濟所比浦縣"에서 supi(赤[鳥])를 재구할 수 있다면 이것은 부여계 단어의 일례일 가능성이 크다. 고구려어의 *sapikən, sapuk(赤) 참고.

第五節　新羅語

　신라는 반도 동남부에 위치한 辰韓의 부족 중에서 오늘의 경주 지방에 있은 徐羅伐이 점차 주위의 부족들과의 연맹 형식을 통하여 낙동강 이동을 지배하게 되었다.
　이러한 서라벌의 성장 과정은 곧 언어의 팽창 과정으로 생각될 수도 있을 것이다. 서라벌 부족의 언어가 그 이웃한 부족들의 그것들에 영향을 미쳤을 것은 상상하기 어렵지 않다. 그것은 우선 이웃 부족들의 언어에 영향을 미쳤을 것이다. 이들은 동일언어의 방언들이었을 것이므로, 서라벌 방언의 영향은 이들의 방언적 차이를 점차 좁혔을 것임에 틀림없다. 그리고 차츰 멀리 떨어진 부족들의 언어에도 영향을 미쳐 갔을 것이다.
　그 중에서도 6세기에 있어서의 가야의 합병은 특기할 사실이 아닐 수 없다. 이것은 신라어 중심의 한반도의 언어 통일 과정에 있어 최초의 큰 사건이었던 것이다.
　가야의 언어에 관한 자료는 극히 드물지만 三國史記(권44)에서 '旃檀梁'에 대하여 "城門名 加羅語謂門爲梁云"이란 細註를 달았음을 보면 신라어와의 차이가 의식되었던 것 같다. '梁'을 옛 새김 '돌'로 읽는 것이 허락된다면(訓蒙字會 "梁 돌 량" 참고) 이것은 만주어 duka (門)나 고대일본어의 to(戶)와 유사한 점이 눈길을 끌지만 이것만으로는 무엇이라 말하기 어려움을 느낀다.
　7세기 후반에 백제와 고구려가 이어 멸망하고, 신라의 판도가 이들의 故土에까지 확대되었다. 이로써 신라어 중심의 한반도의 언어적 통일이 가능하게 된 것이다. 이런 의미에서 통일신라의 성립은 국어 형성의 역사상 최대의 사건이라고 해서 조금도 지나침이 없을 것이다.

통일신라가 10세기초까지 계속되는 동안 金城(慶州) 중심의 신라어의 영향은 점차 백제와 고구려 고지에까지 파급되었을 것으로 생각된다. 이리하여 上代 신라로부터 下代 신라에 이르기까지, 서라벌의 언어가 신라어의 중심이었던 것으로 믿어진다. 金城 즉 徐羅伐은 한반도의 라티움(Latium)이라고 말할 수 있음직하다. 이 지방의 언어가 드디어 한반도의 언어가 된 것이, 마치 이태리반도에 있어 라티움의 언어(라틴어)가 차츰 그 세력을 넓혀 드디어 전반도의 언어가 된 것과 비슷하기 때문이다.

第六節 三國語의 異同

고대 삼국의 자료에 고루 흔적을 남긴 두 단어의 예들 들어 세 언어의 異同의 단면들을 엿보기로 한다.

먼저 統治者(王)를 가리키는 단어를 살펴 본다. 고구려에서는 왕을 '皆'(기)라 하였다. 王逢縣 一云 皆伯(三國史記 권37). 부여 관명 '馬加 牛加, 猪加' 등이 보여주는 '加'(가), 저 위에서 인용한 백제의 '於羅瑕'의 '瑕'(하), 君主를 의미한 중세몽고어의 qaɣan, qan, qa와 비교됨직하다. 이에 대하여 백제어에는 저 위에서 인용한 바와 같이 '鞬吉支'(건길지)가 있었다. 이와 관련하여 日本書紀(8세기)에서 백제의 왕을 kisi라 새긴 사실과 光州板 千字文(127면 참고)에 '王'의 새김이 'ᄀᆡᄌ'라 적혀 있는 사실이 주목된다. 여기서 '鞬吉支'의 '吉支'와 kisi가 바로 'ᄀᆡᄌ'와 같은 것임을 깨닫게 된다. ('鞬'은 중세국어의 '큰'과 비슷한 말인 듯.) 끝으로 三國史記와 三國遺事에 의하면 신라에서는 왕을 처음에는 '居西干', 다음에는 '次次雄'(慈充), '尼師今'(尼叱今), '麻立干' 등으로 불렀다고 한다. 여기 보이는 '干'은 위에서 본 고구려의 '皆'(기)와 같은 계통에 속하는 것으로 보이며 '今'은 중세국어의 '님금'의

'금'과 같은 것임에 틀림없어 보인다. ('님'은 '主'의 새김이니 '님금'은 곧 主君이었다.) 고대일본어의 kimi(君)는 이 신라어 단어의 차용일 것이다.

또하나의 예로 城을 가리킨 단어를 들어 본다. 고구려 지명에 이 단어가 '忽'(홀)로 나타남은 위에서 보았다. 그런데 三國志 魏志 東夷傳에는 '幘溝漊'에 대하여 "溝漊者 句麗名城也"라 한 설명이 보인다. 아마도 고구려어의 방언에 '홀'의 古形인 '구루'가 남아 있었던 것이 아닌가 한다. 한편 백제어에서 성을 의미한 단어는 '己'(긔)였던 것으로 추정된다. 悅城縣 本百濟悅己縣, 潔城縣 本百濟結己縣(三國史記 권 36). 그리고 신라어에는 '잣'이 있었던 것으로 추정된다. 鄕歌(彗星歌)의 '城叱'은 '城'의 신라어 새김이 '잣'이었음을 보여준다. 중세국어의 '잣'(城)은 이것을 이은 것이다. 성을 가리킨 단어가 고대 삼국의 언어에서 이처럼 달랐음은 매우 흥미있는 사실인 바, 이 사실은 築城의 역사와 관련이 있을 것으로 짐작된다. 고대일본어에 성을 가리킨 단어로 kï와 sasi가 있었던 사실 역시 築城의 역사와 관련이 있음을 암시한다. 이들은 각각 백제어의 '긔'와 신라어의 '잣'이 築城法과 함께 일본으로 건너간 것으로 보아 틀림없을 것이다.

第七節　中世國語

10세기초에 高麗의 새 왕조가 開京(開城)을 중심으로 하여 건설되었다. 이리하여 정치적 문화적 중심이 慶州로부터 開城으로 옮겨졌다. 이것은 언어에도 큰 영향을 미쳤다. 그때까지의 수백년에 걸친 경주 중심의 상태가 깨어지고, 반도 중심에 위치한 개성이 放射의 中心으로 등장한 것이었다. 그 뒤 개성으로부터 서울로 이 중심이 다시 옮겨졌으나, 이것은 언어사에 있어 아무런 변화도 의미하지 않는다. 이것이 오늘날까지 계속되고 있으므로 오늘의 국어는 직접적으로는 10세기 이후에 개성에서 형성된 高麗 中央語에 소급하는 것이다.

여기서 우리는 고려 중앙어의 성립이 하나의 새로운 단계를 획하는 중대한 사실임을 알 수 있다. 이 단계를 우리는 中世國語라 부른다. 중세국어는 10세기 이후의 개성 방언을 기반으로 형성된 것으로 믿어진다. 그런데 개성 지방은 본래 고구려의 故地로서 통일신라의 서북 변방이었다. 그리고 고려 건국 때의 여러 가지 사실에 비추어 보아 그 주민은 확실히 고구려의 전통을 어느 정도 가지고 있었던 것으로 짐작된다. 그들의 언어에도 고구려어의 요소가 많건 적건 남아 있었던 흔적이 있다. 그러나 그것은 전체적으로는 신라어의 한 방언이라고 규정될 수 있는 것이었다.(이에 대한 자세한 서술은 제6장 참조) 이리하여 우리는 중세국어는 신라어를 根幹으로 형성되었다는 결론에 도달하게 된다.

第八節 國語史의 諸段階

지금까지 우리는 고대의 한반도와 대륙에 있었던 여러 언어들 속에서 중세국어가 나타나게 되기까지의 경로를 대충 더듬어 보았다. 우리는 먼저 서력 기원을 전후한 시기에 북방에 부여계 언어, 남방에 한계 언어가 있었음을 확인하였고 주로 고구려어 자료를 통하여 부여계 제어의 계통적 위치를 추정할 수 있었다.

夫餘系 諸語가 아직 분리하지 않은 단계로서 原始夫餘語를 상정하고, 이와 마찬가지로 韓系 諸語에 대하여 原始韓語를 상정한다면, 우리는 다시 原始夫餘語와 原始韓語가 하나의 共通祖語로 소급함을 상정할 수 있을 것이다. 이것을 夫餘・韓祖語라 부르기로 한다. 이것을 圖示하면 다음과 같이 될 것이다.

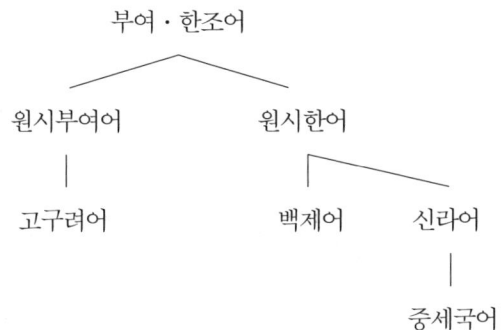

　이 도표가 보여 주는 것이 대부분 국어의 先史라고 하는 데는 이의가 없을 것으로 짐작된다. 그러나 國語史의 시발점을 어디에 둘까 하는 문제가 있다. 우선 고구려, 백제, 신라 삼국의 언어를 모두 古代國語에 포함시킬까 하는 문제에서 의견이 갈릴 것이다. 이들 세 언어가 넓은 의미의 국어(즉 부여·한제어)의 고대 단계를 대표하고 있음은 사실이요, 또 오늘의 국어에 많건 적건 기여했음도 부인할 수 없는 사실이다. 그러나 오늘의 국어가 중세국어의 계속이요 중세국어는 신라어를 근간으로 형성된 것이니, 엄격한 의미에서 고대국어라는 말은 신라어를 가리키는 데 한정해야 할 것으로 믿어진다.

　국어사의 중세 단계가 10세기에 시작됨은 위에서 말하였다. 이때에 개성에서 새로운 中央語가 형성되었으며 이것이 오늘날까지도 계속되고 있으니, 이때를 국어사에 있어서 하나의 새로운 단계의 시작으로 보는 것은 매우 타당한 일이라고 생각된다. 15세기 중엽의 訓民正音 창제를 중요시한 나머지 여기에 중세국어의 始點을 두려는 견해도 있다. 이 문자 체계의 출현은 그것으로 해서 국어의 전면적 표기가 비로소 가능하게 되었다는 점에서, 중대한 사건임에는 틀림이 없다. 그러나 문자 체계의 출현은 국어 자체에 일어난 사건이 아니오 그것을 표기하는 수단에서 일어난 사건이다. 그 이전에는 한자로 단편적으로 부정확하게 표기되던 것이 훈민정음 이후에는 이것으로 전면적으로 정확하게 표기하게 된 것이다. 이것은 흑색 사진과 천연색 사진에 비유될 수 있을 것이다. 훈민정음의 출현으로 국어사의 새로운 시대가 시작될 수 없음은 마치 어떤 인물이 처음 천연색 사진을 찍은 날 그의 생애에 새로운 시기가 시작되지 않는 것과 같다. 言語史의 時代 區分은 어디까지나 언어 사실에 입각하여 이루어져야 한다.

중세와 근대의 경계는 16세기와 17세기의 교체기에 두는 것이 타당한 것으로 생각된다. 이 때에 壬辰倭亂이 일어났다. 종래 이 전란을 중요시하여 많은 변화를 여기에 결부시켰으나, 근거가 박약한 것이었다. 이 전란 때문에 일어난 것으로 주장된 변화들은 16세기에 이미 완성된 것들이다. 16세기는 중세와 근대의 과도기적 성격을 띠고 있다. 15세기에 싹터서 16세기에 일어난 음운, 문법 및 어휘의 여러 변화 때문에 17세기 초엽에 국어는 전반적으로 새로운 모습을 띠게 된 것이었다.

第四章 文字 體系

訓民正音解例(24장 뒷면) 用字例   舊譯仁王經 上 2장

第四章

文字 體系

漢字는 우리 조상들이 접한 최초의 문자였다. 우리 나라에 고유한 고대 문자가 있었다는 설이 있기는 하지만, 믿을 만한 것은 못 된다. 한자는 고대 동아시아의 유일한 문자였던 것이다. 이것이 주변 민족들 사이에 퍼지는 과정에서 맨 처음 뿌리를 박은 것이 우리 나라였다.

한자의 수입은 중국과의 언어 접촉의 결과였다. 이 접촉의 초기에 있어서는 아마도 단어의 차용과 같은, 어느 두 언어의 접촉에서나 보통 일어나는 현상이 일어난 것으로 추측된다. 그러나 중국의 영향이 가중되면서 한자의 전체계를 도급으로 받아들이게 된 것이다. 국세가 팽창하고 국정이 복잡해짐에 따라 지배계층은 記錄의 절실한 필요를 느끼게 되었으며 이것을 위해서는 한자에 의존하지 않을 수 없었던 것이다. 여기서 두 방향의 노력이 싹텄을 것임을 짐작하기에 어렵지 않다. 첫째는 中國語로 쓰는 것이요, 둘째는 自國語로 쓰는 것이다.

第一節 漢文의 定着

외국어인 중국어로 글을 쓴다는 것은 무척 어려웠을 것임에 틀림없으나, 한자는 본래 중국어를 표기하기 위한 특이한 문자이니, 이 문자로 글을 쓰는 데는 이 길밖에 없는 것으로 생각했을 것이다. 적어도 초기에는 그랬을 것이다. 이리하여 우리 나라에 한문이 정착되기 시작한 것이다. 지금 한문 정착의 자세한 과정이나 확실한 연대를 말하기는 어려우나 高句麗에서는 국초에 留記 100권이 있었던 것을 600년에 新集으로 改修하였으며, 百濟에서는 375년에 書記를 편찬하였으며, 신라에서는 545년에 國史를 편찬하였다고 전하니, 이로써 고대 삼국에서는 한문이 매우 일찍부터 사용되었음을 알 수 있다.

이리하여 한문은 고대 삼국의 문자생활을 지배하기에 이르렀고 이러한 상태는 19세기말까지 계속되었던 것이다. 그 결과 우리 민족은 입으로 말하는 언어(口語)와 글을 쓰는 언어(文語)의 불일치를 오랫동안 가지게 되었다.(이런 기형적인 상태를 20세기 초엽의 학자들은 "言文二致"라는 말로 불렀다.) 이 한문은 중세 유럽의 라틴어에 비교될 수도 있음직하다. 그러나 이 둘 사이에는 중요한 차이가 있었음을 놓쳐서는 안 된다. 한문은 어디까지나 문어였음에 대하여 라틴어는 중세 유럽의 대학에서 문어인 동시에 구어이기도 했던 것이다. 우리 나라 문인들은 입으로는 국어를 말하고 글로는 한문을 썼다는 매우 특수한 의미에서 二言語 사용자였던 것이다.

그런데 이 특수한 의미의 二言語 사용은 매우 중요한 연구 과제가 된다. 왜냐하면 그 문어와 구어 사이에 干涉의 현상이 나타났기 때문이다. 특히 문어(한문)의 구어(국어)에 대한 엄청난 간섭이 일어난 것이다. 즉 한문 요소가 대량으로 국어에 침투한 사실은 국어의 역사에서 가장 중대한 사건의 하나였다. 오늘날 국어 어휘 속의 방대한 한자어는 이 간섭의 결과인 것이다.

第二節 固有名詞 表記

漢字는 본래 중국어를 표기하기 위하여 발달된 문자였다. 따라서 이것은 중국어의 특성을 잘 반영하고 있다. 중국어(특히 고전중국어)는 모든 單語가 單音節임을 특징으로 하였는데 이의 문자화에 있어서는 이 특징을 살려 각 단음절 단어를 한 문자 단위로 표기하는 원칙을 택했던 것이다. 그 결과 하나 하나의 한자는 한 단어의 의미와 동시에 그 발음(음절)을 나타내게 된 것이다.

한자에 어느 정도 익숙해졌을 때 우리의 조상들은 이것을 가지고 自國語를 표기하려는 욕망을 충족시키고 싶은 강한 충동을 느끼게 되었을 것이다. 그들은 특히 그들 자신의 人名이나 地名과 같은 固有名詞를 표기해야 할 절실한 필요를 느꼈을 것이다. 고대 삼국에서 일찍 史書의 편찬이 있었음을 위에서 보았지만, 실상 이러한 책들의 편찬은 적어도 그들 자신의 고유명사를 한자로 표기하는 방법이 이미 이루어졌음을 전제로 하는 것이다. 그러니 고유명사 표기는 우리 나라 한문의 일부이면서 동시에 자국어 표기의 첫 단계이기도 했던 것이다.

위에서도 지적한 바와 같이 한자는 본질적으로 중국어를 위하여 만들어진 문자체계였다. 따라서 이 문자는 중국어와 다른 구조를 가진 언어를 표기하는 데는 매우 부적합하였다. 이런 관점에서 우리 나라가 한자의 나라에 인접하여 이 문자를 받아들이게 된 것은 각별히 불행한 일이라 아니할 수 없다. 그러나 우리 조상들은 이 문자를 가지고 자국어를 표기해 보려는 눈물겨운 노력을 계속했던 것이다. 여기서 탄생된 것이 고대 삼국에서 볼 수 있는 漢字 借用 表記法이었다.

이 표기법의 원리는 다음의 두 가지였다. 각 한자는 表意的 機能과 表音的 機能을 가지고 있는데, 전자는 버리고 후자만을 취한 것이 그 첫째 원리였다. 가령 '古'자를 그 의미와는 관계없이 단순히 '고'라는 음을 나타내는 기호로서 사용하는 것이다. 이것은 한자의 六書(여섯 가지 구조 및 사용의 원리) 중 假借의 원리에 통하는 것이요 실제로 고대 중국인들이 외국 고유명사의 표기에 이 방법을 사용했으니, 완전한 독창이라고는 할 수 없을는지 모른다. 이 원리에 따라 사용된 한자를 音讀字라 부른다. 둘째 원리는 한자의 표음적 기능을 버리고 표의적 기능만을 살리되, 이 표의성을 자국어의 단어로 고정시키는 원리였다. 가령 신라에서는 '水'자를 그 음과는 관계없이 "믈"이란 단어를 나타내기 위하여 사용하는 것이다. 이 '믈'을 '水'의 새김(釋 또는 訓)이라고 하며 이렇게 사용된 한자를 釋讀字라고 한다.

이 새김을 이용하는 원리는 우리 조상들의 독창이라고 할 수 있는 것인데, 한자의 새김의 형성 내지 고정화는 상당한 시일을 필요로 했을 것이므로 이것은 음을 이용하는 원리보다는 연대적으로 뒤졌을 것으로 짐작된다. 한자의 새김은 고구려에서 가장 일찍 발달한 것으로 보이며 그것을 표기에 이용한 것도 고구려가 가장 앞섰던 것으로 믿어진다. 음만을 이용하여 자국어의 표기를 만족스럽게 할 수 있었다면 구태여 새김을 이용하려 하지는 않았을 것이다.

오늘날 우리 나라에서는 한자를 언제나 音讀한다. 이런 관습은 아마도 통일신라의 景德王 때(757)에 지명을 중국식으로 한자 2자로 개명한 것과 같은 일들을 통해서 중국화 과정이 심화되면서 점차로 일반화된 것으로 생각된다. 그 이전은 말할 것도 없고 그 뒤에도 오랫동안 우리 나라에는 석독의 전통이 있었던 것이다. 가령 오늘날은 '赫居世'나 '元曉'를 음독하고 있으나 신라인은 이것을 음독하지는 않았던 것으로 믿어진다. 三國遺事(권1)는 '赫居世王'에 주를 달기를 "蓋鄕言也 或作弗矩內王 言光明理世也"라 했으니, '赫居世'나 '弗矩內'나 다 "鄕言"으로서 그 독법이 같았던 것이다. 즉 '赫居世'는 釋讀表記요 '弗

矩內'는 音讀表記였으니, '赫, 世'를 새김으로 읽으면 각각 '弗, 內'와 같아지는 것이다.('居'는 음독했던 것으로 보인다. 따라서 엄밀히 말하면 '赫居世'는 釋讀과 音讀의 혼합 표기라고 할 수 있다.) 한편 三國遺事(권4)는 "元曉亦是方言也 當時人皆以鄕言稱之 始旦也"라고 지적하고 있다. '元曉'의 석독이 무엇이었는지 정확히 재구할 수는 없으나, '始旦'을 의미하는 신라어였던 것만은 틀림없는 사실이다. 지명 표기에 있어서도 마찬가지다. 앞章에서 든 고구려 지명의 일례를 다시 들면, "買忽一云水城"에서 '買忽'은 음독 표기요, '水城'은 석독 표기니 어느 쪽이나 그 나타내는 발음은 동일한 것이었다. 고유명사 표기에 있어서는 음독 표기, 석독 표기, 그리고 이들의 혼합 표기가 있다. 이 중 한 이름에 대해서 음독 표기와 석독 표기가 병존할 때 그것은 가장 믿음직한 언어 자료로 이용될 수 있다. 왜냐하면 어떤 단어에 대하여 음독 표기에서는 그 발음을, 석독 표기에서는 그 의미를 얻을 수가 있기 때문이다. 이런 경우 고유명사의 語源論은 자못 확실성 있는 결론에 도달할 수 있다.

第三節 吏 讀

漢字에 의하여 自國語를 표기하려는 노력은 고유명사의 표기에 만족하지 않고 문장을 표기하려는 노력으로 발전하였다. 이러한 노력은 고구려에서 일찍 싹튼 것으로 추정된다.

延壽元年太歲在卯三月中太王敬造

이것은 慶州의 瑞鳳塚에서 나온 銀盒의 銘文인 바, 이 은합은 고구려의 유물이며 '延壽元年'은 長壽王 39년(451)으로 추정되고 있다. 이 글의 '三月中'의 '中'은 처격을 표시한 것이다. 이와 같은 예가 고구려 자료에 몇 더 보이기는 하나, 위에 말한 노력이 新羅로 이어져 본격적인 吏讀로 발달한 것으로 판단된다.

吏讀 혹은 吏吐, 吏道, 吏書의 명칭은 모두 13세기 이후의 문헌에 나타난다. 이 중 吏書는 帝王韻紀(1287경)에, 吏道는 大明律直解(1395)에, 吏讀는 訓民正音의 鄭麟趾 序文과 世宗實錄에 나타난다. 따라서 신라 시대에 과연 이런 명칭이 있었는지는 확증이 없다. '吏讀'란 분명히 이 표기법과 吏胥의 관련을 보여 주고 있는데, 신라 시대에는 이 표기법이 金石文에도 사용된 점으로 보아, 이런 명칭은 적합하지 않은 듯이 느껴지기도 한다.

이두는 쉽게 말하면 漢文이 극도로 우리 나라 식으로 고쳐진 것으로, 단어의 배열이 국어의 문장 구조를 따르고 體言의 格이나 用言의 語尾를 표기한 것이다. 신라 이두의 이른 예는 壬申誓記石에서 볼 수 있다.

壬申年六月十六日 二人幷誓記 天前誓 今自三年以後 忠道執持 過失无誓 若此事失 天大罪得誓 若國不安大亂世 可容行誓之 又別先辛未年七月卄二日大誓 詩尙書禮傳倫得誓三年

임신년 유월 십육일에 두 사람이 함께 맹서하여 기록한다. 하느님 앞에 맹서한다. 지금으로부터 삼년 이후에 충도를 집지하고 과실이 없기를 맹서한다. 만일 이 일을 잃으면 하늘에 큰 죄를 얻을 것이라고 맹서한다. 만일 나라가 편안치 않고 크게 세상이 어지러우면 가히 모름지기 (충도를) 행할 것을 맹서한다. 또 따로 앞서 신미년 칠월 이십이일에 크게 맹서하였다. 시, 상서, 예기, 좌전을 차례로 습득하기를 맹서하되 삼년으로써 하였다.

이 글의 한자들은 그 본래의 의미로 사용되었지만, 그들의 결합은 한문의 그것과는 아주 다르다. 이 글은 한자를 신라어의 語順에 따라 배열한 것이다. 漢文이라면 으례 '自今'이라 했을 것이 이 글에서는 '今自'로 되어 국어의 '지금부터'와 같은 語順을 보여 준다. 그런데 문법 형태의 표시로는 다만 '之'자가 동사의 종결형을 표시하고 있음이 눈에 뜨일 뿐이다. 이 글의 임신년은 552년(또는 612년)으로 추정되고 있다.

이보다 조금 더 발달한 이두의 모습을 慶州의 南山 新城碑(591)에서 볼 수 있다.

辛亥年二月卄六日 南山新城作節 如法以作 後三年崩破者 罪教事爲聞教
令誓事之

이 비문은 아직 완전한 해독이 이루어져 있지 않지만, 그 大意는 짐작하기 어렵지 않다. 여기서 '之'자의 용법이 壬申誓記石의 그것과 일치하며, 이밖에 '節, 以, 教, 令, 爲' 등의 용례가 후대의 이두의 그것과 비슷함을 보여 준다. 가령 '節'은 후대의 이두에서 '디위'로 읽히며, '以'는 造格의 '으로'로 읽힌다. 그런데 이들은 모두 석독되는 점이 주목된다. '以'에서 보듯이 문법 형태의 표시에 있어서도 그 한자의 본래의 의미로 사용하는 것이 초기 이두의 특징인 것으로 생각된다. 이 글의 '者'도 '(ㅇ\으)ㄴ'을 표시했을 가능성이 있다.

葛項寺 造塔記(758)는 본격적인 이두를 여실히 보여주는 점에서 特記할 만한 것이다.

二塔天寶十七年戊戌中立在之
娚姉妹三人業以成在之

娚者零妙寺言寂法師在㫆
姉者照文皇太后君妳在㫆
妹者敬信太王女妳在也

고구려에서 쓰이기 시작한 '中'은 말할 것도 없고 '以'도(아마 '者'도) 초기 이두의 격 표시임은 위에서 지적한 것이지만, '在之·在㫆·在也' 등은 더욱 흥미깊은 것들이다. '在'는 후세 이두에서는 '견'이라 읽히지만 이 '견'은 동명사형이며 본래는 그 어간 '겨-'로 읽힌 것으로 생각된다. 중세국어의 '겨시-'(在)는 이 '겨-'에 경어법의 '-시-'가 붙은 것이다. 한편 '之'는 위에서도 본 바와 같이 가장 일찍 나타나는 동사의 종결형의 표시로 음독한다. 이것은 아마도 이두 및 향찰에 자주 나오는 '齊'와 같은 것이 아닌가 추측된다.(90면 참조) '㫆'는 이두에서 '며'로 읽히며 중세국어(및 현대국어)의 부동사 어미 '-며'에 대응된다.(이에 대해서는 79, 90면 참조) '也'의 독법은 확실치 않으나 음독했던 것으로 보인다.

명실상부한 이두의 성립은 언제쯤으로 볼 수 있을까. 자료가 빈곤하기는 하지만, 南山 新城碑와 葛項寺 造塔記를 통해 볼 때 대체로 7세기에 이두가 그 체제를 갖춘 것이 아닌가 한다. 帝王韻紀, 大明律直解 등의 이두에 관한 기록들은 한결같이 이두는 薛聰이 지은 것이라고 하였다. 이두의 발생은 설총 이전에 있었음이 확실하니, 이 기록들을 그대로 믿기는 어렵다. 뒤에 말할 바와 같이, 설총은 吏讀보다도 口訣과 더욱 깊은 관련이 있었던 것이다.

이두는 고려·조선을 통하여 19세기 말까지 계속 사용되었다. 하나의 기형적인 문어라고 할 수 있는 이두가 이처럼 오래 사용된 것은 놀라운 일이 아닐 수 없는데, 그 이유는 첫째로 이것이 吏胥들 사이에 깊은 뿌리를 박고 있었고, 둘째로 우리 나라 문자 생활의 상층부를 이루었던 한문의 후광을 입고 있었기 때문이라고 생각된다. 고려와 조선에서 이두는 주로 공사문서에 사용되었다. 따라서 이것은 거의 이서 전용의 특수 문어로서의 기능을 가지고 있었다. 한편 訓民正音 창제 이전에 이두는 한문의 번역에 사용되기도 하였다. 大明律直解와 養蠶經驗撮要(1415)가 그 대표적인 예다.(이 두 책은 양적으로나 질적으로 가장 중요한 이두 자료라고 할 수 있다.) 훈민정음 창제 이후 언해가 성행하였는데 이것은 이두 번역의 전례를 따른 것이었다.

이두는 특수한 문어였으므로 매우 보수적이었지만, 워낙 그 역사가 오랬으므로 그 체계에는 적지 않은 변천이 있었다. 오늘날 전하는 이두 자료는 태반이 조선 시대의 것이오, 신라 이래의 고대적 요소와 후대의 새로운 요소가 뒤섞여 있으니, 이두 연구는 이것을 가리는 일에 각별히 조심하지 않으면 안 될 것이다.

여기에 養蠶經驗撮要 첫머리를 인용하면 다음과 같다. (A)는 한문, (B)가 이두 번역이다. 괄호 속은 조선 후기의 이두 자료에서 볼 수 있는 독법이다.

(A) 蠶陽物 大惡水 故食而不飮.
(B) 蠶段(똔) 陽物是乎等用良(이온들쓰아) 水氣乙(을) 厭却 桑葉叱分(쑨) 喫破爲遣(호고) 飮水不冬(안들).

第四節 口 訣

구결이란 '입겿, 입겾'의 한자 차용 표기다. 흔히 '吐'라고 하기도 한다. 이 말들은 모두 15세기의 世宗實錄 및 초기의 諺解本들에 나타난다.

구결이란 漢文을 읽을 때 문법적 관계를 표시하기 위해서 삽입하는

第四章 文字 體系 65

요소들을 말한다. 童蒙先習의 일절을 인용해 보면 다음과 같다.

天地之間萬物之衆厓 唯人伊 最貴爲尼 所貴乎人者隱 以其有五倫也羅

여기서 우리는 이두에서 쓰이는 '爲, 尼, 隱, 羅' 등이 구결에서도 쓰이는 사실을 발견한다. 그러나 주격과 처격을 표시하는 '伊, 厓'는 구결에 독특한 것이다. 구결과 이두는 서로 밀접한 관계가 있었지만 서로 차이도 있었음을 알 수 있다.

위의 童蒙先習과 같이 구결까지 인쇄된 책도 있지만, 오늘날 전하는 구결 자료는 한문 책의 原文에 붓으로 써 넣은 것이 많다. 이런 경우에는 보통 半字보다도 획이 훨씬 적은, 무슨 기호들 같이 보이는 略體字를 썼다. 윗글에서 예를 들면 '爲尼'(ᄒ니)는 'ヽㅌ'로, '羅'(라)는 'ㅗ' 또는 'ヽ'로 쓰는 따위다.

1973년에 文殊寺(충청남도 서산군)의 金銅阿彌陀如來坐像의 腹藏物 속에서 고려 시대(12-3세기)에 간행된 것으로 추정되는 舊譯仁王經(上)의 낱장(다섯 장)이 발견되었다. 그 한문 원문에 붓으로 적은 것이 구결임은 쉽게 짐작할 수 있었는데, 특이하게도 원문의 오른편과 왼편에 구결자들이 적혀 있음과 가다가 점(.)이 찍혀 있음이 눈길을 끌었다. 이 낱장의 구결에 관한 연구는 놀라운 사실을 드러내었다. 옛날에는 한문을 국어로 새겨서 풀어 읽었음을 밝힌 것이다. 舊譯仁王經(上) 2장 첫줄의 한 도막을 옮겨 적기로 한다.

(1) 復ヾㄱ 有ㅌナホ 五道ㅌ 一切衆生ᄞ·
(2) 復爲隱 五道叱 一切衆生是 有叱在於

(1)은 원문의 縱書를 橫書로 고쳐쓴 것이다. 오른편에 적힌 구결자

들은 위쪽에, 왼편 것들은 아래쪽에 옮겨 놓았다. 이 원문은 오른편에 구결자가 있는 것부터 읽어 내려가다가 점에 이르면 거슬러 올라가 왼편에 구결자가 있는 것을 읽음이 원칙이다. (2)는 이 원칙대로 읽어 본 것이다. 略體字들을 本字로 고쳐 썼다. (2)를 읽어보면 '復'와 '有' 뒤에 '爲隱'(혼)과 '叱'(ㅅ)이 있어 이들을 새김으로 '쏘혼'과 '잇-'과 같이 읽어야 함을 알게 한다. '在旀'(겨며)는 저 위에서 이두의 예로 든 葛項寺 造塔記에서 본 것이다.

舊譯仁王經(上)의 연구는 우리가 종래 알고 있는 구결(童蒙先習의 예)과는 다른 옛 구결이 있음을 밝혔는데, 그 뒤 이 옛 구결을 보여주는 자료(주로 고려 시대의 佛經)가 여럿 발견되었다. 그리하여 舊譯仁王經(上)과 같이 새김으로 읽는 구결을 釋讀口訣이라 하여 童蒙先習의 音讀口訣과 구별하게 되었다.

三國史記(卷46)에 薛聰에 관하여 "以方言讀九經 訓導後生 至今學者宗之"라 하였는데, 위에서 말한 釋讀口訣 자료들의 출현으로 비로소 '方言' 즉 국어로 九經을 읽었다고 한 말의 참뜻을 이해할 수 있게 되었다. 다만 설총은 중국의 儒經을 읽었다고 했는데, 지금까지 나타난 석독구결 자료는 모두 佛經인 점이 마음에 걸린다. 앞으로 儒經 자료의 출현이 기대된다.

여기서 日本의 漢文 讀法과 文字에 言及할 필요를 느낀다. 종래 日本의 漢文 讀法은 日本人들이 독자적으로 만든 것으로 인정되어 왔으나 이것이 신라의 석독구결을 본받은 것이라고 볼 수 있게 되었다. 신라에 유학한 승려들이 일본으로 돌아가 이런 讀法을 시작한 것으로 추측된다. 한편 구결의 가장 큰 특징은 그 극단적인 略體字들이다. 이것은 필시 비좁은 行間에 적어 넣기 위하여 만들게 된 것으로, 신라인들의 文字 改革의 일면을 보여주는 중요한 사실이다. 그런데 일본의 假名 文字(특히 片假名)는 우리 나라 구결의 약체자와 아주 비슷하다.

이렇게 비슷한 약체자가 우리 나라와 일본에서 따로따로 생겨났다고
는 생각하기 어렵다. 다만 신라 시대의 약체자 자료가 발견되지 않은
지금으로서는 최종적인 결론은 삼갈 수밖에 없다.

第五節 鄕 札

향찰은 신라에 있어서 한자를 이용하여 자국어를 표기하려는 노력
의 집대성이었다. 하나의 표기 체계로서 향찰은 아무런 새로운 원리
도 가지고 있지 않았다. 그것은 이미 발달되어 있는 체계들, 즉 고유
명사 표기법과 이두 및 구결의 확대라고 할 수 있는 것이다.

오늘날 남아 있는 향찰 자료는 매우 드물며 鄕歌에 국한되어 있는
바, 이것은 결코 우연이 아닌 것 같다. 신라 시대에 향찰은 실제로 향
가의 표기 이외에 사용된 흔적이 보이지 않는 것이다. 아마도 향가 문
학의 발전이 이 표기법의 성립을 촉진한 것으로 생각된다. 통일신라
이전에도 향가의 표기가 이루어졌을 가능성은 있으나, 향찰이 일반화
되기는 통일신라에 들어 향가 문학이 무르익게 된 때의 일일 것이다.
그리고 眞聖女王의 명으로 角干 魏弘과 大矩和尙이 편찬한 鄕歌集 三
代目(888)에 이르러 완성되었을 것으로 짐작한다. 향찰 표기의 예로는
처용가(95면)를 참조.

이 표기법은 고려 초엽까지 존속했으나 그 뒤에는 점차 소멸의 길
을 밟았다. 향찰 체계가 소멸하게 된 이유로는 무엇보다도 그 체계의
비효율성을 들지 않을 수 없다. 실질적 의미를 가진 부분은 석독 표기
로, 문법적 요소는 음독 표기로 하는 것을 원칙으로 했던 향찰 체계는
지극히 복잡했고 그러면서도 국어를 만족스럽게 표기하지 못했던
것이다. 국어의 음절 구조가 복잡하고 그 수가 많아서 한자로써는 도
저히 만족스럽게 표기할 수 없었던 것이다.

이리하여 우리 선조들은 국어의 문자화를 이룩하기 위하여 새로운 방향을 모색하지 않을 수 없었던 것이다.

第六節 訓民正音

훈민정음의 창제는 국어의 완전한 文字化라는 오랜 민족적 소망을 달성한 것이었다. 이 소망이 한자와는 본질적으로 다른 音素的 文字體系로 실현된 것은 하나의 역사적 필연이었다고 할 수 있다. 이로써 입으로 말하는 국어를 그대로 만족스럽게 적을 수 있는 길이 열리게 된 것이다.

훈민정음은 세종 25년(1443) 12월에 이루어졌다. 世宗實錄(권102, 세종 25년 12월조 말미)에 "是月 上親制諺文二十八字 其字倣古篆 分爲初中終聲 合之然後 乃成字 凡于文字及本國俚語 皆可得而書 字雖簡要 轉換無窮 是謂訓民正音"이라 보인다. 그리고 세종 28년(1446)에 나온 훈민정음(해례본) 끝에 붙어 있는 鄭麟趾 序文에도 "癸亥冬 我殿下創制正音二十八字 略揭例義以示之 名曰訓民正音 象形而字倣古篆…"이라 한 것이 보인다. 종래 위의 세종실록의 기록은 후일 실록을 편찬할 때에 써서 넣은 것이라는 견해도 있었으나 그렇게 보기 어렵다. "諺文"이란 말이 보이는 점이 의심스럽다고 하나, 이보다 두 달 뒤 즉 세종 26년(1444) 2월에 올린 崔萬理의 상소에 역시 "諺文"이란 말이 사용된 점으로 보아 창제 당초부터 이것이 통칭으로 널리 쓰인 것이 아닌가 한다. 한편 "其字倣古篆"은 정인지 서문의 "象形而字倣古篆"에서 왔다고 보기 쉬우나 최만리 상소에 "字形雖倣古之篆文"이라 있음으로 보아 반드시 그렇게만 생각할 수 없다. 실록과 상소에는 古篆 이야기밖에 없는데 서문에는 "象形"이 추가된 사실이 주목된다. 추측컨대 세종 25년에 훈민정음 창제에 관한 어떤 글이 있어 "字倣古

篆"이란 말이 있었는데 세종 28년에는 훈민정음 해례를 지어 진정한 제자 원리인 "象形"을 내세우게 된 것이 아닌가 한다.

훈민정음에 관련된 기록들은 한결같이 世宗의 親制를 말하고 있다. 이것은 으레 있을 수 있는 과장된 표현으로 돌리기 쉽다. 그러나 세종 25년 12월 이후에 훈민정음에 관계한 유신들의 행적을 조사해 보면 그 이전에 훈민정음에 관련된 일을 했음직한 사람은 없는 것 같으니 훈민정음은 세종의 개인적 업적이었다고 결론해도 지나침이 없을 것이다.

훈민정음을 세상에 널리 반포한 것은 세종 28년 9월이었다. 이 때에 위에 말한 훈민정음(해례본)을 간행하였는데, 그 첫머리의 御製文은 훈민정음 창제의 근본 취지를 밝히고 있다. 세종이 한자음의 개정에 각별한 관심을 가져 훈민정음 창제 이후 이 일을 서두른 사실로 보아 훈민정음 창제의 직접적인 동기는 이 사업을 위한 것이 아닌가 하는 견해가 있으나, 이것은 사실을 올바로 파악한 것이라 하기 어렵다. 국어의 전면적 표기를 위해서는 한자음 표기가 절대로 필요했는데, 세종은 中國 音韻學에 조예가 깊었고 우리 나라 한자음에 잘못이 많음을 알고 있었으므로 한자음 표기의 표준으로서 東國正韻(1447)을 편찬한 것으로 생각된다. 다시 말하면 훈민정음은 어디까지나 국어의 표기를 위하여 만들었으며, 순수한 국어 단어들은 그들의 현실음을 그대로 표기하였지만 한자음에 대해서는 우리 나라 속음을 적는 데 만족하지 않고 개정을 꾀했다는 특수성이 있었던 것이다.

하나의 문자체계로서의 훈민정음의 가장 두드러진 특징은 그 독창성과 과학성이다. 세계의 여러 나라에서 자국어를 문자화하려는 소망은 이미 존재하는 문자체계를 채택하여 다소 손질함으로써 달성되는 것이 보통이다. 고대에 있어서의 한자에 의한 국어 표기법의 발달도 이러한 일례에 지나지 않는다. 그 결과 오늘날 지구상에서 사용되고 있는 문자들은 그들의 기원에 거슬러 올라가 보면 크게 몇 계통이 있을 뿐이다. 그런데 훈민정음은 그 어느 계통에도 속하지 않는 독창적인 것이다. 세종은 당시 알려져 있은 여러 문자를 참고했을 것임에 틀림없으나, 독창적인 제자 원리를 생각해 냈던 것이다.

훈민정음의 제자 원리는 解例 制字解에 "正音二十八字 各象其形而制之"라고 분명히 기록되어 있다. 이에 대한 자세한 설명은 나중에 하겠거니와(128면 이하), 훈민정음 체계에 있어서는 각문자와 그것이 표시하는 음소 사이에 직접적이고도 체계적인 관계가 있었던 것이다. 즉 'ㄴ'은 "舌附上腭之形"을 본 뜬 것이요, 'ㄷ'은 'ㄴ'과 같은 "舌音"이면서 좀 강하기 때문에 加畫한 것이다. 우리가 훈민정음을 과학적이라 함은 이런 사실을 가리킨다. 일찍이 어떤 문자도 이와 같은 과학적 원리로 만들어진 일은 없었던 것이다.

이 과학성은 훈민정음이 깊은 음운 이론의 기초 위에서 이루어졌기 때문이었다. 중국 음운학은 한자음에 관한 특수한 학문이었는데, 세종은 이것을 연구하여 하나의 새로운 음운 이론을 발전시킨 것이었다. 중국 이론이나 세종의 것이 音節을 출발점으로 전개되는 점은 같았으나 그 근본적 차이는 이 음절의 분석에 있었다. 중국 음운학에 있어서는 한 음절을 二分하여 첫 음(자음)을 聲이라 하고 나머지를 韻이라 했음에 대하여 우리 나라에서는 初聲·中聲·終聲의 三分法을 취하였던 것이다. 이 삼분법의 기초 위에서 당시의 국어 음운을 분석하였는데 그 결과는 거의 완벽한 것이었다. 이리하여 훈민정음은 진정한 음소적 문자체계가 될 수 있었던 것이다.

훈민정음이 창제되기는 했으나 이미 굳어진 한문의 지위는 좀처럼 흔들리지 않았다. 훈민정음은 창제 당초부터 언문이라 불리어 한문의 중압 밑에 놓이게 되었다. 士大夫 계층은 여전히 한문을 썼고 그 중의 소수만이 언문에 관심을 보였는데, 이런 사람들도 특수한 경우에만 이것을 사용하였다. 즉 그 사용은 주로 시가(時調・歌辭 등)의 표기, 한문 서적의 번역(諺解) 등에 국한되어 있었다. 이것은 언문이 예전의 鄕札이나 吏讀의 지위를 물려받았음을 보여 주는 것이다. 그러나 언문이 진작부터 궁중 나인들 사이에 사용되었고 차츰 사대부 계층의 부녀자들 사이에 보급되었음은 특기할 만한 사실이다. 그리고, 느리기는 했으나, 평민들 사이에도 점차 뿌리를 박기 시작했던 것이다. 그러나 이 문자가 온 국민의 문자로서의 지위를 확립한 것은 19세기와 20세기의 교체기에 와서의 일이다. 이 때에 國文(뒤에는 한글)이란 이름이 일반화되었고 言文一致의 이상을 적극적으로 추구하게 되었던 것이다.

第五章　古代國語

三國遺事 卷2(紀異)　處容郞 望海寺

第五章
古代國語

　　고대의 한반도 및 이에 연결된 대륙의 일부에는 高句麗, 百濟, 新羅의 세 언어가 있었다. 이들에 대해서는 위에서(제3장) 약술한 바 있다.
　　7세기 후반에 와서 백제와 고구려가 잇달아 멸망한 뒤에 한반도는 신라의 독무대로 변하였다. 신라의 확대된 판도는 백제와 고구려의 故地에도 미쳤으며, 그 안에 행정구획을 개편하여 정치체제를 강화하였으니 백제와 고구려 고지의 언어는 점차로 新羅化했을 것을 짐작하기 어렵지 않다. 이리하여 한반도의 언어적 통일이 성취되어 갔던 것이다.
　　新羅語의 시기는 그 개국으로부터 멸망(935)까지 천년 안팎의 오랜 시일에 걸친 것으로, 그 사이에 많은 변화가 있었을 것임에 틀림없다. 따라서 신라어에 대한 서술은 그 시기를 몇 단계로 다시 세분해야 마땅할 것이다. 그러나 오늘날 전하는 자료는 이런 세분을 불가능하게 한다. 한두 특례를 제외하고는 신라어의 변화는 확인하기 어렵다. 국어의 古代史가 막연할 수밖에 없음은 전혀 그 자료의 제약 때문이다.
　　신라는 삼국 중에서 가장 후진이었으므로 한자도 가장 늦게 알게 되었을 것임에 틀림 없으나, 梁書 新羅傳이 "無文字 刻木爲信"이라고 한 것을 그대로 믿기는 어렵다. 아무리 늦잡더라도 신라에는 국초에 이미 한자가 알려져 있었을 것이며, 고구려와 백제로부터 한자로 自國語를 표기하는 방법을 배웠을 것으로 생각된다. 그런데 이 방법은 신라에서 큰 발전을 보였다. 고구려나 백제에도 吏讀나 鄕札과 비슷한 것이 있었을 가능성을 부인할 수는 없으나, 오늘날 남아 있는 자료로 판단하면, 이들은 주로 신라에서 발전된 것으로 보인다. 이두는 국어화된 한문이라고 할 수 있는 것으로 순수한 한문에 능통하지 못한 사람들을 위한 것이었으니 대단할 것이 없지만, 향찰은 신라에 있어서의 향가 문학의 발전과 깊은 관련이 있는 것으로 생각된다.

신라 문학은 향가로서 대표되는데 이것은 본래 口誦 문학이었을 것이다. 구송 문학밖에 없는 사회에도 文學語의 형성을 볼 수가 있으므로 우리는 金城(慶州)의 中央語가 문학어로 사용되었을 것을 상상할 수 있다. 향가 문학은 통일신라의 시기(7세기에서 10세기)에 자못 융성했던 것으로 생각된다. 眞聖女王의 명으로 角干 魏弘과 大矩和尙이 향가를 집성하여 三代目(888)을 편찬한 사실이 이것을 말해 준다. 불행히도 이 책의 失傳으로 향가 문학의 전모는 알 길이 없어진 것이다.

신라어에 나타나는 중요한 현상의 하나는 중국어의 영향이다. 이 영향은 어휘에 가장 현저하였다. 오늘날 정확한 통계는 불가능하나, 적어도 고대국어의 후기(통일신라 시대)에는 상당한 수효의 한자어가 사용되었을 것으로 추측된다. 8세기에 地名을 중국식으로(한자 2자로) 개명한 사실은 특기할 만하다. 이런 영향은 그 뒤 인명에까지 일반화되었으니, 국어의 역사에서 가장 중대한 사건의 하나였다고 할 수 있다.

第一節 資 料

신라어 연구에 이용될 수 있는 자료는 다음과 같다.

첫째, 여러 역사책에 나오는 고유명사 표기가 있다. 三國史記 및 三國遺事에 실린 人名 地名 官名 등이 주가 되고 중국, 일본의 역사책들도 간혹 참고된다. 일반적으로 고유명사는 언어 자료로서 이용하기에 매우 부적당한 것이다. 고유명사는 音相만을 보여 주고 의미를 보여 주지 않기 때문에 그 語源論은 황당한 것이 되기 일쑤다. 그러나 신라의 경우에는 (앞서 본 고구려나 백제의 경우에도 그랬었지만) 어떤 한 고유명사에 대하여 음독 표기와 석독 표기가 아울러 행해진 예들이 있어서 그 중 석독 표기가 의미를 보여 주므로, 그 어원론은 자못 믿음직하게 된다. 지명 자료로는 三國史記 地理志 중 권34가 가장 중요하다. 그런데 여기에는 舊名과 景德王代의 중국식 개명이 병기되어 있을 뿐이다. 이 구명과 개명의 관계는 음독명과 석독명의 그것과는 본질적으로 다르다. 이 개명에 작용한 요인은 매우 다양하여 일률적으로 규정하기 어렵다. 따라서 이것을 언어 자료로서 이용함에 있어서는 큰 조심성이 요망된다. 가령 "密城郡本推火郡"에서 구명은 석독 표기로 '밀블'이라고 읽혀질 것으로 추정되는데 개명은 '밀'의 음을 따서 '密'자를 썼음을 볼 수 있다. 이와는 반대로 "永同郡本吉同郡"에서는 구명의 '길-'(吉)을 '永'으로 고쳤다. 이것은 석독 표기에 근거를 둔 것으로 생각된다. 또 "星山郡本一利郡一云里山郡"에서 "星山"을 석독 표기로 보고, "一利"를 음독 표기로 볼 수 있는 가능성이 없지 않다. 여기서 확실치는 않으나 신라어에 星을 의미하는 단어로 "一利"와 비슷한 발음을 가진 것이 있지 않았을까 하는 생각을 해보게 된다. 현대 방언에 꽤 널리 퍼져 있는 '이리내'(銀河水)의 '이리'는 이런 생각을 정당화하는 듯이 보이기도 한다.

三國史記와 三國遺事는 적지 않은 신라어 단어에 대한 어원 해석을 싣고 있어 참고된다. 신라 시조의 姓에 대하여 "辰人謂瓠爲朴 以初大卵如瓠 故以朴爲姓"(三國史記 권1), "男以卵生 卵如瓠 鄕人以瓠爲朴

故因姓朴"(三國遺事 권1)이라 한 것이 그 일례다. 그러나 이러한 어원 해석이 어느 정도 믿을 만한 것인지 문제로 남는다.

둘째, 吏讀 자료는, 위에서(4장) 지적한 바와 같이, 신라 시대의 것은 매우 드물지만 이것들만이 일차적 중요성을 가진다. 후대 자료에도 신라 이두의 전통이 담겨 있을 것이나 그것을 가려내는 면밀한 작업이 선행되어야 한다. 鄕札 표기에도 이두의 요소가 나타나므로 많이 참고 된다.

셋째, 鄕札 자료로서 우선 三國遺事(1285경)에 실린 鄕歌 14수가 있다. 三代目이 전하지 않는 지금, 이 14수는 滄海遺珠와 같은 존재다. 그러나 이들 14수의 典據가 문제된다. 三國遺事의 편자가 三代目에서 직접 옮겨 실었는지, 아니면 고려 시대에 와서 다소 변개된 것을 실었는지, 지금으로서는 확정할 길이 없다. 간혹 고려 시대의 변개의 흔적이 아닌가 의심되는 것이 나타난다. 그러나 전반적으로는 신라 시대의 모습을 유지하고 있는 것으로 보아 무방할 것이다.

均如傳(1075)에 실린 普賢十願歌 11수도 신라어 자료로 다루어진다. 균여는 羅末 麗初 사람이지만, 그는 이들 노래에서 향가 문학의 언어 즉 신라의 文學語를 쓴 것으로 믿어진다. 이 11수와 위에 말한 14수의 표기법에는 다소의 차이가 발견된다.

넷째, 신라어 어휘를 기록한 단편이 존재한다. 梁書 新羅傳에 "其俗呼城曰健牟羅 其邑在內曰啄評 在外曰邑勒 亦中國之言郡縣也 … 其冠曰遺子禮 襦曰尉解 袴曰柯半 靴曰洗"이라 기록되어 있다. '尉解'(16세기 '우틔' 裳), '柯半'(鷄林類事 "袴曰珂背", 15세기 'ᄀ외 <*ᄀ빙ㅣ') '洗'(鷄林類事 鞋曰盛, 15세기 '신')를 제외하고는 難解의 것들이다.

다섯째, 古代 日本語에 들어간 차용어가 있다. 이 경우 그 공급원이 고대 삼국의 어느 언어인지 결정하기 어려운 난점이 있기는 하나, 신라어의 재구에 매우 중요한 참고 자료로 이용될 수 있는 것이다. 고대

일본은 정치 문화 분야에서 우리 나라 것을 많이 받아 들인 사실이 이들 차용어의 검토에서 드러난다. 몇 예를 들면 다음과 같다. 고대 일본어의 kimi(君)는 신라어의 '금'(尼師今의 今), sasi(城)는 신라어의 '잣'(城)의 차용임에 틀림 없다.(고대 일본어의 kï(城)가 백제어로부터의 차용인 듯함은 위에서 말하였다.) 고대 일본어의 köföri(郡)는 신라어의 'ᄀᆞ볼'(郡)의 차용임에 틀림없다.

여섯째, 우리 나라 傳統的 漢字音(東音)에 신라어의 음운체계가 반영되어 있어 그 再構에 참고된다. 신라의 한자음에 대해서는 뒤에 다시 말하기로 한다.

第二節 表記法

문자체계 전반에 대해서는 이미 말한 바 있으므로(제4장), 여기서는 개별적 사실들을 지적하기로 한다.

신라어의 표기법에 대한 자세한 연구는 아직 이루어져 있지 않다. 여기서 부닥치는 문제는, 첫째, 현재 자료로는 그 전모를 파악하기 어려운 점, 둘째, 音讀字와 釋讀字를 가리기 어려운 점, 셋째, 음독자나 석독자에 대해서 그 음이나 새김을 정확히 재구하기 어려운 점 등이다.

먼저 음독자에 대해서 말하면, 신라 시대의 用字法은 자못 체계적이었으며 고유명사 표기에서 향찰에 이르기까지 대체로 일관되어 있었던 것으로 믿어진다. 가령 a, i는 주로 '阿, 伊'로 표기되었음을 볼 수 있다.(간혹 '我, 異'로 표기되기도 했으나 예가 극히 적다.) 아직 음독자들의 일람표가 완성되어 있지는 않으나, 대체로 그 윤곽은 밝혀져 있다. 가령 나 乃奈那, 라 羅, 다 多, 기 己只, 미 美, 리 利理里, 고 古, 모 毛, 노 奴, 로 老, 소 所, 도 刀道, 알 閼, 간 干, 한 翰, 발 發, 달 達, 밀 密 등. 간혹 고유명사 표기와 향찰에서 달라진 것도 있다.

'가, 거'는 고유명사 표기에서는 '加, 居'가 일반적이었음에 대하여 향찰에서는 '可, 去'가 도리어 일반적이었다.

이들 음독자들에 대한 논의에서 지적되어야 할 사실은 신라어의 표기에 사용된 음독자들이 고구려어나 백제어의 표기에 사용된 그것들과 대체로 일치할 뿐만 아니라 고대 일본어의 표기에 사용된 음독자들(萬葉 假名)과도 광범한 일치를 보여 준다는 점이다. 이러한 일치는 결코 우연의 소치일 수는 없을 것이며 필시 이들이 역사적으로 서로 관련이 되어 있는 것으로 보지 않을 수 없다.

신라어 표기에 사용된 음독자들 중에 몇 개는 매우 특이하다. 그 중에서도 '良, 旀, 遣, 尸, 叱, 只' 등은 각별한 주목을 받을 만하다. '良'은 '라' 및 '아/어'를 표기한 것으로 믿어진다. '라'는 분명히 음독이지만 고대일본어 표기에 있어서의 음독과 일치하는 점이 주목된다. '아/어'에 대해서는 의문이 없지 않다. '旀'는 '彌'의 약자로서 副動詞의 어미 '-며'를 표기하는 데 사용되었다. 이 발음은 中國 中古音 myie를 반영한 것임에 틀림 없다. '遣'(중국 중고음 kʻiän(上聲), 東音 '견')은 어미 '-고'를 표기하는 데 사용되었다. 이에 대해서는 "吏讀呼遣고 此必東方古音也"(華音方言字義解)라 했으나 증명하기 어렵다. '尸'(중국 중고음 śi, 동음 '시')는 향가의 '日尸'(날), '道尸'(길), 그 밖의 예들에서 보는 바와 같이 'ㄹ'을 나타내었다. '叱'(동음 '즐')은 주로 음절말의 s 표기에 사용되었고 '只'(중국 중고음 tśie, 동음 '지')는 신라어 표기에서는 '기'를 나타낸 것으로 믿어진다.(이두의 전통에서 '기'로 읽혀지고 있는 사실이 참고된다.) 이들의 독법에 대한 설명은 다음 節 참고. '尸, 叱, 只' 등의 음독의 근거는 아직 밝혀져 있지 않다. '旀'가 실증하듯이 신라어 표기법에 약자들이 존재했으니 이들도 약자들이 아닌가 하는 가설이 있어 왔으나 이러한 가설의 증명은 이루어져 있지 않다.

釋讀字의 사용은 자못 광범하지만, 그 독법의 재구에는 문제가 적지 않다. 한자의 새김은 매우 보수적이어서 고대의 전통이 오늘날까지 이어져 온 예가 많다. 따라서 새김에 관한 중세 자료들을 검토하여 그 토대 위에서 고대의 새김을 재구하는 일은 자못 믿음직한 결과를 가져온다. 가령 '夜, 日, 金' 등의 새김을 '밤, 날, 쇠'로 재구하는 데는 조금도 의문이 없다. 鄕歌에 '夜音'(밤), '日尸'(날) 등의 표기가 보이며 人名에 "素那或云金川"(三國史記 권47)이라 보인다. 그러나 한자의 새김에도 여러 가지 요인이 작용하여 그 개신이 일어났으므로 중세의 새김을 토대로 한 재구에는 한계가 있게 마련이다. 가령 '谷'의 새김은 중세 자료(訓蒙字會, 千字文, 新增類合 등)에는 모두 '골'로 되어 있다. 그러나 '谷'의 옛 새김은 '실'이었던 것 같다. 三國遺事(권2)에 同一 人名을 '得烏失' 또는 '得烏谷'이라 적었는데 이것은 '谷'의 새김이 '失'(실)이었다고 봄으로써 합리적으로 설명된다. 三國遺事(권3)의 "絲浦 今蔚州谷浦也"는 '谷'의 새김이 '絲'의 그것과 같이 '실'임을 증언하고 있다. 오늘날도 속지명에 '실'(谷)이 광범하게 발견되며, 중세국어의 '시내'(溪)는 이 '실'(谷)과 '내'(川)의 合成語다. 또 하나의 예로 '厭'의 새김을 들기로 한다. 중세 자료에서 이 새김은 '아쳗-', '슳-', '슬믜-' 등으로 나타난다. 그러나 그 고대의 새김은 '잋-'이었다. 三國遺事(권3)의 '厭髑' 註에 "或作異次 或云伊處 方音之別也 譯云厭也 髑頓道覩獨 等 皆隨書者之便 乃助辭也"라 있다. 이것은 오늘날 異次頓이라 불리는 인명에 관한 설명인데 동일 인명이 얼마나 다양하게 표기될 수 있는가를 보여 준 좋은 예라고 하겠다. 우선 이 註는 '厭'은 석독 표기요, '異次, 伊處'는 음독 표기임을 말하고 있는데 이 두 음독 표기의 정밀한 차이를 제쳐 놓으면 '잋-'이 추출된다. 이것은 중세국어의 '잋-'(困)에 대응되는 것으로 의미 변화(厭→困)가 있었음을 알 수 있다.

고대의 釋讀 중에 특이한 것으로는 '珍'이 있다. 이것은 주로 "馬突縣 一云 馬珍"(三國史記 권37)과 같은 백제 지명에서 '돌'로 읽혔음을 본다. 아마 신라어에도 동일한 석독이 행해진 듯, 신라 관명의 "波珍湌 或云海干"(三國史記 권38)에서는 '波珍'이 '바둘'(海)의 제2음절을 표기했음을 본다.

고유명사 표기에 있어서는 순수한 음독 표기와 석독 표기 외에 혼합 표기가 있다. 가령 위에서 예로 든 '異次頓'은 순수한 음독 표기임에 대하여 '厭髑'은 혼합 표기라고 할 수 있다. 향찰은 이 혼합 표기의 방법을 확대한 것인데 대체로 체언이나 용언의 어간(실질적 의미를 지닌 부분)은 석독 표기로, 조사나 어미는 음독 표기로 함을 원칙으로 하였었다. 물론 예외도 있었다. '如'(다)는 분명한 석독자지만 주로 어미에 사용된 것이 가장 현저한 예외의 하나였다.

第三節 音 韻

신라어 자료는 질로 보나 양으로 보나 그 음운 체계를 정밀하게 수립하기에 충분하지 못하다. 우리는 다만 그 몇몇 특징에 대해서 논할 수 있을 뿐이다.

자음체계에 있어서 폐쇄음(파찰음 포함)에는 평음(ㅂㄷㅈㄱ)과 유기음(ㅍㅌㅊㅋ)의 양계열이 있었던 것으로 믿어진다. 第二章에서 알타이祖語의 유성음과 무성음의 양계열이 국어에서는 합류되었다고 볼 수 있음을 지적하면서, 이 합류가 있은 뒤에 유기음이 발달했을 것임을 덧붙여 말한 바 있다. 이 방면의 연구의 현단계에서는 이 합류나 유기음 계열의 발달과정에 대해서 자세한 것을 말할 수는 없다. 아마도 유성음과 무성음의 양계열의 합류가 일어난 것은 어두 위치에서는 무성음만이 나타나고 모음간 위치에서는 유성음만이 나타나게 된 결과가 아닐까. 그리고 유기음은 처음 어중의 음결합(ph, hp 등)에서 생겨나서 아직 밝혀지지 않은 이유들로 어두에도 나타나게 되었으리라는 잠정적인 가설을 세워 볼 수 있을 것 같다. 어두 유기음을 가진 단어는 중세국어에 있어서도 그 수가 매우 제한되어 있었으며 중세국어의 후기와 근대국어의 시기에 다소 늘었음에도 불구하고 현대국어에 있어서도 그 수가 어두 평음을 가진 단어의 그것과는 비교도 안 되게 적다는 사실을 주목할 만하다. 그 중에서도 'ㅋ'을 가진 단어는 15세기 중엽만 해도 '키-'(採), '콩'(大豆), '크-'(大), '키'(箕)의 몇 단어에 지나지 않았으며 그 뒤 '곻'(鼻), '갏'(刀) 등이 '코', '칼' 등으로 변한 것으로 해서 그 수가 다소 늘었던 것이다. 이러한 사실은 국어의 유기음이 매우 제한된 조건에서 발달한 것임을 강력히 암시하고 있다.

그러면 유기음 계열은 고대국어에 확립되어 있었던가. 위에서도 잠깐 지적했지만, 우리 나라 한자음(東音)은 신라어의 음운체계를 많건 적건 반영하고 있다. 유기음 계열의 존재 여부도 이 동음의 검토에서 해결의 빛을 찾을 수 있는 것이다. 중국의 中古音 체계에는 全淸(무성무기음 p, t, k 등), 次淸(무성유기음 p′, t′, k′ 등), 全濁(유성유기음 b′, d′, g′ 등)의 세 계열이 있었는데 이들이 東音에 어떻게 반영되었는가를 볼 필요가 있다. 이 반영은 얼른 보기에 매우 복잡한 양상을 띠고 있지만, 여러 부차적 사실들을 제거하고 보면 일차적으로는 중국음의 全淸과 全濁은 東音의 평음으로, 次淸은 유기음으로 나타나는 경향이 있음을 알 수 있다. 이 경향은 음에 따라 현격하여, 舌音과 齒音의 次淸은 'ㅌ', 'ㅊ' 로 나타나는 것이 원칙이지만 脣音과 牙音에 있어서는 이런 원칙을 세우기 어렵다. 특히 牙音에서 溪母(k‘)는 'ㄱ'으로 나타나는 것이 도리어 원칙이라고 할 수 있으며 다만 극소수(夬, 快, 駃, 噲)만이 'ㅋ'으로 나타난다. 여기서 중국음의 차청이 규칙적으로 東音의 유기음으로 반영되지 않은 사실은 고대에 유기음이 확립되어 있지 않았기 때문이 아닌가 하는 의문을 제기해 줄 수 있다. 그러나 이 의문은 정당화되기 어려울 것이다. 東音에 유기음이 존재하는 사실이 무엇보다도 중시되어야 할 것이다. 불규칙한 반영도 유기음의 존재를 전제로 하는 것이기에 그 존재 자체를 의심할 수는 없는 일이다. 앞으로 이처럼 불규칙한 반영이 결과된 원인을 규명함으로써 고대국어의 유기음에 대한 보다 깊은 이해가 이루어질 수 있을 것으로 기대된다. 특히 溪母의 극히 일부만이 'ㅋ'으로 나타나는 사실은 'ㅋ'으로 시작되는 국어 단어가 매우 적다는 사실과 함께 주목할 만한 사실이다.

한편 고대의 한자 차용 표기의 전반적인 검토도 유기음의 존재를 암시한다. 가령 "居柒夫 或云 荒宗"(三國史記 권44), "東萊郡本居柒山郡"(三國史記 권 34)에서 '荒, 萊'를 의미하는 단어가 '居柒'(중세국어 '거츨')이라 발음되었음을 알 수 있는데 '柒'(漆)은 분명히 차청이었던 것이다. 따라서 '居柒'은 '거츨'로 재구될 수 있는 것이다. 위에서 재구한 '잋-'(異次, 伊處)의 예도 여기에 들 수 있다. 그리고 普賢十願歌 중에는 '佛體'라는 표기가 여러번 나타나는데 이것은 15세기의 '부텨'에 대응되는 것으로, '體'는 역시 次淸字인 것이다.

그러나 한편 고대국어에는 된소리 계열은 존재하지 않았던 것으로 보인다. 고대국어에 된소리 계열이 존재했다면, 그리하여 평음, 유기음, 된소리의 세 계열이 존재했다면, 중국 中古音의 전탁 계열이 東音에 된소리 계열로 반영되었을 가능성이 크다고 할 수 있는데, 전탁은 東音에 원칙적으로 평음으로 반영되었던 것이다. 그리하여 東音에는 된소리가 하나도 없었던 것이다.(137~9, 214면 참조) 이 사실은 東音 성립시에는 아직 국어에 된소리 계열이 없었음을 말해 주는 것으로 해석할 수밖에 없다. 그리고 한자 차용 표기에서도 된소리의 표기가 확인되지 않는 사실도 같은 결론에 도달하게 한다.

고대국어의 자음체계의 재구에 있어서 가장 큰 문제의 하나는 유성 마찰음 계열에 관한 것이다. 후술할 바와 같이 중세국어에는 'ㅸ'(β),

'ㅿ'(z) 등의 유성마찰음이 있었는데, 이들이 고대의 어떤 음으로 소급하는가 하는 문제가 있다. 중세국어(중앙어)는 모음간 위치에서 [*b]>[β], [*s]>[z]의 변화를 입었다고 하는 것이 오늘날 통설로 되어 있다. 그러나 이러한 변화 공식을 세우는 데는 난점이 있다. 첫째로 중세국어에 모음간에 'ㅂ'[b]와 'ㅅ'[s]이 허다한데 이들은 어찌하여 위의 변화를 입지 않았는가 하는 것을 설명하기 어렵다. 고대국어의 [*b] [*s] 중 어떤 것은 [b] [s]로 남고 어떤 것은 [β] [z]로 변했다면 그 조건이 밝혀져야 할 것인데, 그럴 가능성은 거의 없는 것으로 생각된다. 둘째로, 종래 위의 두 변화는 같은 시대에 같은 원인(모음간 자음의 유성화)으로 일어난 것으로 생각되어 왔는데, 국어에서 'ㅅ'은 모음간에서도 유성화되지 않는다는 사실이 간과되었다. 따라서 적어도 'ㅿ'의 기원에 대한 종래의 설명은 수정되지 않을 수 없으며 *s와는 다른 어떤 음에 소급하는 것으로 보지 않을 수 없게 된 것이다. (중세국어 단계에 r, n, y 뒤에서 *s가 z로 발달한 예들에 대해서는 110~1면 참조) 이렇게 볼 때, 'ㅸ'와 'ㅿ'의 기원에 관한 종래의 견해는 수정되어야 할 것이다. 이러한 문제들이 있다고 해도 신라어(경주어)에 'ㅸ'와 'ㅿ'가 존재했다는 확실한 증거는 쉽게 발견되지 않는다. 특히 중세국어의 'ㅸ', 'ㅿ'에 현대 동남(경상) 방언이 [b]와 [s]로 대응함은 주목할 만한 사실이다. 중세국어 사비 蝦, 동남 방언 [sɛbi]; ᄆᆞᄉᆞᆯ 村, [masil] [mosil] 등. 여기에는 면밀히 검토되어야 할 문제들이 있으므로 앞으로의 연구 과제로 남겨 두기로 한다.

고대국어의 음절말 자음들의 발음은 주목할 만하다. 국어 음운사에서 가장 특징적인 사실의 하나인 음절말 자음의 內破化가 고대에는 아직 일어나지 않았던 것으로 보인다. 즉 고대국어에서는 'ㅅ, ㅈ'을 비롯한 모든 자음이 음절말 위치에서도 제대로의 음가를 가지고 있었다. '叱'자가 가지고 있는 의문에 대해서는 위에서 말하였지만, 후대의 소위 "사이시옷"으로도 쓰였고 한편 獻花歌의 '折叱可'(것거), 彗星歌의 '城叱'(잣) 등에도 쓰였으니, 이것이 음절말의 'ㅅ'을 나타내고 있음은 의문의 여지가 없다. 王號의 '尼叱今'이 '尼斯今' 또는 '尼師今'으로 표기된 사실도 하나의 방증이 된다. 한편 '次'자는 'ㅈ'과 'ㅊ'을 표기하였다. 讚耆婆郎歌의 '枝次'(갗), 慕竹旨郎歌의 '蓬次'(다봊), 異次頓의 '異次'(잋-) 등 참조. 이것은 음절말에 'ㅈ', 'ㅊ' (즉 평음, 유기음)의 대립이 없었음을 말하는 것이라기보다는 표기법의 조잡성을 말하는 것으로 생각된다.

신라어 자료에서 '尸'자가 'ㄹ'을 나타냈음은 이미 지적하였는 바, 이것은 아마도 *r이었던 것으로 추정된다. 彗星歌의 '道尸'(길), 만주어 girin(線, 條), 普皆廻向歌의 '日尸'(날), 몽고어 naran(太陽) 등. 특히 동명사의 어미 -*r이 모두 '尸'자로 표기되어 있음이 주목된다. 慕竹旨郎歌의 '慕理尸 心未 行乎尸 道尸' (그릴 ᄆᆞᅀᆞ매 녀올 길) 등. 알타이 祖語의 流音에 대하여 논하면서 국어가 어느 단계에서 *r과 *l의 합류를 경험했을 것임을 지적한 바 있다.(29면 참조) 국어에 있어서의 이 합류는 음절말 자음의 내파화와 불가분의 관계에 있음이 확실한데(이 내파화로 음절말 위치의 *r이 [l]로 발음되게 되었음), 앞서 말한 바와 같이, 이 내파화는 고대국어에서는 아직 일어나지 않았던 것이다. 따라서 고대국어에 *r과 *l이 있었을 가능성은 매우 크다고 할 수 있다.

고대국어에서 다음과 같은 단어들은 모음간의 *t를 가지고 있었는데 중세국어에서 'ㄹ'로 변하였다. 바둘(海), ᄒᆞ둘(一日), 가둘(脚) 등. 앞서 인용한 '波珍湌'의 '波珍'은 '海干'의 '海'와 일치하는데 중세국어의 '바ᄅᆞᆯ'을 고려에 넣으면 '波珍'은 '바둘'의 부정확한 표기라는 결론을 얻는다. 'ᄒᆞ둘'과 '가둘'에 대해서는 下述 참조.

고대국어의 모음체계의 재구에는 많은 문제가 있다. 한편으로는 전기 중세국어의 모음체계(114~5면 참고)를 토대로 하여 그것으로부터 고대국어의 모음체계에 소급하는 과정을 재구하고, 다른 편으로는 고대의 표기체계와 한자음을 검토하여, 그 합치점을 찾는 것이 가장 온당한 방법이라 하겠는데 아직 이 작업은 만족할 만한 성과를 거두지 못하고 있다.

고대국어도 전기 중세국어와 마찬가지로 7모음체계였던 것으로 생각된다. 'ㅣ'가 둘이 있었을 가능성(*i 와 *ï)이 處容歌의 '明期'(붉기 *pɔrkï)와 같은 표기에 암시된 듯이 느껴지기도 하나 지금으로서는 그 근거가 너무 박약하다. 전기 중세국어의 'ㆍ'[ɔ]에 대응되는 모음은 고대에는 圓脣性이 더욱 강했던 것으로 추정된다. 위에서 말한 '波珍'(바돌)의 '珍'(돌), 다음에 말할 處容歌의 '脚烏'(가돌) 표기의 '烏'(오)의 사용 등은 위의 추정을 지지해 주는 듯이 보인다. 그러나 한자음에서 이 모음이 주로 중고 중국음의 [ɑ]에 대당되었음은 이것이 완전한 원순모음(*o)은 아니었음을 말해주는 듯이 생각된다. 전기 중세국어의 'ㅡ'[ə]에 대응되는 모음은 표기상 거의 노출되지 않는다. 이 모음도 원순성이 있었을 가능성이 있으나 한자음에 있어서 이 모음이 중고 중국음의 [iə]에 대당되었음을 보면 [ö]라고는 하기 어려운 것이 아닌가 한다. 전기 중세국어의 'ㅗ'[u]와 'ㅜ'[ü]는 고대에도 다름이 없었음은 고대 표기법과 한자음에 분명히 드러난다. 이들은 각각 '烏', '于' 등으로 표기되었으며 전자는 주로 중고 중국음의 [u]에, 후자는 [iu]에 주로 대당된다. 한편 전기 중세국어의 'ㅓ'[e]에 대당되는 모음은 한자음에서는 주로 중고 중국음의 [ä]에 대당되었음을 본다. 이리하여 고대국어의 모음체계는 다음과 같았던 것으로 추정된다.

```
        i       ü       u
                ɔ̈       ɔ
                ä       a
```

현존 고대국어 자료는 母音調和의 확실한 증거를 보여주지 않는다. 가령 향찰 표기에는 모음조화에 의한 어미의 교체형들은 반영되지 않았다. ('文法' 참조) 그러나 이런 사실에서 고대국어에 모음조화가 없었다고 잘라 말하는 것은 속단일 것이다. 중세국어와 근대국어에서, 이른 시기로 올라갈수록 모음조화가 강했음이 드러나는 사실에 비추어 보면, 고대국어에는 매우 엄격한 모음조화가 존재했다는 추상이 가능하게 된다. 그리고 그 모음조화는 후설모음(a ɔ u)과 전설모음(ä ö ü)의 양계열로 된 이른바 口蓋의 調和였던 것으로 추정된다. 고대국어에 있어서의 *i의 재구가 아직 확실치 않으므로, 현재로서는 i는 中立母音이었다고 보게 된다.

중세국어의 二重母音에 대한 연구는 고대국어에 15세기의 이중모음들 외에 상향 이중모음으로 *yɔ, *yö, 하향 이중모음으로 *iy가 있었을 것임을 추정케 한다.(153면 참조) 이들 이중모음의 흔적이 한자음 기타에 남아 있는지 앞으로 추구해 볼 문제라고 하겠다.

第四節 漢字音

漢字 漢文이 도입된 초기 단계에 있어서 고대인들은 어디까지나 외국의 언어 또는 문자로서 그것을 학습했을 것이다. 따라서 그들은 그 당시의 중국 발음에 충실하려고 노력했을 것은 짐작하기 어렵지 않다. 그러나 한자 한문이 이 땅에 뿌리를 박으면서 점차 同化의 경향이 일어나기 시작했던 것이다. 고대 삼국에 있어서 이러한 동화가 일어난 과정이나 결과에 대해서는 알려진 것이 거의 없다. 그러나 우리 나라의 현대 한자음이나 중세 한자음이 신라의 한자음과 직접적으로 연맥이 닿는 점만은 의심할 수 없는 사실이다. 고구려나 백제에서도 각기 그 음운체계에 기초를 둔 한자음이 형성되었던 것으로 추측되며,

삼국의 후진인 신라의 한자음은 필시 이들의 영향을 받았을 것으로 추측되지만, 지금 그 자세한 것은 밝히기 어렵다.

　우리 나라의 전통적 한자음(본서에서 편의상 東音이라 불러 온 것)의 구조적 특징은 전체적으로 중국 唐代의 長安音의 그것을 반영하는 것으로 생각된다. 따라서 동음은 대체로 신라 통일기(8·9세기)에 唐代 長安音을 母胎로 형성된 것으로 추정된다. 물론 그 이전과 이후의 중국음을 반영하는 것도 부분적으로는 존재한다.

　東音의 가장 큰 특징으로서 그 入聲 韻尾를 지적할 수 있다. 그 중에서 현저한 것은 舌內 入聲 韻尾(中國 中古音 *t)가 'ㄹ'로 나타나는 사실이다. 勿 믈, 乙 을 등. 가령 지명 표기에서 '勿'자로 '믈'(水)을 나타낸 사실이라든가, 향가에서 대격 어미로 '乙'자를 사용한 사실 등은 이 특징이 신라 시대에 소급함을 명시하고 있다. 그런데 이 운미가 본래 [*t]로 수입되어 우리 나라에서 'ㄹ'로 변했다고 보는 것은 국어 音韻史의 관점에서 불가능하다. 중국에서 唐代 이전에 이미 설내 입성 운미가 [r]로 약화된 북방 방언이 존재했던 사실은 이 방면의 학자들의 연구에 의하여 확인 된 바 있으므로, 이것이 東音에 반영된 것으로 봄이 온당할 것이다.

　위에 말한 중국 북방 언어에서는 喉內 입성 운미 [*k]도 [g]>[γ]로 약화되었음이 확인된 바 있다. 동음에 이 운미는 규칙적으로 'ㄱ'으로 나타나지만, 이러한 약화를 반영하는 일부 차용어가 존재한다. 즉 중세국어의 '숗'(俗), '숗'(褥), '뎧'(笛), '봏'(襆), '잫'(尺) 등은 각각 그 괄호 속의 漢字에서 기원한 것임이 확실한데, 이들의 말음 'ㅎ'은 중국의 [γ]를 반영하는 것으로 생각된다.

　중국음에는 고대국어의 음운체계에는 생소한 것들이 많이 포함되어 있었다. 일반적인 통례에 따라서 이런 발음은 국어의 음운체계에 적합하도록 변개되었던 것이다. 가령 한자의 전탁 계열은 어두에 유성음을 모르는 국어로서는 이것을 무성음으로 고쳤던 것이다. 그리고 고대국어는 이중·삼중모음이 빈약했으므로 중국음의 많은 이중·삼중모음들은 간략화하지 않을 수 없었다.

第五節 文法

현재 이용할 수 있는 鄕札과 吏讀 자료로써는 고대국어의 문법적 특징을 단편적으로 엿볼 수 있을 뿐이다.

이두는 훈민정음 이전의 형태론 연구에 특이한 가치를 가지는 것이나 대부분의 이두 자료는 조선시대의 것이어서 후대의 개신을 포함하고 있을 것이 짐작된다. 그러므로 이두에서 확인하는 모든 사실이 고대어에 해당되는 것은 아니다.

고대어 자료들이 보여 주는 체언 뒤에 온 조사로는 다음과 같은 것이 있었다. 주격 伊, 是(-이); 속격 矣, 衣(-의/의), 叱(-ㅅ); 처격 中, 良中 등; 대격 乙(-ㄹ), 肹(-흘); 조격 留(-루) 등. 특수조사로는 다음과 같은 것이 있었다. 隱(ㄴ), 置(두) 등. 이 중 처격 조사의 '良中'은 근세의 이두 자료에서 '아희'로 읽고 있어 확실치 않으나, 그밖의 것들은 다 중세국어와 현대국어에서 발견되는 것들이다. 여기서 문제는 가령 대격 조사가 한결같이 '乙'로 표기되었음은 중세국어에 있어서와 같은 異形들(-ㄹ, -올/을, -롤/를)이 없었음을 말하는 것인가 하는 점이다. 이것은 고대국어에 있어서의 모음조화의 존재 여부와도 직결되는 매우 중요한 문제인 바, 고대국어에도 중세국어와 유사한 이형들이 있었으나 한자 차용 표기의 습관에서 이것이 무시된 것으로 봄이 온당할 것으로 생각된다.

代名詞에서 특기할 것은 향가와 이두에서 발견되는 自稱의 대명사 '矣', '矣徒'다. 근세의 독법에 의하면 '의', '의니'이며, '徒 니'는 중세 문헌의 '어마님내, 夫人내'의 '내'다. 이 '矣'(의)는 알타이제어의 1인칭 대명사 bi에 대응하는 것인지도 모른다. 향가에서 1인칭 단수는 '吾', 복수는 '吾里'(우리)라고 표기되었고 2인칭은 '汝'로 표기되었다.

국어의 현재의 복잡한 동사 활용 체계는 고대에 이미 완성되어 있었다. 동사의 활용 어미에는 다음과 같은 세 가지가 있었다. 動名詞 어미, 副動詞 어미, 定動詞 어미. 동명사의 어미로는 '尸'(-ㄹ), '隱'(-ㄴ) 등이 있었다. 慕竹旨郞歌의 "慕理尸心"(그릴 ᄆᆞᅀᆞᆷ), "行乎尸道尸"(녀올 길), "去隱春"(간 봄). 處容歌의 "東京明期月良"의 '明期'(ᄇᆞᆯ기)에서는 동명사 어미 '-의'를 발견한다.(이 '의'가 ï였을 가능성에 대해서는 위에서 말하였다.) 부동사의 어미도 대개는 오늘날까지 보존되어 있는 것들이다. 風謠 "功德修叱如良來如" 등의 '良'는 중세국어의 "빌머그라 오시니"의 '-라'와 일치한다. 祭亡妹歌의 "此矣有阿米次肹伊遣"에 보이는 '米'(-매)는 원인을 나타내는 부동사 어미로서 동명사 어미 '-ㅁ'과 처격 어미가 화석화한 것이다. 禱千手觀音歌 "膝肹古召旀"의 '旀'(-며) 역시 동명사의 어미 '-ㅁ'과 열거를 나타내는 첨사 '여'(중세국어의 예는 185면 참고)와의 결합이다. 處容歌 "夜入伊遊行如可"의 '如可'(-다가), 薯童謠의 "抱遣", 祭亡妹歌 "一等隱枝良出古" 등의 '遣', '古' (-고), 獻花歌 "花肹折叱可"의 '可'에 들어 있는 '-아' 등. 이 중 '遣'과 '古'의 차이는 분명치 않다. 정동사의 어미로는 '齊'가 특이하다. 이것은 이두에도 나타나는 것인데 현대 제주도 방언의 종결어미 '-저'에 그 흔적이 남아 있는 것으로 보인다. 설명문의 어미 '如'(-다), 의문문의 어미 '古'(-고)가 사용되었다.

경어법 체계는 중세국어와 다름이 없었던 것 같다. 향가에서 분명히 확인되는 것은 존경법과 겸양법이다. 이들은 선어말 어미에 의존하는 바, 각각 '賜'(시)와 '白'(ᄉᆞᆲ)에 의해서 표시된다. 이두에서 '賜'를 '샤'로 읽는다 하여 중세국어의 존경법 어미 '-시-'가 고대에는 '-샤-'

였다고 보는 데는 문제가 있다. 이 어미는 고대에도 '-시-'(*sï였을 가능성이 있다)였던 것으로 생각되며 '賜'는 본래는 이 '-시-'를 표기하기 위하여 사용된 것으로 생각된다. '白'(숣) 은 석독자인데, 겸양법의 어미가 이 동사 어간에서 기원한 것인지는 더 연구할 필요가 있다. 중세국어에는 여러 이형들(-숩/줍/숳- 등)이 있었는데, 고대에는 아직 단일형이 유지된 것으로 생각된다. 한편 공손법은 향가에서 잘 확인되지는 않는다. 獻花歌의 "獻乎理音如"의 '音'자가 중세국어의 공손법 어미 '-이-'에 해당되는 것으로 보인다. 그러나 일반적으로 'ㅁ'(m)을 나타낸 '音'이 사용된 이유를 설명하기 어렵다.

향가의 언어에 대한 이해가 아직 초보적인 현단계에서, 고대국어의 문법체계에 대한 고찰이 주로 중세국어나 현대국어와 일치하는 사실들에 국한되어 있음은 어쩔 수 없는 일이다. 앞으로 향가의 언어에 대한 이해가 깊어짐에 따라 고대국어의 문법적 특징을 더욱 분명하게 파악하게 될 것으로 기대된다.

최근에 햇빛을 본 舊譯仁王經을 비롯한 고려시대 자료들의 釋讀口訣은 신라의 전통을 이은 것이므로 이들에 대한 연구가 진척되면 신라어 문법이 많이 밝혀질 것으로 기대된다.

第六節 語 彙

자료의 빈곤으로 고대국어의 어휘 전반에 대한 자세한 논술은 불가능하다. 현존 자료에 대한 검토의 결과는 고대국어의 어휘와 중세국어의 그것의 전반적인 일치를 드러내 준다. 위에서 이미 많은 예들을 들었으니, 여기에 예들을 열거하기도 새삼스럽다.

여기에는 위에서 논하지 않은 數詞를 예로 들기로 한다. 수사에 있어서도 신라어와 중세국어의 일치가 확인되는 것이다. 불행히 신라어 자료에서 확인되는 수사는 매우 적다. 우선 1은 祭亡妹歌의 "一等隱 枝良出古"(ᄒᆞ든 가재 나고), 禱千手觀音歌의 "一等沙"(ᄒᆞ든사) 등에서 'ᄒᆞ든'을 재구할 수 있다. 이것은 鷄林類事의 "一曰河屯"과 일치한다. 어근은 'ᄒᆞᆫ'이었을 것이다. 중세국어의 'ᄒᆞᄅᆞ'(1일)는 *'ᄒᆞᄅᆞᆯ'에 소급하는 것인데(165면 참조), 이것은 다시 'ᄒᆞᆫᄋᆞᆯ'에 소급하는 것으로 믿어진다. 이것은 'ᄒᆞᆫ'(1)과 'ᄋᆞᆯ'(日)의 결합인 것이다. 이 'ᄋᆞᆯ'에 대해서는 '이틀'(2일), '사올'(3일), '나올'(4일), '열흘'(10일) 등 참고. 2는 處容歌의 '二肹', 禱千手觀音歌의 '二尸' 등의 표기가 모호하기는 하나 *'두블' 또는 *'두볼'을 재구할 수 있다. 이것은 鷄林類事의 '二曰途孛'과 일치한다. 한편 禱千手觀音歌의 '千隱'은 중세국어의 '즈믄'(千)과 일치하는 것으로 보인다.

그러나 간혹 중세국어에서는 찾아 볼 수 없는 단어가 고대국어에서 발견되기도 한다. 三國史記와 三國遺事에 신라 始祖의 誕降地가 '蘿井' 또는 '奈乙'이라 기록되어 있다. 井을 의미하는 단어가 '乙'로 표기되었으니 '을'을 재구할 수 있을 것으로 믿어진다. 또 하나의 예로 童을 의미하는 단어를 들 수 있다. 三國遺事(권4)에 보면 동일 인명이 '虵福' 또는 '虵童'으로 표기되었으며 이 '虵童'에 註하여 "下或作虵卜 又巴又伏等 皆言童也"라 한 것이 보인다. 여기서 童을 의미하는 단어가 '福, 卜, 巴, 伏' 등으로 표기되었음을 알 수 있는데, 이들 표기는 '복'의 재구를 가능하게 한다. 이 단어는 퉁구스제어의 童을 의미하는 단어(골디어 pikte, 에벤키어 hute 등)와 고대일본어의 사람을 의미하는 단어 pito에 대응하는 것으로 믿어진다. 이밖에 지명에 많이 보이는 '伐'(釋讀 표기로는 '火')은 취락을 의미한 단어인 듯하며 백제어의 '夫里'에 대응되는 것인데, 중세국어에는 '셔ᄫᅳᆯ'(京) 및 'ᄀᆞᄫᆞᆯ'>'ᄀᆞ올'(邑, 郡, 鄕)에 화석으로 남아 있을 뿐이다. '셔ᄫᅳᆯ'은 신라의 국호와 관련된다. 三國遺事(권1)에 "國號 徐羅伐 又徐伐(今俗訓京字云徐伐 以此

故也) 或云斯羅 又斯盧"라 한 것이 주목된다. 三國史記에는 '徐那伐, 徐耶伐'이란 표기도 보인다. 이들의 앞 부분(徐羅, 徐那, 徐耶)의 어원은 분명치 않다.

三國史記와 三國遺事는 고대의 고유명사에 대한 적지 않은 어원적 해석을 제시하고 있다. 특히 이 두 책은 金大問의 어원론을 인용하고 있다. (1) "次次雄 或云慈充 金大問云 方言謂巫也 世人以巫事鬼神尙祭祀 故畏敬之 遂稱尊長者爲慈充"(三國史記 권1). (2) "金大問則云 尼師今 方言也 謂齒理"(三國史記 권1). '尼師今'은 三國遺事에는 '尼叱今' 또는 '齒叱今'이라고도 표기되었다. 이 마지막 표기의 '齒'는 석독자다. (3) "金大問云 麻立者 方言謂橛也 橛標准位而置 則王橛爲主 臣橛列於下 因以名之"(三國遺事 권1). 이들 어원 해석은 중세국어로도 대체로 이해된다. 중세국어에 (1) '스승'(師, 巫), (2) '니'(齒), (3) '말'(橛)이 존재한다.

신라에 있어서는 그 시조로부터 22대(智證麻立干)까지 위에 인용한 '居西干, 次次雄, 尼師今, 麻立干'과 같은 칭호가 사용되어 왔는데 이 智證麻立干 때에 중국식 諡法이 실시되었고 이어 '王'으로 고쳐졌다. 6세기 초엽의 일이다. 그 뒤 景德王 때에 이르러서는 地名을 중국식으로 한자 2자로 고쳤던 것이다. 8세기 중엽(757)의 일이다. 왕호 및 지명의 개신은 가중되어 가는 중국 문화의 영향이 언어에 미친 과정을 보여 준다.

이러한 漢字名의 등장은 국어 어휘의 역사에서 가장 큰 인위적 변혁의 시초로서 그 뒤 천여년 동안 국어에 큰 자국을 남겨 왔다. 오늘날 인명, 지명, 관명 등이 한자어 일색으로 된 것은 그 원류가 위에 말한 개명에 있었던 것이다.

이 고유명사가 입은 변화는 국어와 중국어의 접촉이 가져온 일면에 지나지 않는다. 이 접촉은 국어 어휘에 막대한 한자어를 침투시켰던 것이다. 국어 어휘 속의 한자어는 일반적으로 말하는 借用語(또는 外來語)와는 그 성격이 다름을 지적할 필요가 있다. 위에서 말한 바와 같이(第四章), 고대에 이미 우리 나라에는 입으로는 국어를 말하고 글로는 漢文을 쓰는 기형적인 二重 체제가 이루어졌는데, 이 口語와 文語 사이에 간섭의 현상이 일어나 문어의 요소가 구어에 대량 침투하게 된 것이 한자어인 것이다. 주로 文化的 知的 槪念의 표현에 있어 국어 어휘가 가졌던 결함이 한자어에 의해서 메꾸어진 것이었다. 고대국어는 이러한 한자어 침투의 초기 단계였다고 할 수 있다.

한편 국어와 중국어의 접촉에서 결과된 차용어도 적지 않다. 이러한 중국어 차용어 중 오랜 것은 위에서 말한 한자어들보다도 연대적으로 훨씬 앞서는 것으로 믿어진다. '붇'(筆)과 '먹'(墨)은 이런 차용어의 대표적인 예들이다. 이들은 문자 즉 한자가 우리 나라에 들어왔을 때 따라왔을 것이다. '붇'은 '筆'의 본래의 韻尾(*t)를 보유하고 있는 점이 주목된다. 앞서 말한 중세국어의 '쟈'(尺), '숗'(俗) 등은 아마도 고대 말엽에 이루어진 차용어들이 아닌가 한다.

第七節 鄕歌 解讀의 方法

향가의 올바른 해독은 신라어의 음운, 문법, 어휘에 대한 연구와 고대문학에 대한 연구의 협력에 의해서만 가능하다. 오늘날 신라어에 대해서 가지고 있는 지식은 위에서 대충 요약한 바와 같이 매우 빈약한 것이오 고대 시가의 성격에 대한 국문학자들의 연구도 만족할 만한 것이 못되므로 향가의 전면적 해독은 장래에 맡길 수밖에 없는 형편이다. 한편 향가의 연구는 그 자료의 성질상 영원한 미해결의 잔여를 가지지 않을 수 없는 숙명을 지니고 있다.

그러나 향가는 잠시도 그냥 버려 둘 수가 없다. 왜냐하면 향가는 신라어 자료의 중추요 신라 문학의 거의 전부이므로 이것을 떠나서는 신라의 언어와 문학에 대한 연구가 불가능하기 때문이다. 그 전면적이고 만족할 만한 해독은 부분적인 믿음직한 작업의 오랜 축적에서만 이루어질 수 있을 것이다.

향가는 三國遺事에 실려 있는 14수와 均如傳에 실려 있는 11수가 전하는 바, 한 작가에 의해서 이루어진 均如傳으로부터 연구를 시작하는 것이 당연한 순서일 것이다. 三國遺事의 것은 편자의 변개가 있지 않았나 우려되는 점이 없지 않으므로 이 점 각별한 주의가 필요한 것이다.

현존 향가 중 三國遺事(권2)에 실린 處容歌는 고려가요의 處容歌(樂學軌範, 樂章歌詞 所載)와 내용적으로 부합되는 부분이 있어 향가 해독의 실마리를 열어 준다. 실제로 현대에 있어서의 향가 해독은 이 處容歌로부터 시작되었던 것이다. 이제 이 處容歌를 예로 들어 향가 해독 방법의 일단을 엿보기로 한다. 우선 여기에 (1) 신라 시대의 處容歌 (2) 樂學軌範에 실린 處容歌 중 필요한 부분 (3) (4)는 대표적인 현대 해독의 예를 들면 다음과 같다.

(1) 東京明期月良 夜入伊遊行如可
　　入良沙寢矣見昆 脚烏伊四是良羅
　　二肹隱吾下於叱古 二肹隱誰支下焉古
　　本矣吾下是如馬於隱 奪叱良乙何如爲理古

(2) 東京 ᄇᆞᆯᄀᆞᆫ ᄃᆞ래 새도록 노니다가
　　드러 내 자리를 보니 가ᄅᆞ리 네히로새라
　　(아으) 둘흔 내해어니와 둘흔 뉘해어니오

(3) ᄉᆡᄇᆞᆯ ᄇᆞᆯ긔 ᄃᆞ래　밤 드리 노니다가

드러사 자리 보곤 가르리 네히어라
둘흔 내해엇고   둘흔 뉘해언고
본뒤 내해다마른   아사늘 엇디 ᄒᆞ릿고 (梁柱東)

(4) 東京 볼기 ᄃᆞ라라 밤 드리 노니다가
    드러사 자리 보곤 가로리 네히러라
    두ᄫᆞ른 내해엇고 두ᄫᆞ른 누기핸고
    본뒤 내해다마ᄅᆞᄂᆞᆫ 아사늘 엇디ᄒᆞ릿고(金完鎭)

이 중 (2)는 오래 구전되다 정착된 것이므로 원형에서부터 퍽 많이 변했으나 그 대의는 크게 손상을 입지 않았음을 볼 수 있다. 그리고 (3)의 해독은 적지 않은 문제를 내포하고 있다. 향가의 해독은 신라어로써 해야 한다는 기본 원칙을 이 해독은 범하고 있는 것이다. 비록 우리의 신라어 지식이 보잘것 없지만 그렇다고 중세국어로써 향가를 해독한다는 것은 있을 수 없는 일이다. 우리는 이 해독에서 재고해야 할 몇 군데를 지적해 보겠다.

東京 —— '셔볼'로 읽혀질 가능성은 거의 없어 보인다. 한편 신라 시대에 그 서울을 東京이라 했을는지도 의심스럽다. 이것은 고려 시대에 와서 변개된 것이 아닌가. 이 변개된 것을 三國遺事에 싣지 않았나 하는 의문을 자아낸다.

明期 —— 볼기. '期'(긔)를 쓴 것은 이것이 후설모음어로서 그 모음이 *ï를 표기하려 한 듯이 생각되기도 한다. 고대국어에 *ï가 존재했다는 가설에 대해서는 더욱 면밀한 연구가 있어야 할 것이다.

月良 —— (4)는 신라어에 'ᄃᆞ랄'(月)을 재구했으나 조금 지나친 듯이 느껴진다.

遊行如可 —— '놀니다가'. 'ㄴ' 앞에서의 'ㄹ'의 탈락은 중세국어에 들어서의 현상인 것이다.(113면 참조)

沙 —— '사'. 중세국어의 강세의 添詞 '사'의 전신.

脚烏伊 —— 가두리. (2)의 '가ᄅ리'에 의거하여 쉽게 해독된다. 중세국어의 '가를'의 고대형은 '가둘'이었던 것으로 추정된다.(85면 참조)

二肹隱 —— '두블은' 또는 '두볼은'으로 읽어야 할 것이다.

誰支下焉古 —— 뉘해언고. '支'는 향찰에 사용된 특이한 음독자의 하나로 아마도 *hi 또는 *h를 나타낸 것으로 생각된다. 백제 지명이기는 하지만 "菓支縣一云菓兮"(三國史記 권37)가 매우 암시적이며, 鄕藥救急方에서 '맣'(薯蕷)를 'ケ支'로 표기한 사실이 주목된다.(108, 113면 참조)

本矣 —— '미틔'로 읽는 것이 더 좋을는지 모른다. 15세기 국어의 '민겨집'(本妻), '민곧'(本處), '민나라'(本國) 등 참고.

是如馬於隱 —— 중세국어의 용례를 보면 '-마른'은 대개 '-건, -언' 뒤에 온다. 그러나 '如'는 '다'로 읽어야 하니, '-다마른'이 고대어에 있었던 것으로 추정된다. 앞으로 고려 시대 口訣의 연구에서 밝혀지기를 기대한다.

奪叱良乙 —— '아사놀'로 읽는 것은 '乙'의 독법에 무리가 있다. 이 표기에 가장 충실하게 읽으면 '아살' 또는 '아살'이 될 것이다. 고대어 문법에서 이런 용법이 허용되었는지는 앞으로 더 연구해야 할 것이다. '叱'이 일반적으로 'ㅅ'의 표기임은 위에서 지적한 바 있으나, 'ㅿ'도 표기했을 가능성이 큰 것으로 생각된다. 이 점도 앞으로 밝혀져야 할 것이다.

何如 —— 엇뎌. 과거에 이것을 '엇디'로 읽은 것은 잘못이다. '如'는 '다'로 읽는 것이 원칙이므로 '엇다'로 읽을 수 있다. 이런 경우 모음 대립상의 교체형 '더'로 읽는 것은 허용되므로 '엇뎌'로 읽을 수도 있다. 이 '엇다/엇뎌'는 부사로 사용된 것이다. "엇뎌 시르믈 ᄒᆞ시ᄂᆞ니잇고"(月印釋譜 10.4). "化樂天에 엇뎌 업스니잇가"(月印千江之曲 513장)

등 참고.

爲理古 —— 흐리고. 과거에 '흐릿고'라 읽음이 일반적이었으나 문자로 표기되지 않은 'ㅅ'을 넣은 것은 잘못이었다. '흐리고'는 바로 중세국어의 의문형 '흐리오'의 古形이다. 즉 '고'의 'ㄱ'이 약화하여 'ㅇ'으로 변한 것이다.

지극히 작은 일례지만 處容歌의 재검토가 많은 문제를 제기해 줌을 볼 수 있다. 우리는 향가의 연구에 있어 문제를 제기하고 가능한 해결을 모색하고 확실치 않은 것을 미결로 돌리는 것을 주저해서는 안 된다.

第六章　前期 中世國語

鷄林類事(古今圖書集成)

第六章
前期 中世國語

중세국어의 시기는 10세기에서 16세기까지 7세기 동안에 걸친다. 그리고 이 시기는 14세기를 경계로 前期와 後期로 양분된다. 전기 중세국어의 시기는 대체로 高麗 왕조에 해당하며 후기 중세국어의 시기는 朝鮮 왕조의 처음 200년에 해당한다. 그리고 전기 중세국어는 주로 한자로 표기된 자료에 의하여, 후기 중세국어는 주로 訓民正音 자료에 의하여 대표된다.

그러나 왕조의 변혁이나 훈민정음의 창제가 이 하위구분과 직접적인 관련을 가지는 것은 아니다. 고려와 조선의 교체로 서울이 開京에서 漢陽으로 옮겨졌으나 이것은 국어사의 관점에서 볼 때 아무런 중대한 의미도 가지지 못한다. 開京과 漢陽은 지리적으로 가까울 뿐만 아니라 고려 中央語가 그대로 조선 中央語로 계승되었던 것이다.

훈민정음의 창제로 많은 문헌이 간행되었으므로, 후기 중세국어는 주로 이 문헌들에 의해서 대표되는 것이 사실이다. 그리고 국어사 전체의 관점에서 볼 때, 훈민정음 창제는 처음으로 전면적이요 정확한 국어 표기를 가능하게 하여 준 점에서 그 의의가 큰 바 있다. 실상 훈민정음이 없었다면 단편적이요 부정확한 국어 표기(한자를 비롯한 외국 문자에 의한 표기)밖에 없었을 것이요 이에 의한 국어사 서술은 심히 빈약함을 면할 수 없었을 것이다. 그러나 훈민정음은 어디까지나 국어를 표기하는 문자 체계에 지나지 않는 것이니, 그 출현이 국어의 음운, 문법, 어휘에 어떤 영향을 미쳤던 것은 아니다.

국어사의 중세 단계를 전기와 후기로 양분하는 것은 14세기에 그 음운체계에 현저한 변화가 일어난 것으로 믿어지기 때문이다. 특히 그 모음체계에 있어서의 변화는 현저한 바 있다. 朝鮮館譯語는 그 문헌적 성격은 鷄林類事와 비슷하나 그것이 보여 주는 언어의 특징은 훈민정음 문헌들이 보여 주는 것과 일치하므로 이것은 후기 중세국어 자료로 편입된다.

第一節 中世國語의 成立

10세기 초에 고려 왕조가 서고 開京(開城)이 정치 문화의 새로운 중심지가 됨에 따라 그 방언이 두각을 나타내게 되었다. 여기에 이 방언을 토대로 우리 나라의 새로운 中央語가 성립되었던 것이다. 이 중앙어가 오늘날까지 그대로 계속되고 있으니, 그 성립은 국어사 전체에서 매우 중요한 의미를 가지는 사건이었다고 하지 않을 수 없다. 중세국어라는 새로운 단계를 설정한 것도 이 사건에 근거를 둔 것이다.

그러면 고려초의 개경 방언은 어떤 것이었을까. 중세국어의 토대가 된 이 방언이 국어사 연구의 한 초점이 되지 않을 수 없다. 무엇보다도 이 지방은 신라의 서북 변방이었고 본래는 高句麗의 故土였다는 사실이 주목된다. 여기서 이 방언에 대한 여러 의문이 제기되는데 그 중에서도 7세기 후반(정확히는 669)에 신라에 귀속되어 3세기 가까이 지내는 동안 이 지방의 주민은 신라어를 말하게 되었을까, 그들의 방언에는 고구려어의 요소가 남아 있지 않았을까 하는 것이 가장 큰 의문이다.

이 두 의문에 대해서는 긍정적 해답을 할 수가 있다. 앞서(第三章) 지적한 것처럼 신라어와 중세국어 사이에는 직접적인 연맥이 이어져 있는데, 이 사실은 10세기의 개경에서 신라어의 한 방언이 말해졌으며 그 토대 위에서 고려 중앙어(즉 중세국어)가 성립되었다고 봄으로써 합리적으로 설명된다. 일반적으로 어떤 언어를 말하던 사람들이 그 언어를 버리고 새로운 언어를 말하게 되는 경우에, 예전 언어의 어떤 특징을 새로운 언어를 말할 때도 버리지 못한다. 이 예전 언어를 底層이라 하는데, 신라어의 개경 방언에는 많건 적건 고구려어의 저층이 있었을 것을 짐작하기 어렵지 않다. 한 걸음 더 나아가, 개경 방언의 어휘에는 고구려어의 요소가 있었음이 확인된다. 가령 고구려어에 '나믈 乃勿'(鉛)이란 단어가 있었음은 앞서 지적한 바 있는데(44면 참조), 전기 중세국어에 이와 일치하는 단어가 있었음이 확인되는 것이다. 즉 鄕藥救急方에 "鉛 俗云 那勿"이 보이는 바 이것은 13세기에 '那勿'(*나믈)이란 단어가 있었음을 의심할 수 없게 한다. 또 하나의 예로서 고구려어의 '呑, 旦, 頓'(谷)을 들 수 있다. 이 단어에 대해서도 위에서 말한 바 있는데(46면 참조), 이와 일치하는 단어가 후기 중세국어의 한 자료에 나타나는 것이다. 즉, 朝鮮館譯語에 "村 呑"이 보이는 바, 이것은 적어도 15세기 초엽까지 위의 고구려어 단어가 계속되어 왔음을 말해 준다. 이런 예는 많지 않지만, 고구려어 단어가 중세국어에 존속된 의심할 수 없는 증거로서 큰 중요성을 지닌다.

그런데 위의 두 예가 다 조만간 소실되고 만 사실이 주목된다. 15세기의 정음 문헌에 보면 鉛, 村을 가리키는 단어는 각각 '납', 'ᄆᆞᅀᆞᆯ'이었다. 이것은 신라어의 계통을 끄는 단어들이라고 생각된다. ('납'은 한자의 '鑞'에서 온 것이다.) 이 두 단어의 교체는 새로운 고려 중앙어의 성립 이후에도, 이에 대한 옛 신라 중앙어의 영향이 컸음을 드러내 준다. 이 영향은 비단 중세국어의 전기에 한한 것이 아니라 그 후기에도 꾸준히 있었던 것으로 생각되며 중세국어 연구에서 항상 명심해야 할 중요한 요인의 하나다.

요약하면, 10세기에 개경에서 말해진 것은 신라어의 한 방언이었으며 고구려어의 底層과 함께 그 어휘 요소도 가지고 있었다. 중세국어는 이 방언을 토대로 형성되었던 것이다. 그러나 고구려어의 요소는 신라어의 그것으로 대체되어 점차 소멸한 것으로 생각된다.

第二節 資料

전기 중세어의 중요한 문헌 자료로는 鷄林類事와 鄕藥救急方이 있다. 한편 13세기에 들어온 蒙古語 借用語들은 몇 세기 뒤에 기록되기는 했으나 역시 이 시기의 중요한 자료로 이용될 수 있다.

鷄林類事는 宋 나라의 "奉使高麗國信書狀官" 孫穆이 12세기 초두(정확히는 1103~1104 양년간)에 편찬한 책이다. 본래는 3권으로 "土風 朝制 方言" 및 附錄(口宣刻石等文)으로 이루어졌던 것으로 추정되는데 오늘날 그 원본은 전하지 않고 古今圖書集成(1725)과 說郛에 그 抄錄이 전한다. 說郛는 明版이 있었으나 지금 볼 수가 없으며 大東韻府群玉(1558)에 30여 語項이 인용된 것이 있을 뿐이다. 오늘날 볼 수 있는 것은 順治版(1647)과 民國版(1927)이다. 民國版은 明版의 抄本을 참고하여 順治版을 교정한 것이라고 하는데 大東韻府群玉에 인용된 것과 대체로 일치한다. 이들은 짤막한 서설(주로 土風, 朝制에 관한 것)과 "方言"으로 되어 있는데, 불행 중 다행히도 이 방언에 관한 부분은 그 원본의 모습에 큰 손상을 입지 않은 듯하다.

이 方言에는 "天曰漢捺"과 같이 한자로 당시의 국어 단어 또는 어구 350여항이 기록되어 있는데, 여러모로 보아 孫穆이 고려에 와서 직접 기록한 것임에 틀림없는 것으로 보인다. 따라서 이 책의 표기를 읽으려면 孫穆이 사용한 중국 字音에 대한 정확한 지식이 필요하다. 이 책의 표기에 대한 전반적인 검토는 대체로 宋代의 開封音으로 읽어서 무방함을 보여 준다. 이 책의 올바른 해독은 한편으로는 당시의 字音의 재구, 다른편으로는 국어사의 관점에서의 재구가 각각 이루어지고 이들의 합치가 달성될 때 얻어질 수 있을 것으로 믿어진다.

鄕藥救急方은 우리 나라의 오랜 醫藥書 중의 하나다. 이 책은 13세기 중엽 高麗 大藏經을 찍은 大藏都監에서 간행되었는데 初刊本은 전하지 않고 太宗 17년(1417)의 重刊本만이 전한다.(日本 宮內省 書陵部 所藏) 이 책에는 약재로 사용된 180여종의 식물 동물 광물 등에 대한 요약된 설명이 실려 있는 바, 여기에 "桔梗鄕名道羅次", "桔梗俗云刀ㅅ次"와 같이 한자 차용 표기로 鄕名들을 적은 것이 있어 국어 자료로서 소중한 것이다. 이들 향명은 上中下 3卷(1冊)의 도처에 흩어져 있으나 특히 부록의 方中鄕藥目草部에 가장 많이 실려 있다. 이 책의 가치는 다음의 세 가지로 요약할 수 있다. 첫째, 이 책은 한자 차용 표기법을 연구하는 좋은 자료가 된다. 13세기 중엽의 것이기는 하나 고대의 유풍을 지니고 있다. 둘째, 13세기 중엽의 국어 어휘, 특히 동식물 부문에 대한 풍부한 자료가 된다. 셋째, 이 자료에 대한 면밀한 검토를 통하여 당시의 국어의 음운체계에 관한 중요한 사실들을 밝힐 수 있다.

전기 중세국어의 수사를 기록한 日本 자료로서 二中曆이란 것이 있다. 대체로 12세기 초에 편찬된 것으로 믿어지는 책(懷中曆, 掌中曆 등)에서 후일 失名人이 모아 적어 놓은 것으로 12세기초 자료로 볼 수 있으므로 연대적으로 鷄林類事와 일치한다. 여기에 옮겨 적으면 다음과 같다. (일본 문자는 로마자로 전사한다) 一 katana, 二 tufuri, 三 towi, 四 sawi, 五 esusu, 六 hasusu, 七 tarikuni, 八 tirikuni 九 etari, 十 etu. 1과 2는 鷄林類事의 '河屯' '途孛'과 일치하나 그 뒤는 차이가 있다. 상당한 혼란이 있은 듯이 생각된다. 3과 4, 5와 6이 서로 바뀐 듯하며 8과 9는 서로 각각 7과 8로 고쳐야 할 것으로 추측된다.

다음으로 樂學軌範과 樂章歌詞에 실린 고려가요가 있다. 이들 노래는 15세기 후반에 와서야 문자로 정착되었으므로 전기 중세어의 자취는 거의 없어졌으나 그래도 편모를 보여 준다. 動動의 '나리'(川) 등. 그러므로 이것을 전기 중세국어 자료로 이용할 때에는 각별한 주의를 요한다.

한편 한문으로 쓰이기는 했으나, 高麗史(1454)를 빼놓을 수 없다. 이 책은 이 시기의 인명, 지명, 관명 등에 관한 광범한 자료라고 할 수 있는데 특히 몽고어 차용어들이 포함되어 있음이 주목된다. 宋 나라 徐兢이 지은 宣和奉使高麗圖經(1124)도 몇 개의 국어 단어를 보여 준다. '섬'을 '苫'으로 표기한 것이 여러 곳에 보이는데 "小於嶼而有草木 則曰苫"(권34)이란 설명도 보인다. 그리고 "麗俗謂刺蝟毛爲苦苫" (권36)의 '苦苫'은 후기 중세국어의 '고솜돝'의 '고솜'을 표기한 것이다. 이것은 이 동물의 이름이 본래 '고솜'이었고 '돝'(豕)이 뒤에 붙었음을 시사하고 있다. 鄕藥救急方에는 '蝟皮 俗云苦蔘猪'이라 보인다.

高麗와 元의 접촉은 국어에 흔적을 남겼다. 고려 官名에 나타나는 것들을 제외하면 몽고어 차용어는 말(馬)과 매(鷹) 및 軍事에 관한 것들에 국한되어 있다. 이들 차용어는 대부분 15세기 이후에 문자로 기록되었다. 16세기의 飜譯朴通事와 訓蒙字會에 정음으로 표기된 것이 가장 정확하고 鷹鶻方 기타에 한자로 표기된 것이 있어 참고된다. 鷹鶻方이란 책은 고려 시대의 책이라 전하나 현존본으로는 安平大君의 古本 鷹鶻方(1444)이 가장 오래다. (日本 宮內省 書陵部에 한 寫本이 있다.) 일반적으로 차용어는 수적으로 몇 안 되는 것이라도 그것들이 이루어진 당시에 있어서의 두 언어(즉 단어를 공급한 언어와 수용한 언어)의 음운체계에 대한 흥미있는 시사를 던져 주는 것인데, 13세기의 몽고어 차용어도 예외는 아니다.

위에서 말한 舊譯仁王經을 비롯하여 최근에 햇빛을 본 釋讀口訣 佛經들이 전기 중세국어의 중요한 자료임은 두말할 것도 없다. 이들은 특히 文法에 관한 자료가 된다. 다만 이 口訣에는 신라의 전통이 보존되어 있음에 주의해야 할 것이다.

第三節 表記法

鷄林類事와 鄕藥救急方의 표기법에 대해서 약술하기로 한다. 이 양서는 하나는 중국 책이요, 다른 하나는 우리 나라 책이어서 각기 그 나라의 전통을 보여 준다.

鷄林類事의 漢字의 用法은, 전체적으로 보아, 우리 나라의 한자 차용 표기법의 그것과는 인연이 멀다. 한자의 새김은 이용하지 않고 音만을 이용하였는데, 第五章에서 지적한 고대 표기법의 음독자들이 이 책에서는 거의 사용되지 않았다. 이것은 이 책의 편찬에 우리 나라 사람이 직접적으로 관여하지 않았음을 결론케 한다. 예외적으로 "豆曰太", "升曰刀" 등에서는 고래로 이두에 사용된 글자들이 그대로 기록되었음을 본다. 이것은 이 책의 저자가 고려어를 조사함에 있어 口語와 文語를 엄격히 구별하지 않은 결과가 아닌가 한다.

鷄林類事의 "方言"에 사용된 한자들은 전체적으로 순수히 표음적으로만 사용하지 않고 짙은 표의성을 띠고 있다는 인상을 준다. 특 "犬曰家豨"는 후기 중세어의 '가히'(犬)에 대응되는 것인데 '家豨' 양자의 의미는 '犬'과 통한다. "刀子曰割"(갈), "傘曰聚笠"(슈룹), "水曰沒"(믈) 등에서도 이런 경향을 볼 수 있다. 이러한 경향은 중국에서 편찬된 외국어 자료에서 자주 보는 것이기는 하지만, 鷄林類事의 경우는 매우 심하여 단순한 표기법의 기교라고 하기보다는 국어 단어를 중국어로써 설명하려 한 저자의 의도를 드러내 주는 듯이 느껴진다. 이 책의 저자는 국어를 중국어의 한 "方言"으로 본 듯한 인상마저 준다.

鷄林類事의 한자의 용법 중에서 각별히 주목을 끄는 것은 入聲字들이다. 먼저 喉內入聲字들 韻尾가 *k였던 자들의 용례를 보면 "蚤曰批勒"(15세기 벼룩), '低曰榛則'(나죽)에서는 그 운미가 'ㄱ'로 나타나며, '尺曰作'(잫) 등에서는 'ㆆ'로 나타나지만 '射曰活索'(활소-) 등에서는 아주 소실된 것으로 나타난다. 다음으로 舌內入聲字들(韻尾가 *t였던 자들) 용례를 보면 '火曰孛'(블), '馬曰末'(믈) 등 대부분의 예에서는 그 운미가 'ㄹ'로 나타나지만, '猪曰突'(돝), '花曰骨'(곶), '笠曰蓋音渴'(갇), '梳曰苾音必'(빗) 등의 예외가 적지 않다. 끝으로 脣內入聲字들(운미가 *p였던 자들)의 용례를 보면 일견 모두 본래의 운미가 보존된 것이라고 보아야 할 것들이다. '七曰一急'(닐굽), '口曰邑'(입) 등. 이러한 입성자들의 용법은 宋代 北方音을 반영하는 것으로 믿어진다. 중국의 북방음에서 입성 운미는 唐, 五代에 약화되기 시작하여 14세기에 성문폐쇄음(?)이 되었으니, 12세기 초는 이러한 약화의 중간단계였음을 짐작하기 어렵지 않다.

鄕藥救急方의 표기법은 고대의 한자 차용 표기법의 전통을 그대로 이은 것으로 석독 표기와 음독 표기, 그리고 혼합 표기가 사용되었음을 본다. 가령 黃芩은 '精朽草' 또는 '所邑朽斤草'이라 표기되었는데 하나는 순수한 석독 표기요 또 하나는 혼합 표기로서 '솝서근플'을 나타낸 것이다. 그리하여 '精'을 석독하면 '所邑'(솝)이 되며, '朽'을 석독하면 '서근'이 되는데 '斤'은 이 제이음절을 나타낸 것이다.

이 책의 표기법에서 음독자와 석독자는 일반적으로 구별되었다. '加' '耳' 같은 것은 음독해야 할 경우도 있고 석독해야 할 경우도 있으나, 이런 예는 매우 제한되어 있다. 이 책의 음독자들을 보면 그 용법이 매우 정연하다. 그중 자주 쓰인 한자들은 다음과 같다. 加(가),

居(거), 斤(근), 只(기), 古(고), 乃那(나), 你(니), 多(다), 刀道(도), 豆(두), 羅(라), 老(로), 立 里(리), 亇(마), 毛(모), 勿(믈/물), 朴(박), 夫(부), 非(비), 沙(사), 參(삼), 所(소), 耳(시), 阿(아), 也(야), 於(어), 余(여), 五(오), 尤(우), 隱(은), 伊(이) 등. 이들은 전반적으로 신라 표기법에서 사용된 음독자들과 일치한다. 그리하여 '只'(기) 등의 고대 독법에 대한 중요한 암시를 제공해 준다. 그리고 '羅'의 약자로 '소'가 나타나는 사실도 주목된다. 한편 음절말 자음의 표기에 다음의 여러 자가 사용된 사실도 고대 향찰 체계의 이해에 불가결한 것이다. 乙(ㄹ), 音(ㅁ), 邑(ㅂ), 叱(ㅅ), 次(ㅈ). 특히 '支'자가 '亇支'(薯蕷)에 나타난다. 이 단어는 후기 중세국어에 '맣'로 나타나는 바, '支'는 'ㅎ'을 나타낸 것으로 볼 수 있어, 향가의 해독에서 가장 어려운 문제의 하나인 '支'자의 독법에 암시를 던져 준다.

　석독자들은 크게 두 부류로 나뉠 수 있다. 그 단어의 본래의 의미와 직접적으로 관계가 있어서 쓰인 것들(冬 겨슬, 犬 가히, 山 뫼, 水 믈 등)과 의미상 아무 관련 없이 쓰인 것들이다. 후자는 완전히 기호화한 예들이다. 가령 '置'(두), '等'(둘/들), '休'(말), '火'(블) 등이 다음과 같이 사용되었음을 본다. (참고로 15세기 또는 그 이후의 어형을 괄호 속에 넣는다.) '癮瘮 置等ᄉ只'(두드리기), "大戟 楊等柒"(버들옷), "蒼耳 刀古休伊"(돗고마리) 등. 특이한 석독자도 더러 눈에 뜨인다. "半夏 雉矣毛老邑"(ᄭᅴ모롭)에서 '雉'는 'ᄭᅴ'로 읽힌 듯이 보인다. 그리고 "獨活 虎驚草"(ᄯᅡᆺ둘훕)에서는 '虎'가 'ᄯᅡ'로 읽혔음을 본다. 이들보다 더욱 흥미있는 것은 '數'가 '둔'으로 읽힌 사실이다. 즉 '黃耆'(둔너삼)가 '數板麻' 또는 '甘板麻'으로 표기되어 있는 것이다. 이것은 數를 의미하는 蒙古文語의 toγan(현대몽고어 tō), 滿洲語 ton을 연상케 한다.

第四節 音 韻

전기 중세어의 자료들은 양은 많지 않으나 음운사의 관점에서 매우 중요한 사실들을 밝혀 준다. 鷄林類事는 12세기 초엽의 상태를 보여 주며 鄕藥救急方과 몽고어 차용어들은 그 13세기 중엽의 상태를 보여 준다. 이들과 15세기의 후기 중세어의 자료들이 보여 주는 상태를 비교해 볼 때 14세기에 현저한 음운변화들이 일어난 것으로 추정되나, 이 무렵의 자료가 없음이 유감이다.

전기 중세어의 자음체계는 된소리 계열의 등장을 그 특징으로 한다. 된소리는 본래 단어 또는 형태소의 연결에서 나타난 현상으로 생각된다. 가령 고대어에서도 속격의 '叱'(ㅅ)이나 동명사 어미의 'ㄕ'(ㄹ) 뒤에 오는 단어의 두음 'ㅂ ㄷ ㅅ ㅈ ㄱ' 등이 된소리로 발음되었던 것으로 추측된다. 그러나 된소리는 어두에 나타남으로써 비로소 음운체계 속에 확고한 자리를 잡게 된 것이었다. 된소리가 어떻게 어두에 나타나게 되었는지는 아직 밝혀져 있지 않으나 그 시기가 전기 중세 단계였던 것만은 틀림없는 것 같다. 불행히도 鷄林類事나 鄕藥救急方에서는 어두 된소리의 명확한 증거를 확인할 수 없으나 후기 중세어 자료에서 이것이 광범하게 확인되는 사실(138~40면 참조)에 비추어 그 존재는 의심할 수 없는 것으로 생각된다.

鷄林類事는 語頭 子音群이 아직 형성되지 않았음을 시사하고 있다. "白米曰漢菩薩", "粟曰田菩薩"의 '菩薩'은 15세기의 '뿔'(米)과 대응되는 것이지만 아직 어두의 'ㅄ'은 없었고 그 사이에 어떤 모음이 있은 2음절어였음을 보여 준다. 잠정적으로 *ᄇᆞ살'을 재구한다면 제일음절 모음의 탈락으로 '뿔'이 된 것임을 알 수 있다. 그러나 鷄林類事의 "女兒曰寶姐"에 의하여 재구되는 *ᄇᆞ들'은 의문을 던져준다. 15세기 문헌에 '뚤'로 나타나지 않고 '똘'로 나타나는 점이 이해하기 어려운 것이다. '*ᄇᆞᄃᆞᆯ'이 '*ᄡᆞᆯ'의 단계를 거쳐 15세기 에 'ᄊᆞᆯ'('ᄊ'은 된소리)이 되었다고 볼 수 있을지 의문으로 남겨 둘 수밖에 없다.

자음 중에서 특기해야 할 것은 파찰음의 발음이다. 현대 서울말의 'ㅈ'은 [tʃ] [dʒ]로 발음되고 있는데, 13세기에는 이 발음이 [ts] [dz]였던 것으로 추정된다. 몽고어 차용어를 보면 중세몽고어의 ǯa[dʒa] ǯe[dʒe]가 국어에서는 '쟈', '져'로 되었음을 본다.(本章 語彙 참조) 이것은 국어의 'ㅈ'이 [dz]였기 때문에 [j]를 첨가함으로써 몽고어의 [dʒ]에 가깝게 하려고 했음을 말해 주는 것이다. 후기 중세어에서도 이 발음은 변함이 없었던 것으로 생각되며 근대어에 와서 현대와 같은 발음으로 변한 것으로 생각된다.(208~9면 참조)

鷄林類事와 鄕藥救急方은 'ㅿ'(z)의 존재를 분명히 보여 준다. 鷄林類事의 "弟曰了兒"(아ᅀᆞ), "四十曰麻刃"(마ᅀᆞᆫ)에서 '兒, 刃'의 초성이 괄호 속에 제시한 후기 중세어 어형의 'ㅿ'에 대응되고 있음을 본다. 訓民正音의 초성체계에서 'ㅿ'은 日母에 대당되는 것이요, '兒, 刃'은 바로 日母字들이니 이 대응관계는 鷄林類事 단계에 국어에 'ㅿ'이 존재했음을 단적으로 결론케 한다. 鄕藥救急方도 꼭 같은 사실을 보여 준다. 이 책에 '薯藇'의 鄕名이 '豆音矣薺'와 '豆矣乃耳'로 표기되었으며 '漆姑'의 향명도 '漆矣母'와 '漆矣於耳'로 표기되어 있는데 '薺'와 '母'는 석독 표기요, '乃耳'와 '於耳'는 음독 표기로서 15세기의 '나ᅀᅵ'와 '어ᅀᅵ'에 일치된다. 여기서도 'ᅀᅵ'가 日母字인 '耳'로 표기되었음을 본다.

그런데 鄕藥救急方의 "兎絲子 鳥伊麻", "苦參 板麻"등에서 '鳥伊麻', '板麻'는 석독 표기이므로 ('伊'만은 이중모음의 副音 y를 표시한 음독자) 당연히 '*새삼', '*널삼'으로 읽어야 할 것인데 후기 중세 문헌에 이들이 '새삼', '너삼'으로 나타나는 사실이 주목된다. 이들 예는 13세기 이후 15세기 이전의 어느 시기에 (즉 14세기 무렵에) s>z의 변화가

第六章 前期 中世國語　111

　일어났음을 말해 준다. *새삼>새솜, *널삼>*널솜>너솜. 'ㄹ'의 탈락에 대해서는 나중에 말하겠거니와, 15세기의 '두서'(數), '프서리'(草中)도 이와 동일한 변화를 한 것으로 믿어진다. *둘서>*둘서>두서, *플서리>플서리>프서리. '한숨'(歎息)도 역시 이들과 같은 때에 '*한숨'으로부터 변화한 것으로 생각된다. 이들을 종합해 보면 s>z의 변화는 y (二重母音의 副音), r, n과 모음 사이라는 매우 특수한 환경에서만 일어났음이 확인된다.
　한편 'ㅿ'은 음절말에도 있었던 것으로 추정된다. 鷄林類事의 '剪刀 曰割子蓋'의 독법에는 문제들이 있으나 15세기의 'ᄀᆞᅀᅢ'(杜詩諺解 10.33)와의 대응을 고려할 때, *ᄀᆞᅀᅢ' [kʌzgɑi]를 나타낸 것으로 볼 수 있다. 이 단어는 15세기 문헌(月印釋譜 10.13)에서 확인되는 'ᄀᆞᅀ-'(剪) 이라는 동사 어간에 접미사 '-개'가 붙어서 이루어진 것이다. 모음간의 자음군은 [*zg]>[*zɣ]>[zɦ]>[z]로 변화하였는데 15세기의 'ᄀᆞᅀᅢ'는 [zɦ] 단계를 나타낸 것이오, 16세기의 'ᄀᆞᄋᆡ'는 마지막 [z] 단계를 나타낸 것이다.(143면 참조) 鄕藥救急方의 "蚯蚓 居兒乎"는 15세기의 '것위', 16세기의 '거쉬'에 대응되는 것으로 역시 모음간의 [*zg]를 가졌던 일례다. '乎'의 사용으로 보아 13세기에는 [*zɣ]의 단계에 도달했던 것으로 믿어진다. 즉 '居兒乎'는 [*kezɣüi]로 재구될 수 있을 것이며 이것이 15세기에 [kəzɦui](것위)로, 16세기에 [kəzui](거쉬)로 변화했던 것이다.
　전기 중세어 자료의 표기는 'ㅸ'의 존재는 분명히 보여 주지 않는다. 그러나 이로써 'ㅸ'가 없었다고 하는 것은 속단이다. 있었더라도 한자에 의한 표기가 불완전하여 나타나지 않을 가능성이 있기 때문이다. 후술될 바와 같이(131면 참조), 훈민정음 체계에서 'ㅸ'은 순경음으로 규정되어 있지만, 국어의 'ㅸ'는 양순음 [β]였고, 중국어의 脣輕音은 순치음 [f] [v] 등이었으므로 중국인의 귀에 국어의 'ㅸ'는 오히려 脣重音 [p] [b]에 더욱 가깝게 들렸을 가능성이 더 큰 것이다. 鷄林

類事에서 'ㅸ'와의 관련에서 주목되는 것은 "二曰途孛"(두을, 둘), "酒曰酥孛"(수을, 술), "袴曰珂背"(ᄀ외), "匱曰枯孛"(골), "秤曰雌孛"(저울) 등이다. (괄호 속의 것은 후기 중세어의 어형이다.) 가령 '途孛'과 '珂背'라는 표기에 나타나는 '孛'과 '背'는 唇重音字로 "火曰孛"(블), "布曰背"(뵈)에도 나타나는 것이다. 이 점에 있어서는 'ㅸ'가 분명히 존재했던 후기 중세어의 시기에 편찬된 朝鮮館譯語나 다름이 없는 것이다.(140~1면 참조) 한편 우리 나라 한자음(東音)에는 唇重音과 唇輕音의 구별이 없었으니, 'ㅸ'를 'ㅂ'과 구별해서 표기할 방도가 없었던 것이다. 그리하여 鄕藥救急方에는 "熨斗 多里甫里"(다리우리) 등과 같이 표기되었던 것이다. 이렇게 볼 때 전기 중세어에 'ㅸ'는 존재했지만, 그것이 표기에 반영이 안 된 것으로 보는 것이 오히려 온당하지 않은가 한다.

 'ㅸ'에 있어서도, 'ㅿ'에 있어서처럼 증거가 확실하지는 않지만 y, 'ㄹ'과 모음 사이에서 [b]>[β]의 변화가 15세기에서 얼마 앞서지 않은 시기에 있었던 것으로 추정된다. 가령 15·16세기 문헌에 나타나는 '글발'(文, 龍飛御天歌 26장), '도톨왐'(橡栗, 杜詩諺解 25.26), '갈웜'(虎, 訓蒙字會 上 18), '대받'(竹田, 龍飛御天歌 5.26), '대범'(大虎, 龍飛御天歌 87장), '메밧-'(袒, 釋譜詳節 9.29) 등은 이 변화의 결과인 듯하다.

 고대국어에 있어서 음절말 자음의 內破化가 일어나지 않았던 사실에 대해서는 이미 말한 바 있다.(84면) 전기 중세어에서도 대부분의 자음 대립이 음절말 위치에서 유지된 것으로 생각된다. 鷄林類事의 표기에서 "皮曰渴翅"(갗), "面曰捺翅"(낯)은 음절말의 'ㅊ'을 나타내고 있다. (이들을 주격형 '가치', 'ᄂᆞ치'의 표기라고 보기 쉬우나, 이 책에는 "雪下曰嫩恥", "客至曰孫烏囉" 등을 위시하여 주격형은 하나도 보여 주지 않는다.) 그리고 이 책에서 음절말의 'ㅎ'이 喉內入聲字로 표기된 사실은 위에서 지적한 바 있다. 鄕藥救急方의 표기법은 더욱 분명하게 음절말 자음들을 구별하고 있다. 이 책에서 '叱'은 속격 표시 외에도 "燕脂 你叱花", "雞冠 雞矣碧叱" 등에 사용되었는데, 전자는 후세의 '닛'에, 후자는 '둘기볏'에 대응된다. 한편 이 책에서 '次'는 "薺苨 獐矣加次, 獐矣皮" "吉梗 刀사次, 道羅次" 등에 사용되는데 각각 '*놀이갖', '*도랓'으로 재구될 수 있는 것들이다. 음절말 위치의 'ㅈ'과 'ㅊ'은 표기상 구별되지 않았다. 이것은 분명히 고대 표기법의 유풍이다.(85면 참조) 따라서 이것만으로서는 음절말 위치에 'ㅈ', 'ㅊ'의 中和가 있었다고 보기 어려우나, 그 개연성이 큰 것으로 생각된다. 한편, "薯蕷 ケ支"(맣)에서는 음절말의 'ㅎ'이 표기되었다. 이상을 종합해 보면, 13세기 중엽에는 아마도 'ㅈ'과 'ㅊ'은 중화되었었지만, 'ㅅ'과 'ㅈ'의 중화는 아직 일어나지 않았으며 'ㅎ'도 발음되었음을 결론할 수 있다. 평음과 유기음이 중화되었던 것으로 가정하면, 13세기 중엽에 음절말 자음의 대립은 'ㄱ ㄴ ㄷ ㄹ ㅁ ㅂ ㅅ ㅿ ㆁ ㅈ ㅎ' 등이 있었던 셈이 된다.

전기 중세어에 있어서는 합성어에서 'ㄴ ㄷ ㅿ ㅅ ㅈ ㅊ' 등 치음 앞의 'ㄹ'이 유지되었다. 鷄林類事에도 그런 예가 있지만("柴曰孛南木" *블나모, 현대어 부나무), 鄕藥救急方은 분명한 예들을 보여 준다. "麥門冬 冬乙沙伊", "苦蔘 板麻"는 분명히 '겨슬사리', '널삼'을 나타내고 있는데, 이들은 후기중세 문헌에 '겨ᅀᅳ사리', '너삼'으로 나타난다. 상술한 환경에서의 'ㄹ'의 탈락은, 15세기 후반에도 일부 계속되고 있은 흔적이 있으므로, 아마도 이보다 조금 앞선 시기에 일어난 것으로 생각된다. 이 탈락과 특수한 환경에서의 s>z 변화의 상대적 연대에 대해서는 위에서 말한 바 있다(111면 참조).

전기 중세어의 모음체계는 몽고어 차용어의 검토에 의해서 분명히 드러난다. 위에서 말한 바와 같이, 몽고어 차용어의 자료는 15·16세기 문헌에 정음 문자로 표기된 것이 가장 정확한데, 중세 몽고어의 모음들이 차용어에서 다음과 같이 나타남을 볼 수 있다(예는 116~7면 참조).

	1	2	3	4	5	6	7
중세몽고어	a	o	u	e	ö	ü	i
차용어	ㅏ	ㅗ		ㅓ	ㅕ	ㅜ	ㅣ

여기서 (2), (3)과 (6)이 무엇보다도 주목된다. (2), (3)은 이들 차용어가 들어온 13세기의 국어에 후설 원순 고모음은 하나밖에 없었음을 단적으로 보여 준다. 만약 당시에 'ㅗ'(정확히 말하면 15·16세기의 'ㅗ'에 대응하는 13세기의 모음)가 [o]였고 'ㅜ'가 [u]였다면 이런 결과는 절대로 일어나지 않았을 것이다. (6)은 13세기에 'ㅜ'가 [ü]였을 것임을 추정케 한다. 한편 (4)는 'ㅓ'가 [e]에 가까운 전설모음이었음을 보여 준다. (5)는 국어에 중세몽고어의 [ö]에 가까운 단모음이 없었음을 증언해 준다.

鷄林類事의 모음 표기는 매우 조잡하지만, 그 면밀한 검토는 흥미 있는 사실들을 보여 주는데, 대체로 몽고어 차용어에서 본 사실들과 일치하며 그것을 보충해 준다. 이 책에서 후기 중세국어의 'ㆍ'에 대응하는 모음은 "一曰河屯"(*ᄒᄃᆞᆫ), "胡桃曰渴來"(ᄀᆞ래), "袴曰珂背"(*ᄀᆞ뵈), "馬曰末"(ᄆᆞᆯ) 등에서는 '河'(ko), '渴·珂'(ko), '末'(mo) 등, 괄호 속에서 보는 바와 같이 중국 近世音에서 [o]를 가진 자들로 표기되었고, "船曰擺"(ᄇᆡ), "梨曰敗"(ᄇᆡ), "面曰捺翅"(ᄂᆞᆾ) 등에서는 [a]를 가진 자들로 표기되었다. 아마도 12세기에 있어서 'ㆍ'는 [o]보다는 원순성이 약한 모음 [ɔ]였을 것으로 추정된다. 한편 'ㅡ'는 "火曰孛"(블), "水

日沒"(믈) 등 순음 뒤에는 [u]로 표기되었지만, '大曰黑根'에서는 [ə]로 표기되었다. (이 '黑根'의 '黑'은 'ㅋ'의 유기성을 표시한 것으로 보인다.)

이상 몽고어 차용어와 鷄林類事의 검토를 종합하면 전기 중세국어의 모음체계는 고대국어의 그것과 대차 없었던 것으로 추정된다. 다만 ɔ가 ə로, ä가 e로 이동한 사실이 지적될 수 있을 뿐이다.

    i ㅣ ü ㅜ u ㅗ
    e ㅓ ə ㅡ ɔ ㆍ
        a ㅏ

第五節 語彙

鷄林類事와 鄕藥救急方은 각각 12세기와 13세기의 어휘 자료인데, 그 중에는 후기 중세어 또는 근대어의 지식으로는 도저히 이해할 수 없는 단어들이 여럿 포함되어 있다. 鷄林類事에서 몇 예를 들면 다음과 같다. (1) 龍曰稱(民國版 說郛에는 '珍'), (2) 尼曰阿尼 (3) 兄曰長官 (4) 女子曰漢吟 (5) 婦曰了寸 등. 현존 異本들이 모두 후대의 것들이어서 오자도 있을 것으로 생각되지만, 대부분은 당시에 실제로 있었던 것으로 보아야 할 것이다. 가령 (2)의 '阿尼'는 고대국어에도 있었던 흔적이 있다. 三國史記(권39) 新羅 職官 중의 "阿尼典 母六人", 三國遺事(권5)의 "見女處曰阿尼岾" 등 참고. 鄕藥救急方에도 몇 예가 있다. (1) 枳實 只沙伊, 枳殼 只沙里皮(*기사리) (2) 蠐螬 夫背也只(*부빅야기) (3) 芋 毛立(*모리) (4) 鉛 俗云那勿(*나물). 15세기 이후의 문헌에는 (1)은 '팅ᄌ' (2)는 '굼벙, 굼벙이' (3)은 '토란' (4)는 '납'으로 나타난다. (4)에 대해서는 이것이 중세국어에 남은 고구려 단어의 소중한 일례임을 지적한 바 있다.(102면 참조) 이 일례는 앞서 든 鷄林類事의 예들 중에도 고구려 단어가 있을 가능성이 있음을 시사해 준다.

전기 중세어의 시기에 몽고어로부터 차용어들이 들어온 것은 특기할 사실이다. 이들은 高麗와 元(1206~1367)의 접촉의 결과로서, 대체로 13세기 동안에 이루어진 것으로 추정된다. 高麗史는 고려의 일부 관직명에 원나라의 것이 그대로 사용되었음을 보여 준다. 必闍赤·必者赤, 몽고문어 bičiyeči(書記); 達魯花赤, 중세몽고어 daruγači(鎭守官名); 火尼赤, 중세몽고어 qoniči(牧羊人); 時波赤, 몽고문어 šiba'uči(鷹匠); 站赤, 중세몽고어 ǯamči(站戶) 등. 이러한 것들을 제외하면 몽고어 차용어는 주로 말(馬)과 매(鷹)에 관한 것들이요, 군사에 관한 것도 더러 있다. (飜譯朴通事와 訓蒙字會로부터 인용한다.)

말에 관한 단어들. 아질게물(兒馬), 중세몽고어 aǯirγa. 악대(犍犗. 去勢畜), 중세몽고어 aγta(騸馬); 졀다물(赤馬), 중세몽고어 ǯe'erde; 가라물(黑馬), 중세몽고어 qara(黑); 고라물(土黃馬), 중세몽고어 qula(黃馬); 구렁물(栗色馬), 몽고문어 küreng; 고들개(鞦), 몽고문어 qudurγa; 오랑(肚帶), 중세몽고어 olang 등.

매에 관한 단어들. 갈지게(黃鷹), 중세몽고어 qarciγai; 궉진(白角鷹), 몽고문어 kögsin; 나친(鴉鶻), 몽고문어 način; 보라매(秋鷹), 몽고문어 boro<*bora; 숑골(海靑), 몽고문어 šingqor, šongqor; 도롱태(弄鬪兒), 중세몽고어 turimtai, 몽고문어 turimtai, turumtai; 튀곤(白黃鷹), 몽고문어 tuiγun 등.

軍事에 관한 단어들. 고도리(樸頭), 중세몽고어 γodoli; 오노, 오늬(筈) 몽고문어 onu, oni; 바오달(營), 몽고문어 baγudal, 중세몽고어 ba'u-(내리다); 사오리(凳), 중세몽고어 sa'uri, 몽고문어 saγuri; 텰릭(帖裏, 武官의 옷), 몽고문어 terlig 등.

음식에 관한 단어들. 타락(酡酪), 몽고문어 taraγ; 궁중 용어인 '슈라'(水刺)는 몽고어 기원이라고 전해 왔는데, 그 개연성이 큰 것 같다. 중세몽고어 šüle(n)(湯) 참고.

끝으로 흥미있는 일례를 들기로 한다. 고려말에 李成桂가 全羅道 雲峯에서 倭賊을 물리칠 때, 겨우 16세밖에 안 되어 보이는 용감한 賊將이 있어, 우리 군사가 그를 '아기바톨(阿其拔都)'이라 불렀다는 기록이 龍飛御天歌(7.10)에 있다. 그 註에 "阿其 方言小兒之稱也 拔都 或作拔突 蒙古語勇敢無敵之名也"라 있다. 이 기록은 중세몽고어의 ba'atur(勇士)에서 온 '바톨'이 국어에서 사용되었음을 알려준다.

일반적으로 차용은 그것이 일어난 두 언어의 접촉의 문화적 성격을 반영한다. 이런 관점에서 몽고어 차용어들이 위에서 말한 몇 부류에 국한되어 있음을 확인함은 흥미깊은 사실이다. 우리 나라 사람들은 몽고로부터 유목민의 물질 문화에 특유한 요소들을 받아 들였던 것이다.

女眞語는 주로 咸鏡道의 지명에 그 흔적을 남겼다. 이 지방에 여진족이 산 것은 12세기 이전으로부터 15세기 이후에까지 걸친다. 여진어 지명의 대표적인 예는 豆滿江이다. 龍飛御天歌(1.8)의 '豆漫투먼江' 註에 "女眞俗語謂萬爲豆漫 以衆水至此合流故名之也"라 한 바와 같이 이 강명은 여진어의 '土滿'(tümen 萬)에서 온 것이다. 이 밖에도 龍飛御天歌, 世宗實錄 地理志, 東國輿地勝覽 등에 적지 않은 여진어 지명들이 보인다. 가령 龍飛御天歌(7.23)에 '斡合 워허'에 대하여 "其地有圓石屹立 … 其俗謂石爲斡合 故因名其地焉"이라 있고 東國輿地勝覽에도 비슷한 설명이 있는데 이것은 바로 여진어 자료의 '斡合'(wehe)와 일치하는 것임을 알 수 있다. 그리고 鐘城의 故名 '童巾 퉁건'은 世宗實錄 地理志에 "胡人謂鍾爲童巾 府有童巾山 故名之"라 있음에 비추어 여진어에 tungken(鐘)이란 단어가 있었음이 분명하다. 그런데 여진어 자료에서 '同肯'(tungken)은 鼓를 의미하는 것으로 되어 있다. 鐘이 새로 여진 사회에 도입된 초기에는 鼓를 지시하던 단어로 鐘도 지시했던 흥미있는 사실을 이 지명은 명시해 준다. 이것은 국어에서 鼓를 의미하던 '붑'으로 鐘을 지시했다가 그 뒤 '쇠붑'으로 된 사실을 연상케 한다.

  중세국어에 와서 한자어가 격증하였다. 고려 光宗 9년(958)에 科擧制度를 실시한 것도 하나의 자극이 되어서 고려시대에 있어서는 완전히 문인 학자는 물론 일반 관리까지도 구어로서는 우리말을 사용하고 문어로서는 한문을 사용하는 기형적인 이중생활을 하였다. 이리하여 거의 모든 문화적 학술적 용어는 한자어에 의존함으로써 국어는 이들 엄청난 한자어에 압도되기 시작한 것이다. 그리하여 한자 어휘는 우월한 상류계급의 것으로서 일반 평민의 모방의 대상이 되고 고래의 국어 단어가 한자어에 밀려 소멸의 운명을 밟기 시작하였다. 鷄林類事에 "百曰醖"(온)에 대하여 "千曰千"이라 있음은 한자어에 고유어가 밀리는 단초를 보여 준다. 15세기 문헌에도 '즈믄'이 보이다가 그 뒤 곧 이 단어가 자취를 감추고 만다. 따라서 전기 중세어의 시기에 걸쳐 '즈믄'과 '千'의 대치가 계속되었다고 할 수 있다.

第七章　後期 中世國語

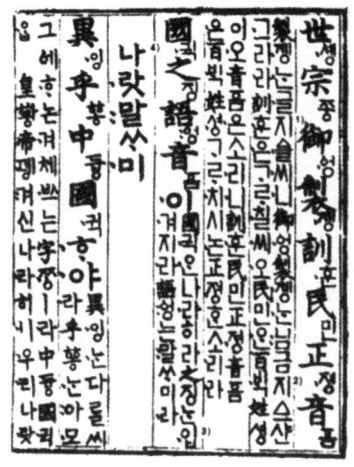

訓民正音 諺解 첫장 (月印釋譜 卷1 앞머리)

第七章
後期 中世國語

　후기 중세국어 특히 15세기 중엽은 국어의 역사적 연구에서 각별한 주목을 받아 왔다. 그 주된 이유는 이 때에 訓民正音이 창제되어 이 문자로 많은 문헌이 간행된 데 있었다고 할 수 있다. 19세기와 20세기의 교체기에 훈민정음의 원리와 원형을 밝히려는 학자들의 노력이 있었고 여기서 국어의 역사적 연구가 싹텄던 것이다. 이러한 文字史 중심의 연구에서 言語史 중심의 연구로 관심의 초점이 옮겨진 뒤에도 훈민정음 창제 당년에 이 문자로 간행된 문헌들은, 그 이전의 한자 자료들과는 달리, 처음으로 국어를 전체적으로 또 분명히 보여 주는 것으로서 존중되어 이들에 대한 연구가 무엇보다도 우선적으로 이루어졌던 것이다.
　그러나 위에서도 지적한 바와 같이, 훈민정음 창제가 중세국어의 전기와 후기의 경계를 짓는 사건은 아니었다. 훈민정음은 어디까지나 하나의 문자체계에 그치는 것이었다. 문자도 언어에 영향을 주기는 하지만 그것은 한계가 있다. 정음에 의하여 표기된 것은 당시의 中央語였으니, 정음 문헌의 간행은 이 중앙어를 전국 공통어로 발전시키고 보급시키는 데 공헌했을 것으로 믿어진다. 그러나 옛날에는, 오늘날과 달라서, 문헌의 전파가 매우 제한되어 있었으므로 위에 말한 공헌이란 들어 말할 만한 것이 못 되었다.

정음 창제 이전에 편찬된 책으로서 朝鮮館譯語는 중국인의 손에 된 어휘집이니 그 성격이 鷄林類事와 비슷하여 전기 중세국어로 다루는 것이 편할 것이다. 그러나 그것이 나타낸 언어의 특징은 정음 문헌들의 그것과 전반적으로 일치하므로 후기 중세국어 자료로 다루지 않을 수 없게 된다.

오늘날 전하는 15·16세기의 정음 문헌은 거의가 중앙의 간행물들이다. 특히 초기 문헌들은 諺文廳(正音廳)이나 刊經都監과 같은 기관에서 편찬한 것들로 현저한 동질성을 지니고 있다. 그 편찬에는 지방 출신자도 참여했지만, 이들 문헌은 전반적으로 당시의 중앙어, 그것도 상류계급의 그것을 반영한 것으로 생각된다.

이들 문헌은 대부분 諺解라는 점이 또 하나의 특징이다. 따라서 이들은 漢文의 飜譯文이 가지는 독특한 문체를 보여 준다. 언해를 함에 앞서 한문에 口訣을 달아 그 독법을 확정함이 상례였으므로 이 번역문은 구결에 구애되지 않을 수 없었던 것이다. 따라서 이들 문헌에서 당시의 생생한 국어의 현실을 보기는 어려운 일면이 있다. 다만 釋譜詳節은, 역시 본질적으로는 언해지만, 그 文體가 비교적 자유로운 면을 보여 주며, 飜譯朴通事는 그 내용 자체가 일상 회화를 주로 한 것이어서 다소 이채적인 존재라고 할 수 있다.

第一節 資料

위에서 지적한 것처럼, 훈민정음 이전의 자료로 朝鮮館譯語가 있다. 이것은 훈민정음과 거의 동시대의 국어를 훈민정음 아닌 다른 문자로 표기한 점, 초기 정음 문헌들이 거의 동일한 편찬자들에 의하여 이루어졌음에 대하여 이 책은 중국인들에 의하여 이루어진 것이라는 점에 그 특이한 가치가 있다.

朝鮮館譯語는 이른바 華夷譯語 속에 들어 있다. 華夷譯語란 明初 이래 편찬된 중국어와 외국어의 對譯 어휘집의 총칭으로 대체로 네 계통이 있는데(가장 오랜 것으론 1389년에 편찬된 몽고어 관계 華夷譯語, 그 뒤 四夷舘에서 편찬된 것과 會同舘에서 편찬된 것, 가장 새로운 것으로 1748년 兩舘이 병합된 會同四譯館에서 편찬된 것), 朝鮮館譯語는 이 중 會同館에서 편찬된 13舘譯語의 하나다. 이 會同舘系 역어의 편찬 연대는 확실하지 않으나, 모두 동시에 된 것이라고 보기는 어려울 듯하며, 朝鮮館譯語는 그 중 일찍이, 대체로 15세기 초엽에 편찬되어 그 뒤 약간의 수정을 입은 것으로 추정된다. 런던과 일본에 몇 개의 異本이 있는데 내용에 약간의 차이가 있다. 모두 590여 語項인데 각항은 "天 哈嫩二 忝"과 같이 3단으로 되어 있다. 上段(天)은 중국어, 中段(哈嫩二)은 국어 단어 '하늘'의 표기('二'는 국어의 어말의 'ㄹ'을 표기하기 위한 것이었다), 下段(忝)은 '天'의 우리 나라 한자음(東音)을 표기한 것이다. 이 책의 한자는, 두말할 것도 없이, 15세기의 중국음으로 읽어야 한다.

훈민정음이란 이름의 새 문자로 간행된 최초의 책은 역시 訓民正音(세종 28년, 1446)이었다. (訓民正音이란 문자체계의 이름이면서 동시에 책이름이기도 하므로 구별에 주의할 필요가 있다.) 이 책은 세칭 解例本이라 한다. 本文, 解例, 鄭麟趾의 解例序로 되어 있는 이 책은 1940년 세상에 모습을 다시 나타내어 이 방면의 연구에 한 전기를 가져왔다(澗松文庫 소장). 이 訓民正音의 諺解가 月印釋譜 卷頭에 실려 있다. 확실치는 않으나, 이 역시 世宗代에 이루어졌을 가능성이 없지 않다.

龍飛御天歌(10권)는 世宗 27년(1445)에 製進되었다가 그 뒤 補修를 거쳐 世宗 29년(1447)에 간행되었다. 125章의 歌詞와 人名, 地名 등의

표기가 귀중한데, 그 초간본에 속하는 것으로 추정되는 권1·2가 전하며(가람문고) 壬辰前(年代 未詳)과 光海君 4년(1612), 孝宗 10년(1659), 英祖 41년(1765)의 重刊本들이 있다.(서울大學校 奎章閣) 世宗 29년(1447)에 편찬된 釋譜詳節(25권?)의 初刊本은 6권(6, 9, 13, 19, 23, 24)만 전한다. (처음 네 권은 完本으로 國立圖書館에, 나중 두 권은 落本으로 東國大學校 圖書館에 있다.) 卷3과 11의 重刊本도 전한다.(千柄植, 沈載完 소장) 이와 전후하여 편찬된 月印千江之曲(3권)은 上卷만이 전한다.(陳鎭洪 소장) 이 上卷에는 194章의 가사가 실려 있다. (이밖에 月印釋譜에서 적지 않은 가사가 추가되며 모두 580여장이었던 것으로 추정된다.)

訓民正音을 이용한 韻書로서 東國正韻(6권)이 있다. 이것은 우리 나라 한자음 표기의 표준화를 위하여 편찬된 것으로 세종 29년에 완성되었다. 1940년에 落帙本(권1, 6)이 발견되었고(澗松文庫), 1972년에 그 완질본이 발견되었다.(建國大學校 소장) 洪武正韻譯訓(16권)은 중국의 洪武正韻(1375)에 한글로 表音한 것으로 단종 3년(1455)에 간행되었다. 현존본은 권 1·2를 결한다.(高麗大學校 소장) 이 책은 중국 한자음을 표기한 것으로, 東國正韻과는 본질적으로 다르다. 이 洪武正韻譯訓이 호한하여 이것을 초약한 것이 四聲通攷였는데 지금 전하지 않는다. 다만 이 책을 개수한 崔世珍의 四聲通解(중종 12, 1517)가 있으며 그 말미에 四聲通攷 凡例가 실려 있다. 이 책들은 중국 한자음 연구에도 소중한 자료가 된다.

세조 5년(1459)에 月印釋譜(25권)가 간행되었다. 月印千江之曲과 釋譜詳節을 合編한 것인데, 상당한 改編이 있었다. 近年에 初刊本이 여러 권 발견되었으나 覆刻本까지 합해도 아직 缺卷이 있다. 권1에는 訓民正音諺解가 실려 있는데 그 초간본이 전한다.(西江大學校 소장) 전에는 모두 24권인 것으로 추정되었으나 최근 권25가 발견되었다.

(順天大學校 소장)

　刊經都監에서 간행된 최초의 불경 언해는 楞嚴經諺解(10권)였다. 이 책은 본래 활자본으로 간행되고(1461) 이듬해 목판본으로 간행되었다. 이 뒤를 이어 法華經諺解(7권, 1463), 金剛經諺解(1권, 1464), 禪宗永嘉集諺解(1464), 阿彌陀經諺解(1권, 1464), 般若心經諺解(1464), 圓覺經諺解(12권, 1465), 牧牛子修心訣諺解(1권, 1467) 등이 간행되었다. 이들의 초간본은 매우 드물며 중인본 복각본 등이 여럿 전한다. 五臺山 上院寺 重創 勸善文(1464)은 짤막하지만 筆寫 자료라는 특이성을 지니고 있다.(月精寺 소장) 世祖 때에 간행된 정음 문헌으로 불교와 전혀 관계 없는 것으로는 救急方諺解(2권, 1466?)가 있다. 지금 전하는 것은 그 복각본이다.(日本 蓬左文庫) 이것은 醫藥書 언해 중 가장 오랜 것이다.

　成宗 때에 간행된 문헌은 다음과 같다. 蒙山和尙法語略錄諺解(1권)는 성종 3년(1472)에 간행되었으나 그 표기법이 매우 보수적인 것이 특징이다.(李謙魯, 沈載完 소장) 그리고 金剛經三家解(5권)와 永嘉大師證道歌南明泉禪師繼頌諺解(南明集諺解)(2권)가 성종 13년(1482)에 간행되었다.(가람문고) 佛頂心經諺解(3권)와 靈驗略抄(1권)는 성종 16년(1485)에 간행된 것으로, 東國正韻의 한자음 표기를 보여 주는 최후의 불경 언해라는 점에서 주목된다.(서울대학교 소장) 성종 6년(1475)에 仁粹大妃가 부녀 교육을 위해 편찬한 內訓(3권)이 간행되었다. 현재 전하는 것으로는 선조 6년(1573)의 중간본이 가장 오랜데(日本 蓬左文庫 소장) 성종 때의 초간본에 변개가 가해진 흔적이 있다. 三綱行實圖의 언해는 훈민정음 창제 당초에 논의되었으나 그것이 처음 간행된 것은 성종 12년(1481)인 듯하다.(成宗實錄 기타) 'ㅸ', 'ㆆ' 등이 나타나는 그 표기법의 보수성으로 보아 언해는 이보다 앞서 이루어졌을 가능성이 엿보인다. 오늘날 초간본은 전하지 않는다.(현존 이본들 중

에서는 성암문고 소장본이 가장 오랜 것으로 추정된다.) 分類杜工部詩諺解(杜詩諺解)(25권)는 성종 12년에 완성되었는데, 현재 초간본은 모두 합해도 완질이 되기 어려울 듯하다.(1, 2, 4, 5, 13의 5권이 아직 보이지 않는다. 지금까지 알려진 바로는 李謙魯 소장본이 가장 많다.) 杜詩諺解는 唐나라 시인 杜甫의 시를 언해한 것으로 언해 문학의 白眉일 뿐만 아니라 국어 자료로도 양으로 보나 질로 보나 매우 소중한 것이다. 救急簡易方(8권 1489)은 위에 말한 救急方諺解의 뒤를 이은 의약서인데, 현재 전하는 것은 중간본 몇 권뿐이다. 姜希孟이 衿陽(지금 始興)에 은퇴하여 농사에 관하여 적은 衿陽雜錄이 성종 23년(1492)에 간행되었다.(日本 內閣文庫 소장) 같은 해에 간행된 伊路波(1권)는 15세기 司譯院에서 간행된 譯學書 중 유일한 현존본으로 매우 진귀한 것이다.(日本 香川大學 소장) 이 책은 倭學書의 하나로 일본 문자에 정음 문자로 표음한 것인데, 일본어의 음운사 연구에도 소중한 자료가 된다.

연산군 때의 문헌으로는 六祖法寶壇經諺解(3권)와 施食勸供(眞言勸供・三壇施食文)이 대표적이다. 둘 다 연산군 2년(1496)에 간행된 것으로, 한자음 표기에 있어 東國正韻의 것을 택하지 않고 현실음을 위주로 한 새로운 것을 택한 점에서 획기적이라고 할 수 있다.(시식권공과 육조법보단경 卷上은 一簑文庫, 卷中은 李東林 소장)

종래 15세기 문헌에 대한 관심에 비하여 16세기 문헌에 대한 관심은 매우 적었으나 최근에 와서 이 관심이 커졌다. 특히 중종과 선조 양대에는 적지 않은 문헌들이 간행되었는데 이들의 존재가 최근에 와서 거의 다 확인된 것은 다행한 일이다. 그러나 상당수가 국내에는 없고 일본에만 전하는데, 이들은 임진란 때 일본으로 건너간 것으로 생각된다. 16세기 자료는 중세국어에서 근대국어로 넘어오는 과도기에 대한 자세한 연구를 가능케 하는 점에 큰 중요성이 있다고 하겠다.

중종 때에 간행된 책으로는 續三綱行實圖(1514), 二倫行實圖(1518), 飜譯小學(1518), 呂氏鄕約諺解(1518), 正俗諺解(1518), 簡易辟瘟方(1525), 牛馬羊猪染疫治療方(1541), 分門瘟疫易解方(1542) 등과 崔世珍이 지은 여러 책들이 있다. 續三綱行實圖(1권)는 성종 때의 三綱行實圖의 규식을 본받아 편찬한 것으로 'ㅸ', 'ㆆ'까지 보여 주는 특이한 책이다. 초간본은 전하지 않는 듯하다. (현존 이본들 중에서는 가람문고본이 가장 오랜 것으로 추정된다.) 二倫行實圖는 長幼, 朋友에 관하여 뛰어난 행실들을 글과 그림으로 보인 책인데 그 초간본이 전한다.(경상북도 월성군 玉山書院 소장) 飜譯小學(10권)은 현재 5권만이 전하는데(권6·7·8 고려대학교, 권9 가람문고, 권10 국립중앙도서관) 모두 중간본인 듯하다. 呂氏鄕約諺解(1권)와 正俗諺解(1권)는 같은 마을 사람들이 서로 도우며 사는 규약과 바른 풍습을 지키는 데 관하여 쓴 중국 책을 번역하여 金安國이 경상도에서 간행한 것인데 일본(동경의 尊經閣文庫)과 우리 나라(李源國 소장)에 선본이 전한다. 簡易辟瘟方과 分門瘟疫易解方은 염병을 치료하는 방법을 가르치기 위하여 낸 책이요 牛馬羊猪染疫治療方은 가축의 병을 치료하는 방문을 적은 책이다. 이들의 초간본은 보이지 않고 중간본들을 통하여 그 내용을 알 수 있다.

當代의 漢學(中國語學)의 大家였던 崔世珍은 전래의 한학서인 老乞大와 朴通事를 언해하였으나 飜譯老乞大 全帙(卷上, 卷下)과 飜譯朴通事 卷上이 전한다. 그리고 이 두 책에 나타난 중요한 단어 및 어구에 대해서 주해한 것으로 老朴集覽이 전한다.(東國大學校 소장) 위의 책들은 간행한 해가 확실치 않으나 16세기의 10년대의 것으로 믿어진다. 최세진의 四聲通解(2권, 1517)는 신숙주의 四聲通攷를 개찬한 것으로 한글에 의한 중국음 표기를 보여 주는 점에서 洪武正韻譯訓과 함께 중요하며 국어 단어도 460 남짓 실려 있다. 초간본인 활자본이 있었으나(宋錫夏 소장) 어디에 있는지 확실치 않으며 임진란 직후의 중간본이 전한다.(奎章閣, 一簑文庫) 최세진이 편찬한 訓蒙字會(3권)는 한자 3360에 釋, 音, 註를 단 한자 초학서로서 종래 임진란 뒤의 중간본밖에 볼 수 없었으나, 초간본을 포함하여 임진 전판들을 볼 수 있게 되었다. 초간본(활자본)과 이것이 간행된 뒤에 곧 이루어진 것으로 보이는 개찬본(목판본)이 일본에 전한다.(滋賀縣 叡山文庫 및 東京大學 中央圖書館 소장)

선조 때에 간행된 책으로 현재 이용할 수 있는 것은 다음과 같다. 七大萬法(1권, 1569)은 "慶尙道豊基地 小白山池叱方寺 開板"으로 그곳 방언을 부분적으로 반영하고 있음을 특징으로 한다. 西山大師의 禪家龜鑑은 명종 19년(1564)에 완성되었는데 언해는 선조 2년(1569) 普賢寺에서 간행되었다.(李基文 소장) 임진란 이전에 간행된 千字文 二種이 日本에 전한다. 하나는 선조 8년(1575)에 光州에서 간행된 것이다. 권말에 "萬曆三年月日 光州刊上"이란 刊記가 있다.(東京大學 小倉文庫) 이 책은 한자의 새김이 매우 보수적인 것이 특징이다. 다른 하나는 세칭 石峯千字文으로 선조 16년(1583)에 간행되었다.(日本 內閣文庫) 이 책은 국내에서 흔히 볼 수 있는 甲戌 重刊本(1754?)과는 많은 차이를 보여 준다. 柳希春이 편찬한 新增類合(2권, 1576)은 3000의 한자에 새김과 음을 단 책이다. 그 선본이 국내와 일본에 전한다.(金東旭, 東洋文庫 소장) 野雲自警, 發心修行章, 誡初心學人文에는 1577년과 1582년의 二種의 간본이 전한다. 하나는 刊記가 "萬曆五年丁丑夏 全羅道順天地 曹溪山松廣寺 留板"이라 되어 있고(一簑文庫 소장) 또 하나는 "萬曆十年癸未八月日 京畿龍仁光敎山瑞峯寺開"라 되어 있다. (日本 小倉文庫 소장)

校正廳에서 편찬 간행한 小學과 四書의 언해는 중세어의 마지막 모습을 보여주는 자료로서 주목된다.(모두 陶山書院 소장) 맨 먼저 완성된 것이 小學諺解(6권, 1588). 이에는 "萬曆十六年正月日"의 內賜記가 있다. 그 跋文에 지적한 바와 같이, 飜譯小學은 意譯에 흘렀음에 대하여 이 책은 直譯의 태도를 취한 점이 흥미깊다. 그리고 大學諺解(1권), 中庸諺解(1권), 論語諺解(4권), 孟子諺解(14권)는 발문이나 간기가 없으나 "萬曆十八年七月日"의 內賜記가 있어 1590년에 간행한 것으로 추정된다. 한편 孝經諺解(1권, 1590)가 일본에 전한다.(尊經閣文庫) "萬曆十八年 九月日"의 內賜記가 있다. 이 책은 校正廳에서 간행된 것은 아니지만 위에 말한 校正廳本들과 현저한 동질성을 띠고 있다.

第二節 訓民正音 體系

訓民正音 창제의 이론적 기초는 한 음절을 初聲, 中聲, 終聲으로 三分하고 초성과 종성의 동일성을 확인한 데 있었다. (이것은 한 음절을 聲母와 韻母로 二分하는 중국 음운학의 전통적 방법을 근본적으로 변혁시킨 것이었다.) 초성과 중성을 위해서 문자들을 만들고 종성은 "終聲復用初聲"이라 하여 따로 문자를 만들지 않은 것은 이러한 이론으로부터의 당연한 결과였다. 훈민정음은 국어의 전면적 표기를 위하여 제작되었다. 어떤 언어의 문자화는 그 고유 요소와 함께 외래 요소도 표기하지 않으면 안 된다. 국어에서 외래 요소는 주로 한자어였으므로, 훈민정음 체계는 순수한 국어 단어와 한자음의 표기를 아울러 고려에 넣어야 했던 것이다. 이 한자음의 표기를 위하여 마련한 것이 東國正韻이었다.(136면 참조) 외래 요소의 표기는 그 원음에 충실한 것이 아니라 동화된 대로 하는 것이 온당한데 東國正韻의 한자음 표기는 그렇지 못했던 것이다. 여기에 이 표기가 오래 계속되지 못하고 성종 때에 폐지되고 만 이유가 있는 것이다.

1. 初 聲

訓民正音 解例 初聲解 첫머리에 "正音初聲卽韻書之字母也"라 있다. 이것은 정음의 초성 체계가 중국 음운학의 자모 체계와 관련되어 있음을 단적으로 나타낸 것이다. 구체적으로는 "牙音 舌音 脣音 齒音 喉音 半舌音 半齒音" 또는 "全淸 次淸 全濁 不淸不濁"과 같은 술어의 사용이 이것을 증명하는 것이다. 訓民正音의 17 초성체계와 東國正韻의 23 字母體系의 차이는 전탁 표기를 위한 병서에 있었으니 근본적으로는 동일한 것이라고 할 수 있다.

	牙音	舌音	脣音	齒音		喉音		半舌音	半齒音
全 淸	ㄱ君	ㄷ斗	ㅂ彆	ㅈ卽	ㅅ戌	ㆆ挹			
次 淸	ㅋ快	ㅌ呑	ㅍ漂	ㅊ侵		ㅎ虛			
全 濁	ㄲ虯	ㄸ覃	ㅃ步	ㅉ慈	ㅆ邪	ㆅ洪			
不淸不濁	ㆁ業	ㄴ那	ㅁ彌			ㅇ欲		ㄹ閭	ㅿ穰

解例 制字解의 설명에 의하면 초성 중 기본자는 그것이 나타내는 음소를 調音하는 데 관여하는 발음기관의 모양을 본떴다고 한다. (牙音ㄱ 象舌根閉喉之形, 舌音ㄴ 象舌附上腭之形, 脣音ㅁ 象口形, 齒音ㅅ 象齒形, 喉音ㅇ 象喉形) 설음 순음 후음에서 불청불탁으로 기본 문자들을 삼은 이유는 그 소리가 가장 약하기 때문이라고 하였다. 치음에서 'ㅅ'과 'ㅈ'은 비록 둘 다 전청이지만 'ㅅ'이 'ㅈ'에 대하여 그 소리가 약하기 때문에 기본자로 삼았다는 것이다. 다만 아음에서 불청불탁을 기본자로 삼지 않은 것은 그 소리가 후음의 'ㅇ'과 비슷하기 때문이라고 하였다. 여타의 초성자들은 이들 기본자에 加畫함으로써(ㅋ比ㄱ聲出稍厲故加畫 ㄴ而ㄷ ㄷ而ㅌ ㅁ而ㅂ ㅂ而ㅍ ㅅ而ㅈ ㅈ而ㅊ ㅇ而ㆆ ㆆ而ㅎ 其因聲加畫之義皆同) 또는 약간의 異體를 형성함으로써

(而唯ㅇ為異 半舌音ㄹ 半齒音△ 亦象舌齒之形而異其體 無加畫之義焉)
만들어졌다.

초성 중에서 유독 'ㆆ'이 解例 用字例에서 제외되었음은 주목할 만한 사실이다. 이것은 이 문자가 東國正韻의 한자음 표기를 위하여 마련된 것이기 때문이었다. 한자음 이외의 표기에 사용된 'ㆆ'의 예는 세종·세조대 문헌에 다음의 두 경우에 국한되어 있었다. 동명사 어미의 표기에서 볼 수 있다. 홇 것, 건너싫 제 등. (그러나 이들은 또 '홀 것', '건너실 제'와 같이 표기되기도 하였다.) 그리고 다음 두 책에서 사이시옷 대신 쓰인 일도 있다. 龍飛御天歌 先考ㆆ뜯, 訓民正音諺解 快ㆆ字, 那ㆆ字 등.

한편 'ㆁ'은 15세기 중엽의 문헌들에서는 초성으로 자주 쓰였으나 그 예가 점차 줄어 16세기 초엽에는 겨우 몇 예가 보이다가 아주 없어지고 말았다. 그 결과, 'ㆁ'은 종성에만 쓰이는 문자가 되었다.

둘 또는 세 문자를 좌우로 결합하는 방법을 並書라 하였는데 여기에는 동일 문자를 결합하는 各自並書와 서로 다른 문자를 결합하는 合用並書가 있었다. 초성 각자병서에는 "ㄲ ㄸ ㅃ ㅉ ㅆ ㆅ" 등이 있었다. 이들은 전탁을 나타낸 것인데, 모두 전청을 병서하였고 다만 'ㆅ'만이 차청을 병서하였다. (唯喉音次淸爲全濁者 盖以ㆆ聲深不爲之凝 ㅎ比ㆆ聲淺 故凝而爲全濁也) 이들 각자병서는 주로 한자음 표기(東國正韻)에 사용되었다. 이 밖의 용례를 보면 'ㄲ ㄸ ㅃ ㅉ'는 매우 한정되어 있었다. '마쯔비' 등의 예가 있기는 하지만(140면 참조), 동명사 어미 '-ㄹ' 밑에 사용된 것이 대부분이었다. 아ᅀᆞ 볼까(용비어천가 43장), 수물 꿈기(월인석보 2.51), 볼띠니(월인석보 8.38) 등. 그러나 'ㅆ, ㆅ'는 순수한 국어 단어의 어두음 표기에 사용되었고 'ㅇㅇ'는 어중음 표기에 사용되었다. 解例 合字解에 "各自並書 如諺語·혀爲舌而·쪄爲引 괴·여爲我愛人而괴·ᅇᅧ爲人愛我 소·다爲覆物而쏘·다爲射之之類"

라 있다. 위에 든 것들 외에 매우 드문 예로 'ㄶ'(훈민정음언해 '다ᄂᆞ니라')이 나타난다. 그런데 각자병서는 圓覺經諺解로부터 전면적으로 폐지되었다. 그리하여 'ㅆ-'(書), 'ㅆㅗ-'(射), 'ㆅ-'(引)도 각각 'ㅅ-', 'ㅅㅗ-', 'ㅎ-'로 표기되기에 이르렀다. 즉 어두에 있어서의 평음과 된소리의 대립이 표기상 무시되는 결과를 낳은 것이다. 이 불합리가 시정되어 16세기에 들어 어두음 표기의 'ㅆ'는 다시 부활되었으나 'ㆅ'는 그렇지 못했다.('ㆅ'에 대해서는 139~40면 참조)

초성 합용병서에 대해서는 解例 合字解에 "初聲二字三字合用並書 如諺語ᄯᅡ爲地 ᄡᅡㄱ爲隻 ᄡᅳㅁ爲隙之類"라 하였다. 15세기 문헌에서 용례들을 찾아보면 'ㅅㄱ ㅅㄷ ㅅㅂ, ㅂㄷ ㅂㅅ ㅂㅈ ㅂㅌ, ㅂㅅㄱ ㅂㅅㄷ' 등이 자주 나타난다. 이밖에 매우 드문 예로 'ㅅㄴ'("ᄯᅡ히소리 갓나히 소리" 석보상절 19.14, "ᄯᅡ히 香 갓나히 香" 석보상절 19.17)이 있고 女眞語 표기에 'ㅊㅕ'("닌쵞시 紉出闕失 용비어천가 7.23)이 보인다.

초성에는 병서 외에 連書라 하여 두 문자를 위아래로 결합하는 방법이 있었다. 훈민정음 본문에 "ㅇ連書脣音之下 則爲脣輕音"이라 하였고 해례 제자해에서 이것을 설명하여 "ㅇ連書脣音之下 則爲脣輕音者 以輕音脣乍合而喉聲多也"라 하였다. 이 방법으로 만들어진 것에 'ㅁㅇ ㅂㅇ ㅍㅇ ㅃㅇ' 등이 있었는데 'ㅂㅇ'만이 순수한 국어 단어의 표기에 사용되었고, 그 밖의 것은 주로 중국음 표기(洪武正韻譯訓 등)에서 사용되었다.

2. 中 聲

훈민정음의 중성은 중국 음운학에 그 對當이 없는 것이어서 독자적으로 만들어질 수밖에 없었다. 解例 中聲解의 첫머리에 "中聲者 居字韻之中 合初終而成音"이라 있음이 初聲解 첫머리의 기술과 대조적이다. 따라서 여기에 사용된 술어들도 중국 음운학에서는 볼 수 없는 것들이었다. 解例 制字解에 의하면 중성의 세 기본자는 天, 地, 人 三才의 모양을 본떴다고 한다. (‧舌縮而聲深 天開於子也 形之圓 象乎天也 ―舌小縮而聲不深不淺 地闢於丑也 形之平 象乎地也 ㅣ舌不縮而聲淺 人生於寅也 形之立 象乎人也)

	舌	聲	象形
‧	縮	深	天
―	小縮	不深不淺	地
ㅣ	不縮	淺	人

여타의 중성자들은 이 기본자들의 합성으로 이루어졌다. (ㅗ與‧同而口蹙 其形則‧與―合而成 取天地初交之義也 ㅏ與‧同而口張 其形則ㅣ與‧合而成 取天地之用發於事物待人而成也 ㅜ與―同而口蹙 其形則―與‧合而成 亦取天地初交之義也 ㅓ與―同而口張 其形則‧與ㅣ合而成 亦取天地之用發於事物待人而成也 ㅛ與ㅗ同而起於ㅣ ㅑ與ㅏ同而起於ㅣ ㅠ與ㅜ同而起於ㅣ ㅕ與ㅓ同而起於ㅣ) 이 합성에 있어 'ㅗ'와 'ㅜ', 'ㅏ'와 'ㅓ' 등의 자형상의 대립이 주목되는데 이것은 'ㅗ'와 'ㅏ'는 "陽"이요 'ㅜ'와 'ㅓ'는 "陰"이기 때문이었다. (ㅗㅏㅛㅑ之圓居上與外者 以其出於天而爲陽也 ㅜㅓㅠㅕ之圓居下與內者 以其出於地而爲陰也) 이러한 설명들은 당시의 학자들이 국어의 母音調和 체계를 제자에 반영했음을 보여 준다.

3. 終 聲

훈민정음 本文은 "終聲復用初聲"이라고 하였지만 解例 終聲解는 종성을 사실상 8자 체계로 규정하였다. 즉 "ㄱㅇㄷㄴㅂㅁㅅㄹ 八字可足用也"라 하여 이밖의 초성은 종성으로 쓸 필요가 없음을 지적하였다. 이것을 설명하여 "如빗곶爲梨花 엿의갗爲狐皮 而ㅅ字可以通用 故只用ㅅ字"라고 한 것은 주목할 만하다. 이 설명에 나오는 '빗곶'이나 '엿의갗'은 당시의 학자들이 현대 정서법이 채택한 형태음소적 원리(237면 참조)를 이해하고 있었음을 시사하고 있으며, 그러면서도 이들을 '빗곳'이나 '엿의갓'으로 쓰도록 규정한 것은 그들이 실용의 편의를 위해 음소적 원리를 택했음을 말해 주는 것이다. 실제로 15·16세기의 문헌들을 조사해 보면 이 종성의 통칙은 龍飛御天歌(곶, 깊고, 높고, 좇거늘, 닢, 빛 등)와 月印千江之曲(곶, 낱, 붚, 놓, 앒, 높고, 맞나 등)에 예외가 있을 뿐, 모든 문헌에서 지켜졌음을 본다. 다만 'ㅿ'이 특수한 경우에 종성으로 자주 표기되었는데, 이에 대해서는 뒤에 설명하게 될 것이다.(148면) 그러나 16세기에는 음운 변화로 이 'ㅿ'이 다음 음절의 초성이 되었으므로 이러한 예외도 자연히 없어지게 되었다.

종성 合用並書에 대해서는 解例 合字解에 "終聲二字三字合用 如諺語ᄒᆞᆰ爲土 낛爲釣 ᄃᆞᆲᄢᅢ爲酉時之類"라 하였다. 사이시옷을 제외하면 문헌에 나타나는 종성 합용병서는 'ㄳ, ㄵ, ㄺ, ㄻ, ㄼ, ㅀ'뿐이다.

4. 合 字

훈민정음 체계의 가장 큰 특징의 하나는 초성 중성 종성이 음절을 표시하는 결합체를 형성한 점이다. 解例 合字解는 "初中終三聲合而成字"라 하고 合字의 세부 규칙을 말하였다.

이리하여 훈민정음 체계는 음소와 음절에의 이중적인 대응 관계를 수립했던 것이다. 이것은 음절을 지극히 중요시한 당시의 음운 이론을 반영한 것이다.

5. 傍 點

훈민정음 체계에 있어 방점은 중세어의 聲調를 표기한 것이다. 이처럼 성조까지 표기한 것은 중국 음운학에서 성조가 중시된 것과 관련이 있을 것이다. 훈민정음의 本文이나 解例에서 사용된 술어들(平聲, 上聲, 去聲, 入聲)이 이 사실을 명시해 준다. 그러나 중국어의 四聲 체계를 그대로 받아들이지는 않았고 국어의 성조 체계를 정확히 파악하여 그에 적합한 표기를 마련했던 것이다. 즉 15세기의 국어에는 低調(平聲)와 高調(去聲) 그리고 이들의 並置(上聲)가 있었는데 이것을 각각 無點, 一點, 二點으로 표기하도록 한 것이었다. 훈민정음 본문에 "左加一點則去聲 二則上聲 無則平聲 入聲加點同而促急"이라 하였고 해례 합자해에 "諺語平上去入 如활爲弓而其聲平 :돌爲石而其聲上 ·갈爲刀而其聲去 붇爲筆而其聲入之類 凡字之左 加一點爲去聲 二點爲上聲 無點爲平聲 而文之入聲與去聲相似 諺之入聲無定 或似平聲 如긷爲柱 녑爲脅 或似上聲 如:낟爲穀 :깁爲繒 或似去聲 如·몯爲釘 ·입爲口之類 其加點則與平上去同"이라고 좀더 자세히 설명하였다.

第三節 15世紀 正書法의 原理

어떤 언어의 文字化에 있어서 문자 체계 자체도 중요하지만 그것으로 그 언어를 표기하는 규칙들 즉 正書法의 수립 또한 못지 않게 중요하다. 15세기의 문헌들을 보면 그 당시에 매우 엄격한 정서법이 수립되어 있었음을 알 수 있다. 위에서 종성 체계를 논하면서, 15세기 정서법의 원리에 언급하였지만, 그 일차적 원리는 한마디로 音素的이라고 할 수 있다. 즉 각 음소를 충실히 표기하는 것을 원칙으로 하였었다. 그리하여 모든 형태음소론적 교체가 표기상에 반영되었던 것이다. 가령 '값'(價)의 곡용형은 '갑시, 갑도'로, '깊-'(深)의 활용형은 '기프니, 깁고' 등으로 표기되었다. 그러나 15세기 정서법은 다음과 같은 자음 동화는 반영하지 않았다. 가령 '믿는'(信)은 '민는'으로 표기하지 않았다. 이것은 당시의 언어에 이런 同化가 없었기 때문이 아니었다. 15세기 문헌에 있어서의 '걷너-, 건너-', '듣니-, 든니-'의 공존은 이런 동화가 당시에 존재했음을 증명한다.

　15세기 정서법의 이차적 원리는 "音節的"이라고 할 수 있다. 즉 이 정서법에서는 각음절이 충실히 표시되었던 것이다. 가령 '사룸'(人)의 곡용형은 '사ᄅ미, 사ᄅ몰'로, '먹-'(食)의 활용형은 '먹고, 머그니'로 표기되었다. 현대 정서법은 '사람이', '먹으니'라고 씀으로써 이 원리를 무시하고 있다. 15세기 정서법이 보여 주는 다음과 같은 혼동은 음절 경계의 문제와 관련하여 주목된다. 첫째, 종성의 'ㅅ'은 다음 음절의 첫 음이 'ㄱ ㄷ ㅂ ㅅ' 등일 때(즉 초성 합용병서가 가능한 경우)에 한해서 내려 쓰는 수가 있다. 예. 닷가, 다ᄭᅡ(修). 어엿브-, 어여ᄡᅳ-(憫) 등. 둘째, 'ㅇ'은 '바올'과 같이 초성으로 쓰이는 것이 훈민정음 창제 당년의 원칙이었으나 곧 '방올'이 더욱 일반화되었다.

　훈민정음의 모든 문자는 그 음가대로 사용되는 것이 원칙이었다. 이 원칙에 대한 유일한 예외가 'ㅅ'이었다. 이것은 소위 "사이시옷"으로 사용되었던 것이다. 이것은 속격 어미로서 그 음운론적 특징은 선행어의 말음을 내파화하고 후행어의 두음을 된소리화하는 것이었다. 그리하여 龍飛御天歌와 訓民正音諺解에서는 매우 특수한 표기법을 마련한 일이 있었다. 즉 이 두 책에는 (주로 한자어의 경우) 선행어의 말음이 불청불탁인 경우 그것과 같은 위치(牙 舌 唇 喉)의 전청자로써 표기하는 규칙이 있었던 것이다. 穰ᅀᅣᆼㄱ字ᄍᆞᆼ, 君군ㄷ字ᄍᆞᆼ, 侵침ㅂ字ᄍᆞᆼ, 慈ᄍᆞᆼㆆ字ᄍᆞᆼ 등. 이 두 책에도 이러한 이론적 경향은 일반화되지 못하였으며, 이미 이 두 책에서 가장 많이 쓰인 'ㅅ'이 유일한 표기로 고정되었던 것이다. "사이시옷"이란 이름도 이리하여 형성된 것이었다. 이처럼 'ㅅ'이 선택된 이유는 자세치 않으나 鄕札 표기에서 이 속격 어미가 '叱'로 표기된 데서 유래하는 것이 아닌가 한다. 이러한 'ㅅ'의 용법이 "된시옷"으로까지 확대되었던 것으로 믿어진다.

사이시옷은 종성으로 표기되는 것이 원칙이었다. 이미 종성이 있는 경우에는 그것과 병서된다. '됬빼'(酉時) 등 참고. 그러나 선행어가 한자로 표기된 경우에는 부득이 따로 쓰였다. 이것은 解例 合字解에 "文與諺雜用則 有因字音而補以中終聲者 如孔子ㅣ魯ㅅ사룸之類"라는 규정에 의한 것이었다.

第四節 漢字音 表記法

후기 중세 문헌의 한자음 표기법에는 크게 두 가지가 있었다. 첫째는 東國正韻의 표기법이었다. 이 책에 대해서는 이미 말한 바 있거니와, 그 韻書로서의 특징은 91韻, 23字母에 있었다. 이 체계는 우리 나라의 실제 한자음(東音)의 그것이 아니었으니 가령 자모에서 全濁(ㄲㄸㅃㅆㅉㆅ)과 影母(ㆆ), 疑母(ㆁ) 등을 재구했던 것이다. 예. 虯뀽, 覃땀, 步뽕, 慈쭝, 洪뽕, 挹흡, 業업 등. 그러나 그 재구는 완전히 중국 운서의 체계에 돌아간 것은 아니요, 이것과 東音의 현실 체계와의 타협안이었다.

이처럼 東國正韻의 한자음 표기법은 비현실적인 것이었으므로 오래 가지 못하였다. 세조 때에는 모든 문헌에서 사용되었으나, 성종 때에 와서 일부 불경 언해에 사용되고 폐지되고 말았다.

둘째 표기법은 東音을 기초로 한 것이었다. 訓蒙字會에 보이는 初學字會(세조 4년 편찬)의 인용이 이 표기법으로 된 것으로 보아 이 표기법은 세조 때에 거슬러 올라가는 것으로 생각되나, 언해 문헌에 전반적으로 채택된 것은 연산군 때의 일이었다. 六祖法寶壇經諺解와 施食勸供諺解가 대표적인 것이다. 16세기의 모든 문헌의 한자음은 이 표기법으로 되어 있는데 訓蒙字會는 이 표기법의 좋은 편람이라고 할 수 있다.

第五節 音 韻

훈민정음 체계는 당시의 국어에 대한 훌륭한 음운 분석의 소산이었으므로 당시의 음운체계를 잘 반영하고 있다. 그러나 모든 문자체계가 그렇듯이 훈민정음 체계도 완전무결했다고 하기는 어렵다. 그리하여 국어의 어떤 사실이 정확하게 표기되지 못했을 가능성이 있는 것이다. 그리고 훈민정음 체계는 東國正韻의 한자음 표기도 아울러 고려하여 만들어진 것인데, 東國正韻의 한자음이 현실음이 아닌 사실에서, 사실상 국어 표기에는 필요 없는 문자가 포함되어 있었을 가능성이 있는 것이다.

1. 子音 體系

훈민정음의 초성체계에 의해서 후기 중세어에 있어서의 평음 'ㅂ ㄷ ㄱ ㅈ'과 유기음 'ㅍ ㅌ ㅊ ㅋ'의 양계열의 존재는 쉽게 확인된다. 그런데 어휘에 있어서 유기음의 출현은, 특히 어두에 있어서는, 평음의 그것과는 비교도 안 될 만큼 적었다.(가장 적은 것이 'ㅋ'이요 다음이 'ㅍ'이었다.) 이미 15세기에 '볼'(臂)이 '풀'로 변했으며, 16세기 후반에 와서 '곻'(鼻)가 '코'로, '갏'(刀)이 '칼'로 변한 예들이 있어 어두 유기음이 다소 늘었다고 하나, 평음과의 불균형은 여전하였다. 어중에 있어서 'ㅎ'과 평음이 합하면 유기음이 되는 것은 현대어에 있어서와 마찬가지였다. 특히 'ᄒᆞ다'가 '타'로, 'ᄒᆞ긔, ᄒᆞ게, ᄒᆞ고' 등이 '킈, 케, 코' 등으로 축약된 예들이 많았다. 예. 그리타이다, 光明이 오ᄂᆞᆯ날 現탓마리라, 便安킈, 利益게코져 ᄒᆞ야, 등.

훈민정음의 초성체계는 후기 중세어에 있어서의 된소리 계열의 존재에 대하여 적지 않은 문제를 제기해 준다. 東國正韻序에 "我國語音其淸濁之辨與中國無異 而於字音獨無濁聲 豈有此理"라 있다. 국어음에는 "濁聲"이 있는데 한자음에는 그것이 없음을 지적한 것이다. 이 "濁聲"은 곧 된소리라고 해석함으로써만 이 글은 올바로 이해된다. (이것은 우리 나라 한자음에 된소리가 없었음을 증언한 것이다.) 濁聲을 곧 된소리로 생각했다면, 훈민정음 체계에서 탁성은 各自並書로 표기하였으니 된소리는 당연히 各自並書로 표기했을 것이다. 그런데 이미 위에서 본 바와 같이(130~1면), 'ㄲ ㄸ ㅃ ㅉ' 등은 주로 동명사 어미 '-ㄹ' 밑에서만 사용되었으며 'ㅆ ㆅ'만이 어두음 표기에 사용되었던 것이다. 된소리의 존재는 어두나 어중 위치에서 평음이나 유기음과 분명히 대립됨으로써 확인되는 것으로 위의 표기 사실은 15세기 중엽에는 마찰음의 된소리밖에 없었다는 결론에 도달하게 한다. 그러나 여기서 주목되는 것이 合用並書 'ㅅㄱ ㅅㄷ ㅅㅂ' 등이다. 이들의 'ㅅ'은 예로부터 "된시옷"이란 이름으로 불리어 왔는데 이 이름이 언제쯤 생긴 것인지 기록이 없어 알 수 없으나 15세기 중엽에 이것은 이미 사실상 "된시옷"이었던 것으로 믿어진다. 이렇게 믿어지는 근거는 다음과 같다. 첫째, 위에서 지적한 바와 같이(135면), 훈민정음의 여러 문자 중에서 유독 'ㅅ'은 그 音價에 구애되지 않고 "사이시옷"으로 사용되었다. 이 사이시옷은 된소리와 깊은 관련이 있는 것이다. 둘째, 15세기 중엽의 표기법에 있어서는 모든 받침은 다음 음절의 두음이 모음일 때는 내려 썼는데 유독 'ㅅ'만은 예외일 수 있었다. 그것은 다음 음절의 초성이 'ㄱ ㄷ ㅂ ㅅ' 등일 때(즉 초성 합용병서가 가능한 때)에도 내려 쓸 수가 있었던 것이다.(135면 참조) 사이시옷 역시 마찬가지였다. 15세기 문헌에서 후치사 'ᄀ장', '긔'는 거의 언제나 'ㅅ장', 'ㅅ긔'로 표기되었다. 이런 예외가 허용되었다는 사실은 단적으로 'ㅅㅣ ㅅㅐ ㅅㄷ' 등이 된소리의 표기였음을 입증해 준다. 셋째, 표기상의 'ㅆ'은 기원적으로 보면 전탁 표기와, 사이시옷과 후행어의 초성 'ㅅ'이 합한 것(훈민정음언해 '니쏘리' 등)이 있었는데 비록 기원은 다르더라도 이들이 동일한 발음 즉 된소리였다고 보지 않고는 원만한 해결을 얻을 수 없다. 넷째, 각자병서는 된소리를 나타내는 것이었는데 이것은 원각경언해 이후에는 자취를 감추고 말았다.(131면 참조) 이것은 국어에 된소리가 없어졌기 때문이 아니고 된소리 표기가 단일화된 데 기인한 것이라고 본다. 다섯째, 15세기 중엽에는 '그ᅀ-'(牽)였던 어간이 법화경언해(7.91)와 두시언해(8.66)에서 'ᅅᅳ-'로 나타나며 그 전의 문헌에서는 '딯-'(擣, 搗)로 나타나던 어간이 구급간이방(1.10, 14, 17)에서는 'ᄧᅵㅎ-'로 나타난다. 격렬성을 띤 동작을 보다 인상적으로 나타내기 위하여 어두음이 된소리화한 예들이다. 이런 경향은 16세기에 오면 더욱 강해진다. 속삼강행실도에 'ᄭᅮ짓-'(叱, 15세기 '구짓-')이 여러 군데 보이며, 훈몽자회에 'ᄲᅳ리-'(撒, 下5, 빟-), 'ᄡᅵㅂ-'(嚼, 下14, 십-) 등, 분문온역이해방에 'ᄭᅳᆶ-'(沸, 긇-), '싸홀-'(剉, 사홀-) 등의 예가 보인다. 된소리 계열이 이렇듯 표현적 가치를 가지게 될 수 있으려면 이미 된소리가 어두에서 확고한 지반을 가지고 있고서야 가능한 일이라고 보아, 어두 된소리는 15세기 후반보다 앞서 나타났다고 보는 것이 온당할 것이다.

위에 말한 된소리 중에서, 'ㅎ'의 된소리 'ㆅ'에 대해서는 다소의 설명이 필요할 듯하다. 이것은 본래 'ᅘᅧ-'(引)라는 동사 어간에만 존재한 것으로 'ᄲᅡᅘᅧ-'(拔), '니르ᅘᅧ-'(起), '도르ᅘᅧ-'(廻), '두르ᅘᅧ-'(廻) 등에도 나타났었다. 그런데 이 'ㆅ'은 원각경언해에서 각자병서의 전반적 폐지로 'ㅎ'로 바뀌고 말았다. 그 뒤 16세기에 'ㅆ' 표기는 부활되었으나 'ㆅ'은 부활되지 못했는데(131면 참조) 이것은 된소리 'ㆅ'가 機能 負擔量이 매우 적었기 때문인 것으로 생각된다. 이 된소리 자체가 없어진 것은 아니었다. 17세기 문헌들에 나타나는 'ㅭ' 표기는 이 때에도 'ㅎ'의 된소리가 있었음을 증언하고 있다.(204면 참조)

한편 'ㅈ'의 된소리가 어두에 존재한 증거는 보이지 않는다. 무엇보다도 초성 합용병서에 'ㅺ'이 없었음이 주목된다. 다만 'ㅉ' 표기가 '마쯤비', '연쭙고', '조쯔와', '눈쯧ㅅ' 등에 나타날 뿐이다.

15세기 문헌에 'ㆀ'이 있었으나 어두에는 없었고 하향 이중모음을 가진 일부 피동(및 사동) 어간에 국한되어 있었다.(130면 참조) 이것은 '괴여', '미예ᄂᆞ니라' 등의 어중의 yy 또는 yi에 나타나는 긴장된 협착을 나타내고자 한 것으로 보인다.

15세기 중엽(훈민정음 창제 당년)에는 유성 마찰음으로 'ㅸ', 'ㅿ', 'ㅇ'이 한 계열을 이루고 있었던 것으로 추정된다. 이들은 매우 제한된 분포를 가지고 있었는데, 모두 유성적 환경에만 나타남을 특징으로 한다. 이들이 조만간 소실되고 만 것은 이러한 偏在로 구조적 압력을 받았기 때문이었다.

먼저 'ㅸ'에 대해서는 解例 制字解에 脣輕音으로 "脣乍合而喉聲多也"라고 설명되어 있다. 이 설명이나 그밖의 여러 증거로 보아 이 음소는 양순 유성마찰음 [β]로 실현되었던 것으로 믿어진다. 그 분포는 모음간, 'ㄹ' 또는 'ㅿ'와 모음 사이였다. 사비(蝦), '글발'(詞), '웃브리'(呵), '웃비' 등. 朝鮮館譯語의 언어는 아직 이 음소의 소실을 보여 주지 않는다. 이 책에는 'ㅸ'가 있었던 것으로 추정되는 단어에 그것을 보여주지 않는 예는 하나도 없다. "月斜 得二吉卜格大"(들 기ᄫᅳᆯ거다), "江心 把刺憂噴得"(바라 가ᄫᆞᆫ딕), "隣舍 以本直"(이붓집), "蝦蟆 洒必格以"(사비 게), "妹 餒必"(누비), "酒 數本"(수볼), "熱酒 得貢數本"(더

볼 수볼), "二 都卜二"(두볼), "瘦 耶必大"(야비다) 등. 그런데 이들 중 정음 문헌에서 'ㅸ'로 표기된 것은 '사비'(蝦)와 '더볼'(熱)뿐이며, 그나마 '사비'는 解例 用字例에 한번 기록되었을 뿐이다. 이것은 훈민정음이 창제된 15세기 중엽이 음소 'ㅸ'가 잔존한 최후의 순간이었기 때문이다. 'ㅸ'는 아미타경언해와 목우자수심결언해에도 나타나기는 하지만, 일반적으로 세조 때의 문헌에는 극히 산발적이므로, 1450년대까지 존속한 것으로 볼 수 있을 듯하다.

'ㅸ'는 일반적으로 w로 변하였다. βa(바)>wa(와), βə(버)>wə(워), βʌ(ᄫᆞ)>wʌ>o(오), βi(브)>wi>u(우). 예. 글발>글왈(文), 더버>더워(署), ᄉᆞ볼>ᄉᆞ올(鄕), 어려본>어려운(難) 등. 다만 'ㅸ|'는 wi 또는 i로 변하였다. 치비>치위(冷), 더비>더위(署), 갓가비>갓가이(近), 거여비>거여이(雄) 등. wi에 대해서는 후술(152~3면) 참조.

'ㅿ'은 解例에서 불청불탁의 半齒音이라고 규정하였다. 즉 중국 字母의 日母에 대당되는 것이었다. 이런 사실들과 후술될 여러 사실들은 'ㅿ'이 [z]로 실현되었음을 추정케 한다. 그 분포는 모음간, 'ㄴ' 또는 'ㅁ'과 모음 사이, 모음과 'ㅸ' 또는 'ㅇ' 사이에 국한되어 있었다. ᄆᆞᅀᆞᆯ(村), 한숨(歎), 몸소(躬), 웃브리(西), ᄀᆞᅀᅢ(剪) 등. (이 종성의 'ㅿ'에 대해서는 下述 참고). 간혹 어두에 표기된 일도 있었는데 주로 擬聲語 및 중국어 차용어에 나타난다. 'ᅀᅥᆯᅀᅥᆯ'(水流貌), 'ᅀᅥᆷᅀᅥᆷ'(陽燄貌), 'ᅀᅭᇂ'(褥) 등.

기원적으로 보면 후기 중세국어의 'ㅿ'에는 크게 두 종류가 있었다. 첫째는 鷄林類事의 시대 이전으로부터 내려오는 것이요, 둘째는 13세기 이후에 s>z의 변화로 나타난 것들이다. 이 변화는 y, 'ㄹ', 'ㄴ', 'ㅁ'과 모음 사이라는 특수한 환경에서만 일어났었다.(110~1면 참조) 그런데 이 변화를 입어서 나타난 '두ᅀᅥ'(數), '한ᅀᆞᆷ'(菫), '한숨'(歎), '프ᅀᅥ리'(草中), '몸소' 등에 대해서는 '두서', '한삼', '한숨', '프서리', '몸소'

등이 15·16세기에 공존했음을 본다. 여기서 주의할 것은, 가령 '두서'
와 '두서'는 고형과 신형이 아니라 서로 다른 방언형이란 사실이다.
즉, '두서'는 위에서 말한 변화('ㄹ'과 모음 사이의 s>z, 그리고 'ㄹ'의
탈락)를 가진 방언(중앙어)에 속한 것이요, '두서'는 'ㄹ'의 탈락밖에
가지지 않은 방언에 속한 것이었다. 이 나중 방언형의 침투로 중앙어
에서 '두서'와 '두서'가 공존하게 되어 생존권을 다투었는데 그 결과는
'두서'의 승리로 돌아갔다. 그러나 '한숨'과 '한숨'을 비롯한 대부분의
경우에는 오히려 '한숨' 등의 승리로 돌아갔던 것이다.

 자음 'ㅿ'의 소실 과정은 15세기 후반에서 16세기 전반에 걸친 것으
로 추정된다. 그것은 먼저 i 앞에서 시작되었다. 두시언해와 구급간이
방에 'ᄉᅀᅵ'(間)와 함께 '소이'(間)가 보인다. 그 뒤 16세기 10년대의 문
헌에는 '소이' 외에 '어버이'(어버ᅀᅵ, 親), '녀름지이'(녀름지ᅀᅵ, 農) 등
이 발견된다. 한편 한자음에서도 i 또는 y 앞에서의 소실예들이 육조
법보단경언해에서 시작하여 그 뒤의 문헌에서 더욱 많아진다. 二 시
이, 日 실 일, 人 신 인 등. 다만 '兒'(ᅀᆞ)는 16세기 전반에 이런 혼기
예가 없었다. 훈몽자회의 검토는 음소 'ㅿ'이 상당히 동요되긴 했으나
아직 분명히 존속했음을 느끼게 한다. 이에 대하여 16세기 후반의 문
헌들은 'ㅿ'이 단순히 擬古的인 표기법에 의한 것임을 느끼게 한다. 석
봉천자문은 'ㅿ'을 하나도 보여 주지 않으며 교정청의 소학언해, 사서
언해에서는 'ᄆᆞᅀᆞᆷ'(心)과 강세의 첨사 'ᅀᅡ'에 겨우 이 문자가 남아 있음
을 본다. 'ㅿ'은 아무리 늦잡아도 16세기 전반까지 존속했다고 결론할
수 있을 것이다.

 'ㅇ'은 문자 그대로 "零"이라는 것이 종래의 통념이었다. 그러나 15
세기의 문헌을 면밀히 검토해 보면 'ㅇ'에 두 종류가 있었음을 깨닫게
된다. 첫째는 어두음이 모음임을 표시하거나 어중에서 두 모음 사이에
사용되어 서로 다른 음절에 속함을 표시하는 소극적인 기능을 가진

것이다. 예. 아옥(葵), 어엿비(憫). 해례 합자해에서 "文與諺雜用 則有 因字音而補以中終聲者 如孔子ㅣ魯ㅅ사룸之類"라 하여 명시한 바와 같이, "孔子ㅣ"에서 'ㅣ'에 'ㅇ'을 하지 않은 것은 이것이 독립된 음절을 이루지 못하기 때문이었다. 둘째는 보다 적극적인 기능을 가진 것이다. 가령 '알-'(知)의 활용형 '알어늘, 알오'는 "*알거늘, *알고' 등으로부터의 변화인데, 15세기 정서법의 규정에 비추어 보아 'ㄹ'로 하여금 종성의 위치에 머물러 있도록 막고 있는 힘은 'ㅇ'이 하나의 자음인 데서 생기는 것이라고 할 수밖에 없다. 한편 15세기에 使動形의 '-오/우-'는 i나 y 뒤에서도 절대로 '-요/유-'로 되는 법이 없다. 예. 뮈우-(動), 메우-(駕) 등. 이것은 가령 의도법의 '-오/우-'가 i나 y 뒤에서는 '-요/유-'로 변하는 것과 대조적이다. 使動形의 'ㅇ'은 하나의 자음 음소였던 것이다. 이 'ㅇ'은 유성 후두마찰음 [ɦ]로 추정할 수 있다. 15세기에 있어서의 그 분포나 역사적 사실도 이런 추정을 지지해 준다. 15세기 국어에서 'ㅇ'은 매우 제한된 분포를 가지고 있었다. y, 'ㄹ' 또는 'ㅿ'과 모음 사이에만 나타난다. '빅애'(梨浦)(용비어천가 3.13), '몰애오개'(沙峴, 용비어천가 9.49), 멀위(葡), ᄀᆞ애(剪), 것위(蚯蚓) 등. 한편 역사적으로 보면, 이 'ㅇ'은 y, 'ㄹ', 'ㅿ'과 모음 사이에서의 "*ㄱ'이 [g]>[ɣ]>[ɦ]의 변화를 입은 결과다. '빅애'와 '몰애오개'의 '애, 오'가 각각 '개, 고'에 소급함은 자명한 일이며 'ᄀᆞ애', '것위' 등이 각각 전기 중세의 "*ᄀᆞ개', "*것귀'에서 변화한 것임은 이미 말한 바요(111면), '몰애', '멀위'도 각각 "*몰개', "*멀귀'로부터 변화한 것들이다. 방언형 [molgɛ], [məlgu] 등 참고. 'ㄹㅇ'에 대해서는 朝鮮館譯語의 표기가 매우 시사적이다. "上梁 直墨勒我根大"(집무ᄅ 올이다.). "上御路 額落我憂"(御路 올아), "馬䩞 得盖"(둘애), "省諭 阿貴"(알외-) 등에서 朝鮮館譯語의 한자 표기와 괄호 속의 정음 문헌의 표기를 비교해 보면 후자의 'ㅇ'에 전자의 '根, 憂, 盖, 貴'의 두음이 대응됨을 알 수 있다. 이들의 두음은 'ㄱ' [g]이라고 할 수 있는데, 朝鮮館譯語가 편찬된 때에는 이보다 더욱 약화된 단계였을 것으로 짐작된다.

'ㆁ'의 소실은 먼저 'ㅿㆁ'에서 일어났다. 15세기의 'ᄀᆞᅀᆡ', '겨ᅀᅱ' 등이 16세기 문헌에 'ᄀᆞ새', '겨쉬' 등으로 나타나는데, 이들은 'ㆁ'의 소실로 'ㅿ'이 제2음절의 두음이 되었음을 보여 준다. 한편 'ㄹㆁ'은 '몰애'(砂), '놀애'(歌) 등 명사에 있어서는 16세기 말까지 변함이 없었으나 용언 활용에 있어서는 'ㄹㄹ'로 변한 예들이 보인다. 즉 16세기 말의 소학언해에 '올라'(登), '올려든'(上), '닐럼즉디'(謂), '달름'(異) 등의 예가 나타남은 주목할 만하다. 이들은 15세기에서는 '올아', '달옴' 등으로 나타났던 것이다.

훈민정음의 초성체계에 대한 이상의 검토를 토대로 후기 중세어, 특히 15세기 중엽의 자음 체계를 재구해 보면, 다음과 같았던 것으로 추정된다.

```
ㅂ ㄷ ㄱ ㅈ ㅅ ㆆ
ㅍ ㅌ ㅋ ㅊ
ㅃ ㄸ ㅺ    ㅆ ㆅ
ㅸ           ㅿ ㆁ
ㅁ ㄴ ㅇ
   ㄹ
```

여기서 파찰음 'ㅈ', 'ㅊ'이 치음 [ts], [tsʰ]인 점을 주의할 필요가 있다. 중세국어는 구개음화가 일어나기 훨씬 이전의 단계라는 사실이 인식되어야 할 것이다. (구개음화에 대해서는 207~9면 참조) 중세국어에서는 '자 저 조 주'와 '쟈 져 죠 쥬', '차 처 초 추'와 '챠 쳐 쵸 츄' 등이 변별되었던 것이다. 예, 장(檣)-쟝(醬), 저(自)-져(筋), 초(醋)-쵸

(燭) 등.

'ㆁ'과 'ㄹ'이 어두에 올 수 없었음은 아마도 고대로부터 현대에 이르기까지 변함이 없는 듯하다. 그리하여 한자어에 있어서도 'ㄹ'은 'ㄴ'으로 변했었다. 15세기 문헌에 '뉘실, ᄂᆞ실'(來日)이 보이며, 16세기 문헌에 '니쇼ᅀᆞ'(李小兒), '노모'(老母), '녜졀'(禮節) 등이 보인다.

후기 중세국어의 특징으로 어두에 두 자음이 올 수 있었음을 들 수 있다. 초성 합용병서 중에서 'ㅂ'계(ㅳ ㅄ ㅶ ㅷ)와 'ㅄ'계(ㅴ ㅵ)는 진정한 자음군을 나타낸 것으로 믿어진다. 여기에 약간의 예를 든다. ᄠᅳᆮ(意), ᄠᅦ(筏), ᄠᅵ(垢), ᄠᅳ-(浮, 開), ᄠᅱ-(躍); ᄡᆞᆯ(米), ᄡᅵ(種), ᄡᅳ-(苦, 用); ᄧᅡᆨ(隻), ᄧᅳᆫ디-(眷), ᄧᆞ-(織, 鹹); ᄩᅡ-(彈), ᄩᅳ-(皴); ᄢᅳᆯ(鑿), ᄢᅮᆯ(蜜), ᄢᅴ(時), ᄢᅦ-(貫), ᄢᅱ-(貸); ᄣᅢ(時), ᄣᅳ리(疱), ᄣᅳ리-(裂), ᄣᅵ르-(刺) 등. 먼저 'ㅂ'계가 pt, ps 등을 나타냈음은 다음과 같은 사실이 강력히 시사하고 있다. 첫째, 저 위에서 말한 바와 같이(109면), 15세기 문헌의 'ᄡᆞᆯ'에 대응하는 단어가 鷄林類事에 '菩薩'(*ᄇᆞ솔)로 표기되었다. 'ᄡᆞᆯ'을 *ᄇᆞ솔로부터의 발달이라고 볼 때, 'ㅄ'이 표기 그대로 발음되었다고 하는 것이 가장 자연스럽다. 둘째, 현대국어의 일부 합성어에서 共時的 관점에서는 설명하기 어려운 'ㅂ'이 발견된다. 즉 현대국어의 '입쌀, 좁쌀', '입짝, 접짝', '웝씨, 볍씨', '부릅뜨-', '휩쓸-' 등의 'ㅂ'은 역사적으로 중세국어의 'ᄡᆞᆯ', 'ᄧᅡᆨ', 'ᄡᅵ', 'ᄠᅳ-', 'ᄡᅳᆯ-' 등의 'ㅂ'이 화석화된 것이라고 볼 때에 합리적으로 설명된다. 'ㅄ'계의 'ㅂ'에 대해서도 그것이 발음되었던 흔적이 역력하다. 첫째, 현대국어의 '입때, 접때'의 'ㅂ'은 중세국어의 'ᄣᅢ'의 'ㅂ'이 화석화된 것이다. 둘째, 15세기 문헌의 'ᄒᆞᆫᄢᅴ'(一時)가 16세기 문헌에서는 'ᄒᆞᆷᄭᅴ'로 나타난다.(현대국어의 '함께') 여기서 'ᄒᆞᆫ'의 'ㄴ'이 'ㅁ'이 된 것은 'ᄢᅴ'의 'ㅂ'의 영향이라고 하지 않고는 설명할 수 없다. 한편, 'ㅴ, ㅵ'의 'ㅅ, ㅽ'은 역시 된소리를 나타낸 것으로 생각된다. 위의 'ᄒᆞᆫᄢᅴ>ᄒᆞᆷᄭᅴ'의 변화에서 'ㅂ'이 'ㄴ'을 순음화시키고 사라진 뒤 'ㅅ'이 남았는데 이 'ㅅ'은 'ㄱ'의 된소리라고밖에 볼 수 없다. 이렇게 볼 때, 'ㅴ, ㅵ'은 'ㅂ'과 된소리의 결합이었을 개연성이 매우 큰 것으로 생각된다.

아마도 15세기보다 다소 앞선 어느 시기에 있어서의 語頭 子音群의 형성은 고대로부터 어두에 한 자음밖에 몰랐던 국어로서는 여간 불안한 존재가 아니었을 것으로 추측된다. 이 불안정성이 후일 어두 자음군이 전반적으로 된소리로 발달한 주된 요인이었다. 그러나 어두 자음군은 중세어의 말기까지 대체로 그대로 존속된 것으로 믿어진다. 'ㅂ'계와 'ㅴ'계의 표기가 16세기 말의 문헌에 이르기까지 혼란을 보이지 않는 것이다. 다만 'ㅴ'만은 이미 15세기 중엽부터 'ㅅ'으로도 나타나는데 이것은 된소리로 변화하는 과정을 보여 준 것이다. 즉 'ㅲ디-'(隆)에 대하여 'ㅆ디-'(용비어천가 37장, 월인석보 21.71), 'ㅄᆞᆯ'(鑿)에 대하여 'ᄉᆞᆯ'(월인석보 21.45), 'ㅄᅮᆯ'(蜜)에 대하여 '술'(훈몽자회 中21), 'ㅄᅡᆷ'(隙)에 대하여 'ᄉᆡᆷ'(훈몽자회 下18) 등.

모음간 위치에서는 일반적으로 두 자음만이 허용되었으며, 'ㄹ'이 첫 음일 때에 한해서 세 자음이 허용되었다. 그리하여 두 자음으로 끝난 용언 어간에 자음으로 시작된 어미가 오면 어간의 마지막 자음이 탈락했었다. 가령 '닭-'(修)은 모음 어미 '-아'가 오면 '닷가'와 같이 되지만 자음 어미 '-디'가 오면 '닷디'와 같이 되었다. 가령 15·16세기 문헌에 '넘ᄯᅵ'(능엄경 8.101), '넘디-'(월인석보 2.48), '넘ᄯᅵ-'(훈몽자회 하 11) 등의 혼기례가 보이는 것은 결국 이 단어의 실제 발음에서는 모음 간에 [m]과 된소리의 [t]만이 발음되었음을 말하고 있으며, '힘쓰-'(努力)가 '힘스-'(두시언해 8.68)로 표기된 것도 이 단어가 [himsi]로 발음되었음을 말하는 것이다. 15세기 중엽의 'ᄒᆞᆫᄢᅴ'(一時)가 16세기 초엽의 문헌에서 'ᄒᆞᆷᄭᅴ'로 나타남은 위에서 말한 바 있는데, 이것은 처음에는 이것이 두 단어였다가 점차 한 단어로 의식되면서 모음간의 자음들을 다 발음할 수가 없어 동화가 일어난 결과일 것이다. 그러나 'ㄹㄱ', 'ㄹㅁ',

'ㄼ' 말음을 가진 용언 어간은 활용에 있어서 자음으로 시작된 어미가 오더라도 항상 그 표기에 변화가 없었다. 예. 묽디(淸), 븕더라(明), 옮고(移), 엷건마른(並) 등.

후기 중세국어의 음절말(및 어말)에 있어서의 자음 대립은 매우 제한되어 있었다. 위에서 말한 바와 같이(133면), 解例 終聲解는 8종성의 사용을 규정하였는데 이것은 음절말 위치의 자음 대립이 이 8자음에 국한되어 있었음을 명시한 것이다. 'ㄱ ㆁ ㄷ ㄴ ㅂ ㅁ ㅅ ㄹ'. 즉 15세기 중엽에 있어서는 음절말 위치에서 평음과 유기음의 대립('ㄷ', 'ㅌ' 등)이나 'ㅅ', 'ㅈ', 'ㅊ'의 대립이 이미 中和되었음을 알 수 있는 것이다. (전기 중세어에 대해서는 112~3면 참조) 이 중화는 음절말 자음들의 內破化의 결과였다.

이 8자음 체계는 두 가지 문제를 제기해 준다. 첫째 문제는 'ㄷ', 'ㅅ'이 어떻게 대립될 수 있었을까 하는 것이다. 현대국어의 체계에서는 이들의 대립은 볼 수가 없는 것이다. 이 문제의 해결을 위해서는 朝鮮館譯語의 표기가 큰 도움이 된다. 朝鮮館譯語가 편찬된 것으로 추정되는 15세기 초엽의 중국 한자음의 韻尾는 n, ŋ 및 m에 국한되어 있었다. (대부분의 m이 n으로 합류되고 일부만이 남아 있었다.) 따라서 국어의 어말 자음을 표기하기 위해서는 특별한 방법이 필요했던 것이다. 어말의 'ㄹ'을 표기하기 위하여 '二'자를 쓴 것이 그 대표적인 예다. 月 得二(돌), 星 別二(별) 등. 그런데 이 책은 어말의 'ㅅ'을 표기하기 위하여 '思'字를 썼음을 본다. 花 果思(곳), 城 雜思(잣), 松子 雜思(잣), 面 板思(ᄂᆞᆺ), 衣服 臥思(옷), 夾衣 結臥思(겹옷) 등. 이에 대하여 어말의 'ㄷ'을 위해서는 아무런 방법도 마련하지 않았음을 본다. 田 把(받), 陽 別(볃) 등. 朝鮮館譯語의 이러한 표기는 'ㅅ'과 'ㄷ'이 음절말에서 대립했음을 밝혀 줄 뿐 아니라, 'ㅅ'의 발음에 대해서도 중요한 암시가 된다. '思'자가 華夷譯語에서 몽고어, 여진어 등의 s를 표기하는 데 사용되었다는 사실은 중국인들의 귀에 국어의 어말의 'ㅅ'이 [s]의 일종으로 들렸음을 말해 주는 것이다.

둘째 문제는 'ㅿ'에 관한 것이다. 解例 終聲解는 '영의갗'의 종성들을 'ㅅ'으로 쓸 수 있다고 예시하였고 실제로 '엿이'(월인석보 2.76)와 같은 표기도 드물게 보이지만, '엉이', '엉은'과 같이 'ㅿ'을 쓰는 것이 일반적이었다. 그런데 解例의 규정에 위반되는 'ㅿ'의 용법은 'ㅇ'(드물게 'ㅸ')에 선행한 위치에 한정되어 있었음이 주목된다. 이것은 이 위치에서 'ㅅ'과 'ㅿ'이 中和되어 [z]로 실현되었음을 말해 주는 것으로 해석된다. 따라서 이런 위치에 한해서 'ㅿ'이 음절말에 있었다고 보는 것이 온당하다.

이렇게 볼 때, 15세기 중엽에는 음절말에 9자음의 대립이 있었다는 결론이 된다. 그런데 15세기와 16세기의 교체기에, 한편으로 모음간의 'ㅿㅇ'의 'ㅇ'이 소실되어 음절말의 'ㅿ'이 없어졌고(144면 참조), 다른 편으로 'ㅅ'과 'ㄷ'이 중화된 결과 7자음 체계에 도달하게 되었다. 15세기 문헌의 '잇ᄂ니', '이틋날'(이틄날), '몟몟ᄒ다', '낫나치' 등이 16세기 초엽의 문헌에 '인ᄂ니', '이튼날', '몐몟ᄒ다', '난나치' 등으로 나타나기도 하는 바, 이들은 음절말의 'ㅅ'이 [t]로 발음되게 된 결과 'ㄴ'앞에서 역행 동화로 'ㄴ'이 되었음을 분명히 보여 준다.

음절말에는 한 자음만이 올 수 있었고, 자음군은 'ᆱ, ᆲ, ᆴ' 등 'ㄹ'이 앞에 있는 경우에 한정되어 있었다. 표기상으로는 '낛'(釣), '넋'(魂) 등에 'ᆪ'이 나타나는데, 이 'ㅅ'이 발음되었는지는 의문이다.

지금까지의 기술에서 자명한 것은 제외하고 후기 중세어에서 자음들이 연접될 때의 규칙들 중 중요한 것들을 들어보면 다음과 같다.
(1) 'ㅎ'은 'ㅂㄷㅈㄱ'과 연접되면 합하여 'ㅍㅌㅊㅋ', 'ㅅ'과는 'ㅆ'가 되고, 'ㄴ'앞에서는 'ㄷ', 휴지 앞에서는 탈락하였다. '놓-'(置, 放)은 어미 '-고'와 연결되면 '노코', '-습고'와 연결되면 '노쏩고', '-ᄂ니'와 연결되

면 '놀노니'가 되었다. (2) 'ㅿ', 'ㅸ'는 'ㄱㄷㅈㅅ' 등과 연접되면 'ㅅ', 'ㅂ'이 되었다. '웃-'(笑), '돕-'(助) 등에 '-고'가 연결되면 '웃고, 돕고'가 되었다. (3) 'ㄷ'은 'ㄴ' 위에서 'ㄴ'으로 동화되었다. 15세기 문헌에 '건너-'와 '걷너-'(渡), '둔니-'와 '듣니-'(行)의 혼기가 보인다. 위의 (1)에서 결과된 'ㄷ'도 다시 이 규칙에 따라 'ㄴ'으로 변하였다. 그러나 정서법은 이 동화를 일반적으로 반영하지 않았다. (4) 앞 형태소의 'ㄹ', y 뒤에서 뒷 형태소의 'ㄱ'은 'ㅇ'으로 변하였다. '알-'(知), '드외-'(化)에 '-고'가 연결되면 '알오', '드외오'가 되었다. 이 변화에 대해서는 이미 말한 바 있다. 그런데 공동격 어미 '-과'와 첨사 '곳', '곰' 등은 모음과 'ㄹ' 뒤에서 '-와', '옷', '옴'이 되었다. (5) 繫詞와 그밖의 몇 형태소에 연결되는 몇 형태소의 'ㄷ'이 'ㄹ'이 되었다. 가령 定動詞의 어미 '-다', 感歎法의 선어말 어미 '-도-', 과거 시상의 선어말 어미 '-더-' 등이 계사 뒤에서 '-라', '-로-', '-러-'가 되었다. 그리고 가령 형용사의 파생어미 '-드빈/들-'은 모음과 'ㄹ' 뒤에서는 '-르빈/를-'이 되었다. 예는 166면 참조. 이것은 고대에서 중세에 걸친 'ㄷ>ㄹ' 변화(85면 참조)와 관련된 것인데, 아직 잘 밝혀져 있지 않다.

2. 母音 體系

訓民正音 解例 制字解의 中聲 體系에 대한 설명(132면 참조)은 15세기의 국어에 7단모음이 있었음을 분명히 드러내 준다. 'ㆍ ㅡ ㅣ ㅗ ㅏ ㅜ ㅓ'. 그런데 이 설명에 사용된 술어들은 혀에 대한 "舌縮, 舌小縮, 舌不縮", 입에 대한 "口張, 口蹙"과 같이 매우 독특한 것들이다. 따라서 그 해석이 쉽지 않았고 학자에 따라 달랐다. "舌縮, 舌小縮, 舌不縮"의 해석에는 후설, 중설, 전설을 가리킨다는 견해와 "舌縮"은 후설 저모음, "不縮"은 전설 고모음, "舌小縮"은 그 중간 단계를 가리킨

것이라는 견해가 있었고 "口張, 口蹙"은 張脣, 圓脣을 의미한다는 견해와 開口度의 대소를 가리킨다는 견해가 있어 왔다. 종래의 해석들은 해례의 술어를 현대 음성학의 술어로 번역하려고 했으나, 이런 1대1의 번역만이 가능한가 하는 것부터 문제되는 것으로 생각된다. 가령 "口張, 口蹙"의 개념에는 입술의 모양(장순, 원순)과 개구도가 아울러 포함되었을 가능성도 있는 것이다. 이렇게 볼 때, 해례의 설명은 매우 중요한 것이기는 하지만, 그 해석만으로 모음체계를 결정하기 어려움을 알 수 있다.

  모음체계의 수립은 각모음의 정확한 음가 결정을 전제로 한다. 이 음가 결정에 가장 적합한 자료로서 국어를 외국 문자로 표기한 것, 외국어를 정음 문자로 표기한 것을 들 수 있다. 여기서 주목되는 것이 朝鮮館譯語와 洪武正韻譯訓, 四聲通解, 伊路波 등이다. 朝鮮館譯語의 표기를 검토해 보면 'ㅗ'와 'ㅜ'가 중국음의 [o]와 [u]에 의하여 구별되었음을 확인할 수 있다. 오 我 臥, 우 五, 고 果, 구 故 谷, 도 朶, 두 覩 杜, 로 落, 루 路, 모 莫, 무 毋, 보 播, 부 卜 등. 四聲通解에는 蒙古韻略으로부터의 많은 인용이 보인다. 몽고운략이란 책은 지금 전하지 않으나 이와 대동소이한 蒙古字韻(1308)이 전한다. 본래 이 책들은 파스파(八思巴) 문자로 중국음을 표사한 것인데 四聲通解는 파스파 문자를 정음 문자로 전사하였다. 이 전사에서 파스파 문자와 정음 문자의 모음의 관계를 보면 다음과 같다.

	1	2	3	4	5	6	7
八思巴	a	o	u	e, ė	ö	ü	i
正音	ㅏ	ㅗ	ㅜ	ㅕ	ㅓ	ㅠ	ㅣ

  이 표는 앞서 13세기의 몽고어 차용어에서 본 것(114면)과는 큰 차

이를 보여 준다. 이 표에서 (2)(3)(6)은 'ㅗ'는 [o]였고 'ㅜ'는 [u]였음을 명시하고 있다. 그리고 (4)에서는 'ㅓ'의 음가가 [ə]였기 때문에 'ㅕ'[jə]로써 e를 표시했음이 분명하다. 伊路波에 있어서의 일본어 모음 표기를 검토해 보아도 동일한 결론에 도달한다. 모음 'ㅡ'는 위의 표에 없으나 四聲通解에서 중국음 ï(支韻)에 대당된 점으로 보아 중설 고모음이었음이 확실하다. 그리고 'ㆍ'에 대해서는 종래 많은 연구가 이루어져 그것이 'ㅏ'와 'ㅗ'의 間音(대체로 [ʌ])이라는 사실이 밝혀져 있다. 현대 제주도 방언에서 'ㆍ'에 대응되는 모음이 [ɒ]로 발음되는 사실이 참고된다. 이리하여 15세기의 모음 체계는 다음과 같았을 것으로 추정된다.

        iㅣ   iㅡ   uㅜ

          əㅓ   oㅗ

           aㅏ   ʌㆍ

이 모음체계를 전기 중세어의 그것(115면 참조)과 비교해 보면 母音推移가 있었음이 드러난다. 이 추이는 아마도 'ㅓ'가 중설 쪽으로 ([e] > [ə]) 들어온 것이 단초가 되었을 것으로 보인다. 이 중설화에 밀려 'ㅡ'가 위로 움직이고 이 압력으로 'ㅜ'가 후설로 움직이게 되었을 것이다. 'ㅗ'는 다시 'ㅜ'에 밀려 아래로 움직이게 되고 마지막으로 'ㆍ'가 더욱 아래로 밀리게 되었을 것이다. 이렇게 보는 가장 중요한 이유는 'ㆍ'의 불안정성이다. 즉 이 모음은 근대국어에 와서 완전히 소실되고 마는데, 이 원인은 요컨대 연쇄적 변화의 끝에서 그것이 궁지로 몰렸기 때문이라고 할 수 있다. 'ㆍ'의 소실은 두 단계로 나타나는

데, 그 첫 단계는 비어두 음절에서의 소실이었다. 이 첫 단계 소실은 15세기에 이미 싹터서 16세기에 와서 완성되었다. 그 공식은 'ㆍ>ㅡ'였다. ᄀᆞᄅᆞ치->ᄀᆞ르치-(敎), ᄒᆞᄆᆞᆯ며>ᄒᆞ믈며(況), 다ᄅᆞ->다르-(異), 기ᄅᆞ마>기르마(鞍), 말ᄆᆡ>말믜(由) 등. 둘째 단계 소실은 18세기에 일어났다.(210~211면 참조)

후기 중세어에는 上向 二重母音으로 y가 앞선 ya, yə, yo, yu 등이 있어서 'ㅑ, ㅕ, ㅛ, ㅠ'로 표기 되었다. yʌ, yɨ, yi에 대한 문자가 만들어지지 않았음은 당시의 중앙어에 이런 이중모음들이 없었기 때문이었다. 그런데 이 중 yʌ와 yɨ에 대해서는 訓民正音 解例 合字解에 "ㆍㅡ起ㅣ聲 於國語無用 兒童之言 邊野之語 或有之 當合二字而用 如ㄱㅣㄱㅣ 之類"라 하였다. 이것은 당시의 어떤 방언에 yʌ, yɨ가 존재했다는 소중한 증언이다. 중앙어에서는 yʌ가 yə에 합류되었는데 그 연대는 15세기 중엽에서 그리 오래지 않은 것 같다. 15세기 자료에 '여라'와 '여러'(諸)가 공존한다. 이 단어는 *yʌra에 소급하는 것으로 추정된다. 즉 이것은 본래 양모음 단어였는데, yʌ가 yə로 변하여 yəra가 된 것이다. 여기서 다시 모음 동화가 일어나 '여러'가 나타나게 된 것으로 생각된다. 15세기의 '여듧'(八)도 본래 *yʌtʌrp에 소급하는 것이다. 현대 제주도 방언에서는 아직도 yʌ에 대응되는 이중모음을 가지고 있다. [yɒra](諸), [yɒdɔp](八).

w가 앞선 상향 이중모음으로는 wa, wə, wi가 있었다. wa, wə는 'ㅘ', 'ㅝ'로 표기되었으나 wi를 표기할 적절한 방법이 훈민정음에는 없었다. 15세기에 'ㅸ'가 wi로 변화했는데 이것은 주로 '위'(uy)로 표기되었던 것이다.(141면 참조) 15세기 중엽의 문헌에 나타나는 동사 어미 '-디ᄫᅵ'는 그 뒤의 문헌에서 '-디위', '-디외', '-디웨' 등으로 표기되었는데 이 어미가 이렇게 여러 가지로 변한 것이 아니라, tiwi의 wi를 표기하려는 노력의 결과라고 보는 것이 타당할 것으로 생각된다.

즉 wi를 표기할 적절한 방법이 훈민정음 체계에 없었기 때문에 이러한 혼란이 생겨난 것이다.

중세국어에는 下向 二重母音으로 y로 끝난 ʌy, ay, əy, oy, uy, ɨy 등이 있었다. 각각 ㅓ, ㅔ, ㅚ, ㅟ, ㅢ'로 표기되었다. 여기서 iy가 없음이 눈에 뜨인다. 그런데 당시의 자료를 분석해 보면 iy가 존재했음이 드러난다. 역시 이것을 표기할 적절한 방법이 없었던 것이다. 가령 자동사 어간 '디-'(落)에서 파생된 사동 어간은 ':디-'였다. 그런데 이 두 어간은 성조에 있어서 뿐 아니라. 어미 '-고'가 올 때 '디-'는 '디고'가 되고 ':디-'는 '디오'가 되는 점에 있어서도 서로 달랐다. 어미 '-오'가 나타나는 것은 'ㄹ'과 y로 끝난 어간 뒤에 한정되어 있었으니 위의 사동 어간은 '디'(평성)에 파생 접미사 -i-(거성)가 붙은 것으로 tiy-(상성)였다고 결론하게 된다.

이상을 종합하면, 후기 중세국어의 이중모음 체계는 다음과 같이 될 것이다.

      ʌy ay oy əy uy ɨy iy
  (yʌ) ya yo yə yu (yɨ)
          wa   wə   wi

중세국어의 모음 연결 규칙 중에서 가장 현저한 것은 母音調和였다. 그 일반 규칙은 한 단어 안에 陽母音 또는 陰母音만이 있을 수 있고 그들의 공존은 허용되지 않는 것이다. 중립모음은 어느것과도 연결될 수 있었다.

    양 · ㅗ ㅏ
    음 ㅡ ㅜ ㅓ
    중 ㅣ

중세국어의 모음조화는 체언이나 용언의 어간과 조사나 어미의 그
것이 달랐다. 체언이나 용언의 어간에서는 위에 말한 일반 규칙이 그
대로 적용되었지만, 조사나 어미에는 특수한 제약 규칙이 적용되었다.
다소 간략화하여 말하면 모음으로 시작된 조사나 어미는 모음조화의
일반 규칙을 따랐지만, 자음으로 시작된 것들은 모음조화의 일반 규
칙에 따르지 않았던 것이다. 가령 부동사 어미 '-고', '-긔'는 어간의
모음이 양모음이거나 음모음이거나 그것과 조화를 보여 주지 않았던
것이다.

3. 聲調 體系

중세국어는 성조 언어였다. 이것은 중세국어와 근대국어를 구별하
는 가장 큰 특징의 하나다.

성조는 방점으로 표기되었다. 平聲은 무점, 去聲은 1점, 上聲은 2점
을 찍도록 규정했음을 위에서 보았거니와(134면 참조), 入聲에 대해서
일정한 방점을 마련하지 않은 것은 이것이 국어의 성조 체계에서 불
필요하다고 생각했기 때문이었다. 훈민정음 창제자는 중국의 사성 체
계를 이론적 배경으로 삼았으면서도 국어의 성조 체계를 비교적 정확
히 파악하여 그것에 알맞은 방점법을 마련했던 것이다. 국어의 성조
에 대한 설명으로 가장 중요한 것은 訓民正音諺解에 "平聲은 뭇눗가
본 소리라", "去聲은 뭇노푼 소리라", "上聲은 처서미 눗갑고 乃終이
노푼 소리라"고 한 註들이다. 이 설명에 의하여 平聲은 低調, 去聲은
高調를 가리켰음을 알 수 있다. 위의 註가 上聲을 처음이 낮고 나중이
높다고 설명한 사실과 이의 표기를 2점으로 한 사실은 이것이 低調와
高調의 복합이었음을 암시하고 있다. 상성이 평성과 거성의 복합임은
15세기의 자료에서 실증된다. 예를 들면 '부텨'(佛)는 두 음절이 다 평

성이었는데 그 주격형은 '부:톄'였다. 이 ':톄'의 상성은 '텨'(평성)와 주격 조사(거성)가 병치된 결과였다. '다리'(橋)의 주격형이 '다:리'가 된 것도 그런 예의 하나다.

 이렇게 볼 때 중세국어의 성조 체계는 저조와 고조의 두 平板調로 이루어진 매우 단순한 것이었다. 중세국어에 있어서 성조의 기능 부담량은 결코 적지 않았다. 많은 단어가 오직 성조에 의해서 변별되었다. 예. 손(客), ·손(手); ·솔(松), :솔(刷); ·발(足), :발(廉); 서·리(霜), ·서리(間); 가지(茄), 가·지(種), ·가지(枝) 등. 일반적으로 명사의 성조는 고정적이었지만 동사의 그것은 고정적인 것보다 변동적인 것이 더 많았다. 가령 '쓰-'(書)는 언제나 고조였는데, '가-'(行), '오-'(來), '보-'(見) 등은 어미에 따라 저조와 고조로 변동되었다. 예. ·쓰·라, ·쓰·고; 가·라, ·가시·면; 오·라, ·오나·눌; 보·리·라, ·보·아 등. 성조의 관점에서 볼 때, 약간의 예외가 있기는 하나, '앗-'(奪), '골-'(麗) 등 'ᅀ'과 'ᄫ'를 가진 어간들이 상성인 사실은 주목할 만하다. 상성을 보여 준 어간의 대부분은 일정한 어미가 오면 평성으로 변동하였다. 예. :앗·디, 아·사(奪); :돕눈, 도·바(助); :알·면, 아·라(知) 등.

 15세기 문헌의 방점 표기는 매우 정연하다. 16세기 전반의 訓蒙字會의 방점 표기에서도 성조 체계가 무너진 흔적을 찾아볼 수 없다. 그러나 16세기에는 말엽으로 올수록 방점 표기가 점차 문란해진다. 그리하여 校正廳의 小學·四書諺解에 오면 방점 표기는 극도로 문란해져서 거의 아무런 규칙성도 찾아 볼 수 없다. 이것은 이 때에는 이미 완전히 성조 체계가 소멸되어 있었음을 말하는 것으로 해석된다.

第六節 文 法

 15세기의 훈민정음 자료는 국어의 문법체계를 전체적으로 또 구체적으로 보여 주는 가장 이른 자료라고 할 수 있다. 그 이전의 한자 차용 표기 자료는 양과 질에 있어 빈약하였고 또 대부분 어휘 자료여서 문법 체계의 단편을 보여 줄 뿐이었다. 이러한 의미에서 후기 중세국어 자료는, 음운사 연구에 있어서도 그렇지만, 문법사 연구에 있어서도 매우 소중한 것이라고 할 수 있다.

후기 중세국어의 문법체계에 대한 연구는 그것이 근대국어에서는 볼 수 없는 여러가지 특징을 가지고 있음을 밝혀 왔다. 그러나 아직 미해결로 남겨져 있는 문제들이 많이 있으며, 제기조차 되지 않은 문제들도 있어서 그 종합적이고 체계적인 기술은 후일로 미룰 수밖에 없는 처지에 있다. 여기서는 위에 말한 특징들에 대하여 약술하기로 한다.

1. 造語

국어에서 체언과 용언의 어간은 일반적으로 구별되지만 '빅'(腹), '빗'(梳), '너출'(蔓), '씌'(帶) 등에 있어서는 체언과 용언의 어간이 서로 일치한다.(성조에 있어 차이가 나타나는 경우가 있다. 가령 '빅'(腹)는 거성이요, '빅-'(孕)는 평성이다.) 이런 일치의 예는 현대국어에도 있지만 중세국어에 더 많다. 한편 중세국어에 있어서는 'ᄂᆞ외'(更), '밋'(及), '하'(多), '일'(早), '바ᄅᆞ'(直), '그르'(誤), '브르'(飽) 등 부사와 용언 어간이 일치하는 예들이 있다. 'ᄀᆞᆮ'(如), '닫'(異) 등이 부사로 사용된 다음과 같은 예들은 자못 특이한 것이다. '하ᄂᆞᆲ벼리 눈 ᄀᆞᆮ 디니이다'(龍歌 50장), '왼녁 피 닫 담고 올ᄒᆞᆫ녁 피 닫 다마'(月印釋譜 1.7). 이런 사실들은 체언이나 용언 어간들이 그대로(零變化에 의해서) 용언이나 부사로 파생되었다고 해석되기도 했으나, 이렇게 단순하게 해석해 버리기 어려운 문제가 스며 있는 듯하다. 뒤에 말할 바와 같이 중세국어에 있어서 '빌먹-'(乞食)과 같은 두 용언 어간의 합성이 매우 생산적이었으며 심지어 동사 어간과 명사의 합성의 예가 있었음을 고려에 넣을 때('봊돌' 참고), 국어의 용언 어간은 본래 어미와 유리될 수 있었음을 암시하는 듯이 보인다. 이것은 국어 문법사에 있어서 매우 중요한 문제의 하나로서 앞으로 더욱 신중히 검토되어야 할 것이다.

체언이나 용언의 어간은 한 형태소로 이루어진 것과 둘 또는 그 이상의 형태소로 이루어진 것이 있다. 여기에는 合成法에 의한 것과 派生法에 의한 것이 있다.

체언의 합성은 현대어에 있어서와 별로 다름이 없다. 다만 중세어에 있어서는 '수톩'(雄), '암톩'(雌), '안팎'(內外) 등의 유기음은 앞 체언들의 말음 'ㅎ'으로, 또 '니쌀'(稻米), '조쌀'(粟) 등에 있어서는 뒷 체언의 두음 'ㅂ'으로 자연스럽게 발음되었던 것인데, 현대어에 와서는 이 'ㅎ'이나 'ㅂ'이 '암탉, 수탉, 안팎' 또는 '입쌀, 좁쌀' 등에 화석으로 남게 되었다. 중세어에 있어서는 동사의 합성에 있어서도 위와 같은 현상이 일어났다. 예. '나틀-'(者)(낳 年, 들- 入). 명사와 동사의 합성에는 중세어에 있어서도, 현대어와 마찬가지로, '말ᄒ-'(言)와 같이 'ㅎ-'의 용례가 가장 많았다. '몯ᄒ-'와 같이 부사와의 합성도 있었다. 이 'ㅎ-'는 접미사로 화했다고 해도 과언이 아닐 정도였다.

용언 어간의 합성이 매우 생산적이었음은 중세국어의 현저한 특징의 하나로 지적될 수 있다. 예. 빌먹-(乞食), 딕먹-(啄食), 것곶-(折揷), 듣보-(聞見), 죽살-(死生), 됴쿶-(둏- 好, 궂- 凶), 놉ᄂ갑-(높- 高, ᄂ갑- 低) 등. 특히 동사 어간과의 합성에서 '니-'(行)는 계속 진행의 뜻을 가진 접미사에 가까운 성질을 띠게 된다. 노니-(놀- 遊), 걷니-(걷- 步), ᄂ니-(ᄂ- 飛) 등. 이러한 합성법은 16세기 이후 점차 비생산적이 되었으며 현대어에는 약간의 화석이 남아 있을 뿐이다. 예. 돌보-(顧), 설익-(未熟) 등. 한편 예가 적기는 하지만 동사 어간과 명사의 합성이 있었다. '븟돌'(礪, 븟-摩, 돌石) 등.

어미 '-아'를 가진 부동사와 다른 동사 어간의 합성이 현대국어에 있어서는 매우 생산적인데 이것도 중세어에서 볼 수 있다. 예. 나ᅀᅡ가-(進), 도라오-(歸) 등. 특히 위의 부동사와 '이시-/잇-'(有)의 합성은 동작의 완료 상태를 표시하였다. ᄒᆞ오ᅀᅡ 안자잇더시니(월인석보 1.6). 이미 15세기 중엽에 이의 단축형 '-앳/엣-', 그리고 16세기에는 '-앗/엇-'이 일반화되었다. 精舍애 안잿더시니(월인석보 1.2), 므레 줌곗ᄂᆞ니(번역박통사 상68) 등. 예외적으로 동사 어간 '두-'(置)는 직접 '잇-/이시-' 또는 '겨시-'와 합성하였다. 뒷논, 뒷더니; 두겨시다, 두겨샤 등. '뒷-'은 '둣-'으로도 나타났다. 예. 둣노니(두시언해 20.11), 둣거니(남명집 하 48). 한편 이 결합에서 '이시-'는 '시-'로 되었다. 예. 가져실씨라(몽산법어 3), 벼슬ᄒᆞ야쇼매(두시언해 21.45), 두시며(법화경언해 1.3) 등.(170면 참조)

파생은 주로 접미사에 의해서 이루어진다. 체언이나 용언 어간에 접미사를 연결하여 새로운 체언이나 용언 어간이 형성된다.

파생명사에는 명사에서 파생된 것과 용언 어간에서 파생된 것이 있다. 訓民正音 解例에서 '부헝'(鵂鶹), '그력'(雁), 'ᄑᆞᆯ'(蠅) 등이던 것이 '-이'가 연결되어 뒤에 '부헝이', '그려기', '프리' 등이 되었다. '아비'(父), '어미'(母), '어ᅀᅵ'(母, 親) 등도 '압', '엄', '엇'에 이 '-이'가 연결된 것으로 보인다. '-억, -옹'도 중세국어에서 간혹 발견된다. 예. 털, 터럭(毛); 긷, 기동(柱). '-아지'는 축소사였다. '송아지'(犢), '강아지'(狗子) 등. 명사의 복수형은 접미사 '-ᄃᆞᆶ'을 가졌다. 이것은 平稱이요, 尊稱은 '-내'를 가졌다. 어마님내 뫼ᅀᆞᆸ고 누의님내 더브러(월인석보 2.6).

용언에서 파생된 체언으로는 용언 어간에 '-(ᄋᆞ/으)ㅁ'이 연결된 것이 대표적이었다. 여기서 주의할 것은 중세국어에 있어서는 동사형은 언제나 선어말 어미 '-오/우-'를 가져서 파생명사와는 구별되었다는 사실이다.(171면 참조) 가령 어간 '열-'(實)에 '-움'이 연결된 '여룸'은 동명사요, '-음'이 연결된 '여름'은 파생명사인 것이다. 예. 됴흔 여름 여루미…(월인석보 1.12) 이러한 파생명사의 예를 몇 더 든다. 사룸(人, 살- 生), 거름(걸- 步), 그림(그리- 畵), 어름(氷, 얼- 凍) 등. 그러나 예외가 없지 않았다. 이미 15세기에 일부 동명사가 그대로 명사로 굳어져 있었다. 예. 춤(츠- 舞), 우숨(웃- 笑), 우룸(울- 泣) 등. 또 하나 특수한 경우로서 '-암/엄'이 있었다. 예. 무덤(墓, 묻- 埋), 주검(屍, 죽- 死) 등. 동사 어간에 붙어 파생명사를 형성하는 접미사 '-이'는 중세국어에서는 자못 생산적이었다. 예. 우숨우싀(笑), 죽사리(死生), 글지싀(詩伯), 하리(讒訴) 등. 형용사 어간에는 '-이/의'가 연결되었다. 예. 키(丈), 기픠(深), 노픠(高), 너븨(廣), 기릐(長) 등.

중세어에 있어서도 인칭 대명사의 복수형은 특이하였다. 일인칭 복수형은 단수형 '나'와는 관계없는 '우리'였다. (이처럼 아주 딴 단어가 사용되는 현상을 補充法이라 한다.) 그리고 '너'(二人稱), '저'(自)의 복수형 '너희', '저희'에는 명사에서는 볼 수 없는 접미사 '-희'가 있었다. 여기에 다시 복수 접미사가 붙기도 하였다.

중세어의 基數詞는 다음과 같았다. ᄒᆞ낳(1), 둘ㅎ(2), 셓(3), 넿(4), 다ᄉᆞᆺ(5), 여슷(6), 닐굽(7), 여듧(8), 아홉(9), 엻(10), 스믈(20), 셜흔(30), 마ᅀᆞᆫ(40), 쉰(50), 여쉰(60), 닐흔(70), 여든(80), 아흔(90), 온(100), 즈믄(1000). 附加語로 쓰일 때에는 다음과 같은 특수한 형태를 가졌다. ᄒᆞᆫ(1), 두(2), 서, 석(3), 너, 넉(4), 대, 닷(5), 예, 엿(6). 序數詞는 기본수에 접미사 '자히, 차히, 재'를 연결하여 나타내었는데(182면 참조), 1이 'ᄒᆞ낫재'(소학언해 5.16)였음이 주목할 만하다. (15세기 문헌에는 용례가 없다.) 그리고 부가어로는 '잣, 찻'('ㅅ'은 속격 조사)이 연결되었는데 1만은 '첫'이었다. (이것은 보충법에 의한 것이다.) 日數를 나타낸 단어들은 현대어에서도 사용되고 있지만, 그 조어가 자못 특이하다.

ᄒᆞᄅᆞ(1), 이틀(2), 사올(3), 나올(4), 다쐐(5), 여쐐(6), 닐웨(7), 여드래(8), 아흐래(9), 열흘(10). 'ᄒᆞᄅᆞ'가 '*ᄒᆞᄅᆞᆯ'에 소급함은 뒤에 설명될 것이다.(165면) 이 '*ᄒᆞᄅᆞᆯ'과 '이틀, 사올, 나올, 열흘'은 접미사 '-올/을'로써 형성되었는데 2에 '일'이 나타나는 사실과 '서, 너'가 '사, 나'로 바뀐 사실이 주목할 만하다.

 동사의 파생 어간에는 크게 두 종류가 있다. 먼저 명사에서 파생된 것은 수가 적지만, 주목할 만한 것들이다. '뭇'(束)에서 '뭊-', '잫'(尺)에서 '자히-'등. 다음으로 용언 어간에서 파생된 것에는 사동 어간과 피동 어간이 있었다. 사동 어간을 형성하는 주된 접미사에는 (1) '-히-'와 (2) '-ᄫ-'가 있었고, 드문 예로 (3) '-ㅎ-'와 (4) '-ᄋᆞ-'가 있었다. (1) '-히-'는 어간 말음이 'ㅂ, ㄷ, ㅈ'이면 '-히-', 'ㅁ, ㅅ'이면 '-기-', 'ㅿ, ㄹ'이면 '-이-', 그 밖의 자음이나 모음이면 '-ㅣ-'로 나타났다. 예. 너피-(넙- 廣), 구티-(굳- 堅), 느치-(늦- 晩), 안치-(앉- 坐), 숨기-(숨- 隱), 밧기-(밧- 脫), 웃이-(웃- 笑), 짓이-(짓- 造), 말이-(말- 勿), 머기-(먹- 食), 믈기-(믉- 淸), 셰-(셔- 立), 내-(나- 出) 등. 이중 'ㄱ, ㄹ' 말음을 가진 일부 어간은 16세기 후반에 '-히-'를 가지게 되었다. 예. 닉켜서(熟, 소학언해 2.41), 불키게(同 6.11), 闡 크게 불킬 천(신증유합 하42), 澄 믈킬딩(同 下9) 등. '오ᄅᆞ-'(上), '흐르-'(流) 등 말음절이 '-ᄅᆞ-' 또는 '-르-'인 어간은 두 종류로 갈린다. 즉 '흐르-'에서 파생된 사동 어간은 '훌리-'이나 '오ᄅᆞ-'에서 파생된 사동 어간은 '올이-'였다. (이 발음에 대해서는 143~4면 참조) 예. 石壁에 ᄆᆞᄅᆞᆯ 올이샤(용비어천가 48장). 중세어에 있어서는 '-ᄒᆞ-'(爲)의 사동형 '히-'(간혹 '히오-')가 널리 사용되었다. 이 '히-'의 부동사형 '히여'에 첨사 '곰'이 붙은 '히여곰'은 현대어에 '하여금'으로 남아 있다. (2) 15세기 중엽 이전에는 '-ᄫ/ᄫᆞ-'였던 것인데 그 이후에는 '-오/우-'로 나타났다. 예. ᄀᆞ리ᄫᅧ며 (월인석보 18.39), 모도-(몯- 集), 일우-(일- 成) 등. 위의 (1)과 (2)의 접미사가 복합된 예도 적지 않았다. 업시우-(없- 無), 치오-(ᄎ- 滿), 틔오-(ᄐ- 燒), 쯰우-(ᄯ- 浮) 등. 이들과는 반대의 순서로 복합된 예도 있었다. 알외-(알- 知), 닝위-(닛- 繼) 등. (3) 타동사 '낳-'(産), '흩-'(散) 등은 자동사 '나-'(出), '흗-'(散)에 접미사 '-ㅎ-'이 붙어서 파생된 것인 듯하다. 중세국어에서는 作名은 반드시 '일훔 짛다'라고 하였는데, 이 '짛-'는 '지-'(負)에서 파생된 것으로 생각된다. (4) '살-'(生), '돌-'(廻), '일-'(成) 등 'ㄹ' 말음을 가진 몇 어간은 (1)의 접미사에 의한 '살이-, 일우-'와 함께 '사ᄅ-, 이ᄅ-' 등 특수한 접미사 '-ᄋ-'에 의한 파생도 보여 준다. 이들은 의미의 차이가 있었다. '살이-'는 "어떤 곳에 살게 함", '사ᄅ-'는 "목숨을 살림", '일우-'는 "어떤 일을 성취함", '이ᄅ-'는 "집이나 탑을 세움"을 의미했었다. 예. 집 주어 살이고(두시언해 24.27), 降服ᄒ야 업더디여 사ᄅ쇼셔 비니(석보상절 6.33), 큰 功을 일우ᅀᆞᄫ니(용비어천가 57장), 精舍ᄅᆞᆯ 이ᄅᅀᆞᄫ샤지이다.(석보상절 6.24) 등.

피동 어간의 용례는 중세어에 매우 적었다. 이 말은 현대어에도 그대로 적용된다. 피동 어간을 파생하는 접미사는 위의 사동 어간의 경우의 (1)과 대체로 같다. 다만 '먹-'(食)의 경우 '-히-'가 붙어 '머키-'가 되는 점이 다르다. 예. 자피-(잡- 執), 덮기-(덮- 染), 뵈-(보- 見) 등. 그런데 '미-'(結), '괴-'(愛) 등 하향 이중모음을 가진 어간에서는 '미ᅇᅵᄂᆞ니라'(석보상절 13.9), '괴ᅇᅧ'(훈민정음해례 합자해) 등으로 표기되었다. ('ㅇㅇ'에 대하여는 140면 참조)

형용사의 파생 어간에도 크게 두 종류가 있었다. 첫째, 명사 어간에서 파생된 것들이 있었다. 일반적으로는 접미사 '-ᄃᆞᄫᅵ-'에 의하여 형성되었다. 어간 말음이 'ㄹ' 이외의 자음인 경우에 뒤에 오는 어미가 자음으로 시작되면 '-ᄃᆞᄫᅵ-'(-ᄃᆞ외-), 모음으로 시작되면 '-ᄃᆞᆯ-', 어간 말음이 모음이나 'ㄹ'인 경우에 뒤에 오는 어미가 자음으로 시작되면 '-ᄅ

븬-', 모음으로 시작되면 '-를-'이었다. 예. 쥬변들-, 疑心들-, 受苦를-, 외롤-(孤), 겨르를-(閑) 등. 이미 중세국어에서도 '-닿-'이 매우 생산적이었다. 예. 法닿-, 禮닿-, 시름닿-(愁) 등. 매우 특수한 파생 어간으로 '븕-'(赤), '몱-'(稀) 등이 있었다. 이들은 각각 '블'(火), '믈'(水)로부터의 고대적 파생인 것으로 믿어진다. 둘째, 동사 어간에서 파생된 것들이 있었다. 접미사는 '-ㅸ-', '-알-', '-갑-' 등이었다. 먼저 '-ㅸ-'는 동사 어간에 연결되는데, 그 말음이 모음이면 '-ㅸ-', 'ㅿ'이면 '-ㅸ/브-', 그 밖의 자음이면 '-ㅂ/브-'로 나타났다. 예, 믤-(믜- 憎), 그립-(그리- 慕), 두립-(두리- 恐), 놀랍-(놀라- 驚), 웃브-(웃- 笑), 믿브-(믿- 信), 저프-(젛- 畏), 뉘읏브-(뉘읓- 悔), 잇브-(잋- 困), 밧브-(밫- 忙), 골포-(곯- 飢), 알포-(앓- 痛), 슬프-(슳- 悲), 깃브-(깄- 喜), 굿ㅂ-(굮- 勞) 등. 근대 이후에 위의 동사 중 다수가 폐어화하고 파생어만이 남게 된 것도 주목할 만한 사실이다. (폐어화한 외에 '골포-, 알포-'는 'ㄹ'의 탈락으로 '고프-, 아프-'가 되어 '곯-, 앓-'과의 파생 관계가 의식되지 않기에 이르렀다.) 중세어에 있어서는 특히 이 접미사가 '亽랑ᄒ-(思, 愛), 感動 ᄒ-, 怒ᄒ-' 등의 어간에 접미되어 새로운 어간을 만들었다. 예. 亽랑홉도다(두시언해 21.40), 感動ᄒᆞ고(법화경언해 3.115), 怒ᄒᆞᄫᆞᆯ(월인석보 17.74) 등. 다음으로 '-알-' 역시 동사 어간에 연결되는데, 이 경우 어간 말음의 'ㅣ'는 탈락된다. 예. 앗갑-(앗기- 惜), 즐겁-(즐기- 欣), 붓그럽-(붓그리- 羞), 므겁-(므기- 重), 답갑-(답기- 悶), 므싀엽-(므싀- 畏) 등. 끝으로 '-갑-'은 형용사의 어간에 연결된다. 예. 녇갑-(녙- 淺), 맛갑-(맞- 適), 갓갑-(*갖- 近), 눗갑-(*눚- 低) 등.

파생 부사에는 명사에서 파생된 것과 용언에서 파생된 것이 있다. 명사 '몸'(身), '손'(手)에서 '몸소', '손소'가 파생되었다. 이 접미사는 매우 특이한 것으로 이 두 파생어에만 나타나는데, '*소'가 'ㅁ', 'ㄴ' 뒤에서 '소'로 변한 것이다. 16세기에는 이 변화를 입지 않은 방언형 '몸소'(소학언해 6.25)가 있었고 ('손소'가 17세기 초엽의 문헌에 보이므로 이것도 16세기에 존재했을 가능성이 크다.) 또 'ㄴ', 'ㅁ' 뒤에서 'ㅿ> ㅈ' 변화를 입은 '손조'(번역박통사 상63)가 있었다. ('몸조'는 17세기 초엽의 문헌에 나타난다.) 한편 '이리, 그리, 더리' 등은 본래 지시대명사 '이, 그, 뎌'에 沿格 조사 '-리'가 붙은 것이 화석화된 것이다. '아ᄆ리'도 '아ᄆ'(某, '아모'의 古形)에 '리'가 붙은 것이다. 이것은 현대국어의 '아무리'와 같이 부정적인 뜻을 가지지 않았다. 예. 則은 아ᄆ리 ᄒ면 ᄒᄂ 겨체 쓰ᄂ 字ㅣ라(훈민정음언해). 용언 어간에서는 (1) '-이' (2) '-히' (3) '-오'에 의하여 부사가 파생되었다. (1)의 예는 매우 많았다. 노피(높- 高), 기리(길- 長), 기피(깊- 深), 키(크- 大), 너비(넙- 廣), 해(하- 多), 니기(닉- 熟), 니르리(니를- 至) 등. (2)의 예는 다음과 같다. ᄀ득히(滿), 이러히(如此) 등. 끝으로 (3)은 '-오/우'로 나타났다. 도로(돌- 廻), 나소(낫- 進), 오ᄋ로(오올- 全), 골오(고ᄅ- 均), 기우루(기울- 斜) 등. 예. ᄒ 거름 나소 거룸만 몯ᄒ니라(석보상절 6.20), 오ᄋ로 섯근 거시 업서(同 13.28). 비ᄂ ᄒ 마소로 골오 젓고(同 13.26). 이 접미사는 중세에는 자못 생산적이었던 것으로 보이는데, 근대에 와서 비생산적이 되었다.

2. 曲用

중세어에서 체언에 조사가 통합될 때 그 체언이 交替를 보인다. 이 교체에는 自動的인 것과 非自動的인 것이 있었다. 당시의 정서법은 이들 교체를 충실히 반영하였다. 자동적 교체는 주로 말음이 'ㅈ ㅊ ㅿ ㅍ ㅌ'과 자음군('ㄹㄱ ㄹㅂ'은 제외)인 경우에 일어났는데, 음절말과 모음간의 자음에 관한 규칙(146~8면 참조)에 의한 것이었다. 그리하여 '곶'(花), '밧'(外) 등은 자음으로 시작된 조사 앞에서는 '곳', '밧'으로 교체되었었다. 이러한 자동적 교체를 보인 체언 중 'ㅎ' 말음을 가진 것들이 있었다. 가령 '石'을 의미한 명사의 단독형은 '돌'이었지만, 곡용형은 '돌히'(주격), '돌해'(처격), '돌홀'(대격), '돌ㅎ로'(조격), '돌콰'(공동격) 등이었다. 이 말음 'ㅎ'은 저 위에서 말한 음운 규칙(149면)에 따라 나타나기도 하고 전혀 나타나지 않기도 하였다. 이와 같은 체언은 매우 많아서 15세기 문헌에 나타나는 것을 조사해 보면 80단어를 넘는다. 예. (편의상 말음 'ㅎ'은 생략) 나라(國), 짜(地), 하놀(天), 길(道), 내(川), 시내(溪), ᄀᆞ울(秋), 나조(夕), 우(上), 뒤(後), 안(內), 뫼(山), 미(野), 드르(野), 돌(梁), 즐(源), 쫄(源), ᄆᆞ술(村), 뜰(庭), 수(藪), 움(窟), ᄀᆞ눌(陰), 모(方), ᄀᆞ올(州), 셔울(京), 여러(諸), 마(薯), ᄂᆞ물(菜), 밀(小麥), 조(粟), 알(卵), 고(鼻), 니마(額), 볼(臂), 술(肌), 암(雌), 수(雄), 뎌(笛), 놀(刃, 經), 말(橛), 쇼(白衣), 긴(纓), 노(繩) 등. 이들 'ㅎ' 말음 체언은 15세기에 일부 동요되고 있었다. 가령 대표적인 예로 '하늘히, 하늘콰' 등의 'ㅎ놇'의 예와 '하ᄂᆞ리, 하늘와' 등의 '하늘'의 예는 수적으로 비등하며 이외에도 위에 든 체언들이 곡용에 있어서 'ㅎ'을 가지지 않는 예를 볼 수 있다. 예. ᄀᆞ술와(두시언해 8.59), 길로(동 22.30) 등. 이 말음 'ㅎ'은 뒤에 소실했는데 이 소실은 근대에 들어와서의 일이었다. 16세기 말까지의 문헌에는 표기상으로 15세기 중엽과 이 점에 있어서 별 변화가 나타나지 않았다.

중세어에 비자동적 교체를 보인 체언 어간이 존재한 사실은 특기할 만하다. (1) '나모'(木)의 곡용형을 보면 '남기, 남글, 남기, 남ᄀᆞ로, 나모와' 등이었다. 즉 휴지나 자음 앞에서는 '나모'로, 모음 앞에서는 '낡'으로 나타난 것이다. 이와 동일한 교체를 보인 것으로는 '구무'(穴), '녀느'(他), '불무'(冶) 등이 있었다. '불무'는 '붊기, 붊글' 등으로 곡용하였으니 그 어간은 '붊'이었다고 할 수 있다. (2) '노ᄅᆞ'(獐)의 곡용형은 '놀이, 놀올, 놀이' 등이었다. 즉 이 어간은 (위의 '나모'와 동일한 조건에서) '노ᄅ'와 '놀ㄱ'로 교체되었다. 이와 동일한 교체를 보인 것으로는 'ᄂᆞᄅ'(津), '시ᄅ'(甑), 'ᄌᆞᄅ'(柄), '쟈ᄅ'(袋) 등이 있었다. (3) 'ᄆᆞᄅ'(棟)의 곡용형은 '몰리, 몰릭, 몰룰' 등이었다. 즉 이 어간은 'ᄆᆞᄅ'와 '몰ᄅ'로 교체되었다. 'ᄒᆞᄅ'(一日)도 동일한 교체를 보였다. (4) '아ᅀᆞ'(弟)의 곡용형은 '앗이, 앗이, 앗을, 아ᅀᆞ와' 등이었다. '여ᅀᆞ'(狐)도 동일한 교체를 보였다. 아마 '무수'(蘿蔔)도 여기에 추가되는 것으로 생각된다. '뭇이라'(금강경삼가해 3.51).

이들 비자동적 교체는 역사적으로 설명된다. 가령 (1)의 '나모'는 고대에는 '*나목'이었는데, 어떤 이유로 휴지나 자음 앞에서는 말자음이 탈락하여 '*나모>나모'가 되고 모음 앞에서는 '낡'이 된 것으로 추정된다. (2)와 (3)은 'ᄅ'(르)로 끝난 어간들이 다르게 곡용한 점에서 주목되는데, 이 원인도 역사적으로 설명된다. 즉 '노ᄅ'의 고대형은 '*노륵'이었고 'ᄆᆞᄅ', 'ᄒᆞᄅ'의 고대형은 '*ᄆᆞ롤', '*ᄒᆞ롤'(더 고형은 '*ᄒᆞ돌')이었던 것으로 추정된다.(92면 참조) 이들도 역시 휴지나 자음 앞에서는 말자음의 탈락을, 모음 앞에서는 이음절 모음의 탈락을 경험한 것으로 추정된다.

위의 것들과 조금 다른 교체를 보인 예에 의문 대명사 'ᄆᆞ스/ᄆᆞᄉᆞᆨ'(何)이 있었다. ᄆᆞ스것고(월인석보 21.215), ᄆᆞ슷 罪오(월인석보 1.7), ᄆᆞ스기 깃부미리오(何喜, 영가집 하17), ᄆᆞ스글 求ᄒᆞ리오(何求, 두시언해 22.38), ᄆᆞ스게 ᄡᅳ료(월인석보 10.25). 이의 고대형은 '*ᄆᆞᄉᆞᆨ'으로 추정되는데, 휴지나 자음 앞에서 말자음이 탈락한 점은 위의 것들과 같지만 모음 앞에서도 이음절 모음을 유지한 점이 다르다.

말음이 i인 체언들이 특히 속격과 호격에서 그 말음을 탈락시킨 예들을 볼 수 있다. 가령 '아비'(父), '어미'(母)의 곡용형은 '아ᄇᆡ, 어믜'였으며 '아기'의 호격형은 '아가'였다. 그리고 '늘그니'(老人), '病ᄒᆞ니'(病人) 등의 곡용형도 '늘그늬, 病ᄒᆞ늬'였다. 한편 '가지'(枝)의 처격형 '가

재'(용비어천가 7장)의 예도 있었다.

중세어의 조사의 특징을 들어 보면 다음과 같다. (1) 주격 조사는 체언 어간의 말음이 자음일 때에는 '-ㅣ', 모음일 때에는 그 모음과 하향 이중모음을 형성하였다. 단 모음 i일 때에는, 체언 말음절이 무점(평성)일 때 그것이 2점(상성)으로 나타나며 체언 말음절이 1점(거성)일 때에는 표기상 아무런 변동도 없었다. 예. :사ᄅᆞ·미(:사름 人), 부:톄(부텨 佛), 드:리(드리 橋), 불·휘(불·휘 根) 등. 현대어의 주격 조사 '-가'는 문헌상으로는 15세기에는 나타나지 않는다. 1572년에 쓰인 것으로 추정되는 한 편지(松江 鄭澈 慈堂 安氏)에 그 최초의 예라고 할 만한 것이 보인다. "춘 구드틱 자니 빅가 세니러셔 즈로 둔니니." 적어도 16세기 후반의 국어에는 존재했던 것으로 생각된다.(218면 참조) (2) 속격 조사에는 '-익'와 '-ㅅ'(소위 사이시옷)이 있었다. '-익/의'는 사람, 동물과 같은 有情物의 平稱에, '-ㅅ'은 유정물의 尊稱과 無情物에 사용되었다. 예. 象이 香, ᄆᆞ리 香, 쇠 香(석보상절 19.17), 世尊ㅅ 神力(석보상절 6.7), 즈갓 오ᄉᆞ란 밧고 瞿曇이 오술 니브샤(월인석보 1.5), 나랏 小民(용비어천가 52장) 등. 어미 '-익/의'는 속격과 처격에 쓰였으나, 유정물에 쓰이면 속격, 무정물에 쓰이면 처격이 되어 구별되었다. (3) 처격 조사에는 '-애', '-익'가 있었다. 이 두 조사의 관계는 아직 분명히 밝혀지지 않고 있다. 처격으로 '-익'를 취하는 명사들은 대체로 정해져 있었으나 동일한 명사가 '-익'와 '-애'를 취한 예도 있었다. 조사 '-애'는 모음조화 규칙에 따라 양모음 어간 뒤에서는 '-애', 음모음 어간 뒤에서는 '-에', i나 y 뒤에서는 '-예'로 나타났다. 예. ᄯᅡ해(地), 누네(眼), 서리예(間) 등. (4) 대격 조사는 '-ㄹ'이었다. '獨夫受ᄅᆞ'(용비어천가 11장), '가칠'(同 7장), '하나빌'(同 125장), '님금位ᄅᆞ'(월인천강지곡 3장)을 비롯하여 대명사에서 '우릴'(용비어천가 68장), '눌'(同 99장), '날'(同 115장) 등 많은 예가 있다. 자음으로 끝난 체언 뒤에서는 연결 모음(/ㅡ)이 삽입되었다. 그리고 '-룰/를'이 모음으로 끝난 체언 뒤에 많이 나타나는 바, 이것은 '-ㄹ'에 다시 '-올/을'이 붙은 이중형이었다. (5) '-로'는 조격과 향격의 조사였다. 자음으로 끝난 체언 뒤에서는 연결 모음이 삽입되었다. (6) 공동격 조사는 '-와/과'였다. 어간 말음이 'ㄹ'이거나 모음이면 '-와', 그밖의 환경에서는 '-과'가 나타났었다. 예. 물와(馬), 쇼와(牛), 구룸과(雲), 이웃과(隣) 등. 어간 말음 'ㄹ' 뒤의 '-과'形의 출현은 16세기 초에도 있었으나('지믈과 긔용과 술위과 물과 죵올' 여씨향약언해 36) 그 일반화는 16세기 후반에 일어났다. 계초심학인문(1577)에 '힝실과'(行實), '말과'(言) 등, 소학언해에 '솔과'(松), '글월과'(文) 등이 보인다. 그런데 이들 문헌에서는 '-과'형이 다음과 같은 예에도 사용되었음을 본다. 계초심학인문 '능례과 소례과'(能禮所禮), 소학언해 '션비과', '엇게과', '이바디예과'(宴), '바독쟝긔과'(博奕) 등. 이 예들은 공동격 조사에 있어서도, 활용 어미에 있어서의 'ㄱ'형의 출현과 마찬가지로, y 뒤에서 '-과'형이 일시 나타났음을 분명히 보여 주는 것이다. 이러한 경향은 근대에 들어와서도 있었으나 점차 다른 모음들에 접미된 '-와'에의 유추로 그것으로 고정되었다. (7) 호격 조사로 일반적인 것은 '-하'와 '-아'였다. '-하'는 尊稱으로 언제나 아랫 사람이 윗 사람을 부를 때 사용되었으며 '-아'는 반대로 윗 사람이 아랫 사람을 부를 때 사용되었다. 가령 大王이 世尊을 부를 때, 또는 臣下가 大王을 부를 때는 각기 '世尊하', '大王하' 하였지만 世尊이 大王을 부를 때는 '大王아'로 되었다. 한편 '-여'가 있었는데 이것은 영탄의 느낌을 나타낸 것으로 보인다. 예. 文殊師利여.

　대명사의 곡용은 명사의 그것에 준했지만 약간 특이한 점이 있었다. 인칭대명사에서 '나'(1인칭 단수)는 주격형과 속격형이 '내'였으나 성조에 차이가 있었다. 주격형은 거성, 속격형은 평성. 2인칭 대명사

'너'는 주격형 '네'(상성), 속격형 '네'(평성)였다. 미지칭은 '누'였다. 주격형 뉘(거성), 속격형 뉘(상성), 대격형 눌, 누를 등. 이 '누'에 의문의 添詞 '고, 구'가 연결된 것이 '누고, 누구'였다. 예. 느믄 누구(他是阿誰)(몽산법어 20), 부톄 누고(월인석보 21.195). 이 '누고, 누구'가 근대어에 와서 대명사 어간으로 인식되기에 이른 것이다. '무엇'에 해당하는 중세어의 의문 대명사는 '므슥'이었음을 위에서 말하였는데, '므슴'도 간혹 나타난다. 예. 므슴과 곧ᄒ뇨(육조법보단경 상5), 므슴 饒益으로(석보상절 13.25), 므슴 펴리오(영가집 하128), 현대어에 있어서 '어느'는 소위 "관형사"지만 중세어에 있어서는 훌륭한 대명사였다. 주격형 어늬, 대격형 어늘. 예. 妙道는 어느고(영가집 하122), 어늬 구더(용비어천가 47장), 어늘 從ᄒ시려뇨(월인석보 7.26) 등. 부사로 '어찌'의 뜻으로 사용된 예도 많았다. 어느 다 ᄉᆞᆲ브리(용비어천가 118장). 대명사의 조격형은, 특히 단음절의 경우, '-ㄹ로'였다. 예. 날로, 널로, 일로, 절로, 눌로. '절로'는 중세에 있어서도 이미 '저절로'의 의미를 가졌었다. 그리고 대격과 공동격의 결합으로 '-ㄹ와'가 나타나기도 하였다. 예. 눌와 다못ᄒ야(두시언해 20.8), 仁과 날와 보ᄂ니(석보상절 13.25). 명사에 있어서는 공동격과 대격의 결합 '-와롤'이 일반적이었다.

끝으로 현대국어에서는 "관형사"로서 곡용을 모르는 '새'(新)와 '늘'(生)이 곡용을 했음을 지적해야겠다. 예. 새와 늘ᄀ니와(新故, 능엄경 7.83), 새예 갈씨(趣新, 同 7.85), ᄂᆞ를 머그면(生噉, 同 8.5) 등. 이들은 본래 명사였던 것이다.

3. 活 用

중세어에 있어서도 용언의 활용에서 동사와 형용사의 그것에는 차이가 있었다. 이 차이는 현대국어의 그것과 원칙적으로는 동일하였다.

가령 선어말 어미 '-ᄂ-'는 동사의 활용의 특징이었다. 그런데 중세어에서 '잇-'(有)은 이 '-ᄂ-'를 가졌으나 '없-'(無)은 이것을 가지지 않았다. 이 점에 있어서 '잇-'은 동사의 특징을, '없-'은 형용사의 특징을 가졌었다. 한편 중세어에 있어서 繫詞의 활용은 매우 특이하였다.

중세어의 활용 어간에는 자동적인 교체를 보이는 것과 비자동적인 교체를 보이는 것이 있었다. 자동적 교체는 체언에 있어서와 대차 없으므로 略하고 다음의 사실들을 지적함에 그치려고 한다. 중세어에는 말음 'ㅿ', 'ㅸ'를 가진 많은 어간이 존재하였다. 예. 났-(進), 닝-(繼), 도-(愛), 븟-(注), 앗-(奪), 웃-(笑), 좇-(稽), 줏-(拾), 짓-(作), 골-(麗), 굽-(炙), 눕-(臥), 덥-(暑), 쉽-(易), 어듭-(暗), 어렵-(難), 일-(迷), 칩-(寒), 굷-(並), 솗-(白), 엷-(薄) 등. 이들의 말음은 자음으로 시작된 어미 앞에서는 자동적으로 'ㅅ'과 'ㅂ'으로 교체되었다. 한편 중세에는 근대 이후에는 볼 수 없는 말음 'ㅺ', 'ㅼ', 'ㅳ'을 가진 어간들이 있었다. 예. 닦-(修), 것-(折), 맜-(任), 옳-(縮) 등. 어간의 말모음은 모음으로 시작된 어미 앞에서는 모음 연접의 규칙에 의하여 변하였다. 다만 'ᄒ-'는 예외적으로 'ᄒ요-, ᄒ야'가 되었는데 'ᄒ요-'는 합성 어간에서 'ᄒ오-'가 되기도 하였다.

용언 어간의 비자동적 교체에는 현대어에서도 볼 수 있는 '듣-/들-' (聞) '묻-/물-'(問) 같은 것들 외에도 다음과 같은 것들이 있었다. (1) '시므-'(植)의 활용형은 '시므고, 시므디, 심거, 심굼' 등이었다. 자음 앞에서는 '시므-'로, 모음 앞에서는 '심-'으로 나타난 것이다. (2) '다르-' (異)의 활용형은 '다르거늘, 다르샤, 달아, 달옴' 등이었다. 이 어간은 '다르-'와 '달ㅇ-'로 교체되었다. 이와 동일한 교체를 보이는 것으로는 '고르-'(均), '기르-'(養), '니르-'(謂), '두르-'(圍), '므르-'(裁), '오르-' (上) 등이 있었다. (3) '모르-'(不知)의 활용형은 '모르거늘, 모르고, 몰라, 몰롤' 등이었다. 이런 교체를 보인 것으로는 'ᄆ르-'(乾), '므르-'

(退), '섈ᄅ-'(速), '부르-'(呼), '흐르-'(流) 등이 있었다. (4) 'ᄇᅀ-'(碎)의 활용형은 'ᄇᅀ디, ᄇᅀ며, ᄇᅀ아, ᄇᅀ온' 등이었다. 즉 'ᄇᅀ-'와 'ᄇᅀㅇ-'의 교체를 보였다. 이와 같은 교체를 보인 것으로는 '그ᅀ-'(牽), '비ᅀ-'(扮), '수ᅀ-'(喧) 등이 있었다. 이들 4類의 교체는 위에서 본 체언의 그것과 일치하는 것으로, 이들에 대해서도 거의 같은 역사적 설명을 할 수 있다. 이들 교체는 16세기 후반에 (2)가 (3)에 합류되어 근대어에 이어졌으며, (4)는 없어지고 말았다.

약간의 용언 어간의 교체는 여기에 지적될 가치가 있다. '니를-'(至)은 때로 '니르-'로도 나타났다. 가령 어미 '-게'가 붙은 활용형은 일반적으로 '니를에'였지만 간혹 '니르게'도 보였다. '녀-'(行)는 선어말 어미 '-거-' 앞에서는 '니-'로 교체되었다. 예. 니거지이다, 니거늘 등. '겨시-'(현대어 계시-)는 어미 '-쇼셔' 앞에서는 '겨-'로 되었다. 예. 龍王은 겨쇼셔(월인석보 7.26). 이것은 '겨시-'의 '-시-'가 본래 존경법의 선어말 어미요 '-쇼셔'도 이 어미와 관계가 있기 때문이었다. '앉-'(坐)', '엱-'(置上)은 간혹 '앗-' '엿-'으로 나타나기도 하였다. 이들은 신형과 고형으로 고형은 매우 드물게 쓰이다 소실되었다. 끝으로 '이시-'(有)는 모음 및 유성자음으로 시작된 어미(선어말 어미 '-ᄂᆞ-'는 제외) 앞에 나타났으며 그밖의 어미 앞에서는 '잇-'으로 교체되었다. 예. 이시며, 이셔, 잇고, 잇더니, 잇는 등. 어미 '-아'와 '이시-'의 결합에서 '이시-'가 '시-'가 됨은 위에서 지적한 바지만(158면 참조) i로 끝난 단어 뒤에서 '시-'로 나타난 예도 있었다. ᄀᆞ마니 시며(능엄경언해 10.14) 등.

활용 어미는 활용형의 맨끝에 서는 語末 어미와 그 앞에 서는 先語末 어미로 나뉜다. 선어말 어미는 意圖法, 敬語法, 時相 등을 표시하였고 어말 어미는 動名詞 등을 형성하였다.

선어말 어미 중에서 의도법 어미 '-오-'는 근대어나 현대어에서는 볼 수 없는 중세어의 특징이었다. 이 어미는 자음으로 끝난 어간 뒤에서 모음조화에 따라 '-오/우-'로 교체했고, 모음으로 끝난 어간 뒤에서는 모음의 連接 規制에 따라 변했으나, 어간 말음이 'ㅏ, ㅓ'인 경우에 '-오/우-'가 탈락됨이 주목된다. 그 결과 어간 말음이 'ㅏ, ㅓ, ㅗ, ㅜ'면 '-오/우-'가 표기상 나타나지 않았으나 성조에 변동이 생기는 일이 있었다. 예. 마고-(막- 防), 머구-(먹- 食), 포-(프- 掘), 뿌-(쁘- 用), :가-(가- 行), 이·어-(이·어- 搖), :오-(오- 來), :주-(주- 與), 그류-(그리- 慕), 여희유-(여희- 離) 등. 이 어미는 과거 시상의 선어말어미 '-더-'와 결합하면 '-다-', 경어법의 '-시-'와 결합되면 '-샤-', 계사와 결합하면 '-이로-'로 되었음이 특기할 만하다. 예. 이룰사 붓그리다니(월인천강지곡 121장), 가샴 겨샤매(용비어천가 26장). 계사에 대하여는 180면 참조. 이 의도법 어미는 그 출현이 매우 규칙적이어서 일부 어말 어미와의 결합에 국한되어 있다. 그리고 이들 어말 어미도 '-오-'를 항상 수반하느냐, 때로는 수반하고 때로는 수반하지 않느냐에 따라 두 부류로 나뉜다. 가령 동명사의 어미 '-ㅁ'이나 부동사 어미 '-딕'는 언제나 그것을 수반한 第一類였다. 예. 머굼, 머구딕(먹- 食); 자봄, 자보딕(잡- 取) 등. 이에 대하여 동명사의 어미 '-ㄴ', '-ㄹ'은 第二類로서 때로는 '-오-'를 취하고(第一形), 때로는 그것을 취하지 않았다(第二形). 예. 第一形. 前生애 지손 罪(월인석보 1.6), 닐온 말(同 2.70), 衆生이 니불 옷(同 8.65), 앗꿇 쁜(同 18.32) 등; 第二形. 죄 지슨 몸(同 21.20), 주근 사롬(同 21.25), 길 녈 사롬(同 21.119), 펴디 몯홇 놈(훈민정음언해) 등. 이 第二類에 속하는 어미는 이밖에도 많았다. '-니, -느니, -리니, -리라' 등은 각각 제일형으로서 '-오니, -노니, -오리니/우리니, -오리라/우리라' 등을 가졌다. 이 의도법 어미는 사실의 객관적 진술에는 사용되지 않았고, 주관적 의도가 가미된 동작(또는 상태)의 진술에 사용되었다. 이것은 설명문의 서술어에서는

話者의 의도를, 의문문의 서술어에서는 聽者의 의도를 나타냈다. 몇 예를 든다. 이 東山을 ᄑᆞ로리라(석보상절 6.24), 내 멀톄로 닐오리이다(월인석보 21.38), 부텻 法이 精微ᄒᆞ야 져믄 아히 어느 듣ᄌᆞᄫᆞ리잇가(석보상절 6.11), 그리고 附加語에서는 동작 주체의 의도를 나타냈다. 예. 니르고져 홇 배 이셔도(有所欲言, 훈민정음언해). 이 의도법은 15세기에 동요되기 시작하여 16세기에 소멸하고 말았다. 그 소멸은 적어도 두 단계를 거쳤던 것으로 보인다. 16세기 前半에 第二類에 있어서 소멸하였다. 번역박통사에 '관원들히 ᄆᆡᆼ근 됴ᄒᆞᆫ 수울'(上 2), 'ᄆᆞ레 슬픈 ᄃᆞᆰ'(상 5), '보븨로 ᄭᅮ민 수늙 노픈 곳'(상 5) 등이 있는 바, 이들 예의 'ᄆᆡᆼ근, 슬픈, ᄭᅮ민' 등은 15세기 문헌에서라면 'ᄆᆡᆼᄀᆞ론, 슬몬, ᄭᅮ뮨' 등으로 되었을 것이다. 다음으로 16세기 後半에 第一類에 있어서 소멸되었다. 이론적으로 보더라도 이 부류에서 나중까지 존속된 것은 수긍되는 사실이다. 小學諺解는 이 第一類에 있어서의 소멸이 완성되었음을 보여 주고 있다. 예. 안줌(15세기, 안좀 坐), 업슴(업숨 無), 먹음(머굼 食), ᄡᅮᆷ(ᄡᅮᆷ 用) 등.

경어법의 선어말 어미에는 세 종류가 있었다. 謙讓法의 '-ᄉᆞᆸ-', 尊敬法의 '-시-', 恭遜法의 '-이-'가 그것이다. 첫째, 겸양법은 尊者에 관련된 卑者의 동작, 상태를 표시하는 것이었다. 예. 이제 부텻 威力을 닙ᄉᆞᄫᅡ(석보상절 9.39), 부텻像ᄋᆞᆯ ᄆᆡᆼᄀᆞ라 조흔 座애 便安히 노ᅀᆞᆸ고(同 22), 如來ㅅ일후믈 듣ᄌᆞᄫᆞ면(동 18), 내 如來 니르샨 經에 疑心을 아니 ᄒᆞᅀᆞᆸ노니(동 26), 佛像 올흔 녀그로 갑도ᅀᆞᆸ고(동 23), 仁義之兵을 遼左ㅣ 깃ᄉᆞᄫᆞ니(용비어천가 41장), 三賊이 좇ᄌᆞᆸ거늘(동 36장) 등. 이 예들에도 부분적으로 나타났지만 이 어미는 어간 말음이 'ㄱ ㅂ ㅅ ㅎ'이면 '-ᄉᆞᆸ-', 모음과 'ㄴ ㅁ'이면 '-ᅀᆞᆸ-', 'ㄷ ㅈ ㅊ'이면 '-ᄌᆞᆸ-'으로 나타났고, 뒤에 오는 어미가 자음으로 시작되면 'ㅸ'는 'ㅂ'으로 교체되었다. 이들은 음소 'ㅸ'와 'ㅿ'의 소멸로 그 음상이 변하였다. 둘째, 존경법 어미 '-시-'(연결 모음을 가졌다)는 尊者의 동작, 상태에 대한 존경을 표시하는 것이었다. 의도법 어미 '-오-' 또는 부동사 어미 '-아'와 결합하면 '-샤-', '-샤'가 됨이 특징이었다. 이 어미는 현대국어에 있어서도 사용되고 있다. 셋째, 공손법 어미 '-이-'는 尊者에 대한 話者의 공손한 진술을 표시하는 것이었다. 예. ᄒᆞᄂᆞ이다, ᄒᆞ리이다, ᄒᆞᄂᆞ잇가, ᄒᆞ리잇고 등. 15세기 문헌에는 'ᄒᆞᄂᆞᆼ다, ᄒᆞ노ᇝ가' 등이 보이는데, 이들은 공손의 등급이 조금 낮은 것으로 생각된다. 이 등급의 차이는 명령문에서 보면 하나는 'ᄒᆞ쇼셔'체에 해당되고 하나는 'ᄒᆞ야ᄊᆞ'체에 해당되는 것이다. 중세어 문헌에 나타난 대화들은 경어법의 실상을 잘 보여준다. 서로 대등한 처지인 須達과 護彌의 대화(석보상절 6.16~18):

須達이 護彌ᄃᆞ려 무로ᄃᆡ 主人이 므슴 차바ᄂᆞᆯ 손소 ᄃᆞᆫ녀 ᄆᆡᇰᄀᆞ노닛가. 太子ᄅᆞᆯ 請ᄒᆞᅀᆞᄫᅡ 이받ᄌᆞᄫᆞ려 ᄒᆞ노닛가. 大臣ᄋᆞᆯ 請ᄒᆞ야 이바도려 ᄒᆞ노닛가. 護彌 닐오ᄃᆡ 그리 아닝다. 須達이 …… 다시 무로ᄃᆡ 엇뎨 부톄라 ᄒᆞᄂᆞ닛가. 그 ᄠᅳ들 닐어쎠. 對答호ᄃᆡ 그듸는 아니 듣ᄌᆞᄫᅢ더시닛가. 淨飯王 아ᄃᆞᆫ님 悉達이라 ᄒᆞ샤리 …… 三世옛 이ᄅᆞᆯ 아ᄅᆞ실ᄊᆡ 부톄시다 ᄒᆞᄂᆞᆼ다.

다음은 世尊과 須達의 대화(석보상절 6.21~22):

須達이 부텨ᄭᅴ ᄉᆞᆲ보ᄃᆡ 如來하, 우리 나라해 오샤 衆生이 邪曲ᄋᆞᆯ 덜에 ᄒᆞ쇼셔. 世尊이 니ᄅᆞ샤ᄃᆡ 出家ᄒᆞᆫ 사ᄅᆞᄆᆞᆫ 쇼히 ᄀᆞᆮ디 아니ᄒᆞ니 그에 精舍ㅣ 업거니 어드리 가료. 須達이 ᄉᆞᆲ보ᄃᆡ 내 어루 이ᄅᆞᅀᆞᄫᆞ리이다.

時相의 선어말 어미에는 현재의 '-ᄂᆞ-', 과거의 '-거-', '-아/어-' 및 '-더-', 미래의 '-리-' 등이 있었다. 예. 沙彌 사모려 ᄒᆞᄂᆞ다 훌씨(석보상절 6.2), 놀애ᄅᆞᆯ 블로ᄃᆡ 安樂國이ᄂᆞᆫ 아비를 보라 가니 어미도 몯 보아 시르미 더욱 깁거다 ᄒᆞ야ᄂᆞᆯ (월인석보 8.101), 尊ᄒᆞ신 王이 업스시니 나라히 威神을 일허다 ᄒᆞ고(월인석보 10.9), 龍과 鬼神과 위ᄒᆞ야 說法ᄒᆞ더시다(석보상절 6.1), 당다이 이 피를 사름 ᄃᆞ외에 ᄒᆞ시리라 (월인석보 1.8). 이들 어미는 時制라기보다는 相을 나타냈다. '-ᄂᆞ-'는 현재 계속되고 있는 동작, '-거-', '-아/어-'는 과거에 완결된 동작, '-더-'는 과거에 완결되지 않은 동작의 회상, '-리-'는 미래에 일어날 동작의 추측 등을 의미하였다. 형태상 특기할 것은, '오-'(來) 뒤에는 '-거-'도 사용되었지만 특이한 異形 '-나-'가 주로 사용되었으며(예. 오나ᄃᆞᆫ), '-더-'는 계사 뒤에서는 '-러-'가 되었다. 예. 十八億이러니. 그리고 '-거-'는 y, 'ㄹ' 및 계사 뒤에서는 '-어-'가 되었다. (예. ᄃᆞ외어늘, 알어늘, ᄆᆞᅀᆞ미어늘) '-리-'는 기원적으로 동명사의 어미 '-ㄹ'과 계사 '이-'의 결합이어서 이 뒤에서 '-더-', '-거-'는 '-러-', '-어-'가 되었다. '-리러-'는 미래의 미완 동작을, '-리어-'는 미래의 완료 동작을 추측할 때 사용되었다. 예. 功德이 이러 당다이 부톄 ᄃᆞ외리러라 (석보상절 19.34), 正覺 나래 마조 보리어다(월인석보 8.87)

이 밖에 감탄법의 선어말 어미들이 있었다. '-도다, -도소니, -도소이다' 등의 '-도-', '-돗-'이 그것이다. 이들은 '-리-'와 계사 뒤에서는 '-로-, -롯-'으로 교체되었다. 중세 문헌에 자주 보이는 '-것다', '-놋다', '-닷다', '-샷다' 등의 '-ㅅ-'도 감탄법인 것으로 추정된다. 이 '-ㅅ-'은 의도법의 '-오-'를 수반하였으나 간혹 단독으로 나타나기도 하였다. 예. 患難 하매 便安히 사디 몯ᄒᆞ소라(두시언해 8.43), 너희들히 므스글 보ᄂᆞ순다(월인석보 10.28), 너희들히 아라스라(동 10.26).

선어말 어미들의 배열 순서는 'ᄒᆞᅀᆞ더시니', 'ᄒᆞᅀᆞᄫᆞ시니이다', 'ᄒᆞᅀᆞ보리이다', 'ᄒᆞ리로소이다' 등의 예에 드러난 바와 같이 겸양법-과거-존경법-현재-의도법-미래-감탄법-공손법으로 공식화할 수 있다. 이 공식에서 과거와 현재, 현재와 미래의 어미들은 서로 배타적이나 과거와 미래는 배타적이 아니었다. 위에서 말한 '-리러-', '-리어-'가 그 예인데, 이 서열은 이 공식에 대한 예외였다고 할 수 있다. 그리고 과거와 존경법의 '-거시-', '-더시-'는 15세기에 이미 '-시거-', '-시더-'로 뒤바뀐 예들이 있었으며 근대에 와서 이렇게 고정되었다.

어말 어미 중 동명사의 어미에는 (1) '-ㄴ' (2) '-ㄹ' (3) '-ㅁ' (4) '-기'가 있었다. 넷 다 현대어에도 있으나 그 용법에 차이가 있었다. (1)은 시상의 선어말 어미와 결합되는 것이 특징이었다. '-는', '-던', '-건', '-린' 등이 그것이다. 예. 죽다가 살언 百姓(용비어천가 25장), 디나건 녯녓 시절에(석보상절 6.8), 무춤내 成佛 몯호린 젼추로 니르디 몯호리라(금강경언해 43). (2)의 표기에 대해서는 130면 참조. 중세어에는 이 어미가 미래의 선어말 어미에 결합된 '-릴'이 있었다. 이것은 '-ㄹ'보다는 강한 미래의 추측을 나타낸 것으로 생각된다. 예. 天人이 모두릴씨 諸天이 다 깃스ᄫ니(월인천강지곡 13장). (3)은 언제나 의도법의 선어말 어미에 결합되었다. 머굼(먹- 食), 자봄(잡- 捕), 뿜(쓰- 用), 폼(포- 掘) 등. (4)는 중세어에서는 그 용례가 매우 드물다. 예. 布施ᄒ기를 즐겨(석보상절 6.13). 글 스기와 갈 쁘기와 비호니(두시언해 7.15).

副動詞의 어미는 매우 잡다하여 그 의미를 추정하기가 여간 어렵지 않다. 그 중 중요한 것들을 들어 보면 다음과 같다. (1) 전후 나열을 나타낸 '-고'는 현대에 있어서와 다름이 없었다. 다만 특수조사 'ㄴ'과 첨사 'ㄱ'(강세) 'ㅁ'(반복)이 뒤에 와서 '-곤', '-곡', '-곰'이 되었고 '-곤'은 선어말 어미 '-리-' 뒤에 연결되기도 하였다. 예. 일훔도 듣디 몯ᄒ리온 ᄒ 물며 보미ᄯᄂ녀(영험약초 5), 죽곡 주그며 나곡 나(死死生生, 능엄경 4.30), ᄒᆞᆫ 부체를 다드니 ᄒᆞᆫ 부체 열이곰 훌씨(월인석보 7.9). (2) 동시 병행을 나타낸 '-며'는 동명사 어미 '-ㅁ'과 첨사 '여' (185면 참조)의 결합이었다. 그 의미는 현대어에 있어서와 같았으나 선어말 어미 '-리-'

뒤에 올 수 있었고 후치사 '셔', 첨사 'ㅇ'이 뒤에 와서, '-며셔', '-명' 등이 된 점이 달랐다. 예. 스ᄆ차사 ᄒ리며(몽산법어 10), 수머 살며셔 어버시를 효양ᄒ더니(번역소학 8.2), 더으명 더러(加減, 구급방언해 상 70). (3) 주동사의 동작보다 선행한 동작의 양태를 나타낸 '-아/어'도 현대에 있어서와 다름이 없었다. 첨사 'ㄱ', 'ㅁ'이 결합됨이 특이하였다. 예. 수를 마셔 당샹 ᄀ장 醉케 ᄒ면(구급방언해 하 64), 쇼리 자밤 서르 니스니(남명집언해 상 27), ᄀ람 부러(구급간이방 1.46). (4) 원인을 나타낸 어미에는 현대어에도 있는 '-니'가 자주 쓰였다. 이밖에 '-매'와 '-늘/ㄹ'이 있었는데 이들은 각각 동명사 어미 '-ㄴ', '-ㅁ'과 '-애'(처격), '-올/을'(대격)의 결합이었다. 한편 동명사 어미와 형식명사 'ㅅ', 'ᄃ'의 결합인 '-ㄹ씨'와 '-관ᄃᆡ'도 원인을 나타내었다.(형식명사 'ㅅ', 'ᄃ'에 대해서는 188면 참조) '-ㄹ씨'는 설명문에, '-관ᄃᆡ'는 의문문에 사용되었다. 예. ᄇᆞ르매 아니 뮐씨 곶 됴코 여름 하ᄂ니(용비어천가 2장), 엇던 行願을 지스시관ᄃᆡ 이 相ᄋᆞᆯ 得ᄒ시니잇고(월인석보 21.18). (5) 조건을 나타낸 어미로는 현대에도 쓰이는 '-면'과 '-든/둔'이 있었고, 특이한 것으로 '-ㄴ대', '-란ᄃᆡ' 등이 있었다. '-든/둔'은 선어말 어미 '-거-', '-아/어-'에 연결되었다. 예. ᄒ거든, ᄒ야둔. '-ㄴ대'에 후치사 'ㄴ'이 붙어 '-ㄴ댄'(간혹 '-ㄴ덴')이 되기도 하였다. 예. 舍利弗이 젿ᄎ 업시 우ᅀᅥ늘 須達이 무른대 對答호ᄃᆡ(석보상절 6.35). 그리고 '-ㄴ댄'은 선어말 어미 '-거-', '-더-'에 연결되었다. 예. 天女를 보건댄 내 겨지비ᅀᅡ 눈 먼 獼猴 ᄀᆞ도소이다(월인석보 7.12), 나ᅀᅡ오던덴 목숨 기트리잇가(용비어천가 51장). '-란ᄃᆡ'는 현대어의 '-ㄹ 것이면'에 해당된다. 예. 精舍 지스란ᄃᆡ 일후믈 … 孤獨園이라 ᄒ라(석보상절 6.40). (6) 양보를 나타낸 어미로는 '-나', '-ᄃᆡ'가 대표적이었다. '-나'의 용법은 현대어 그대로였다. '-ᄃᆡ'는 언제나 선어말 어미 '-오-' 뒤에 연결되었다. 예. 아ᅀᆞᆸ오ᄃᆡ 나ᅀᅡ오니(용비어천가 51장), 和尙ᄭᅴ 묻ᄌᆞ오ᄃᆡ(목우자수심결 7). 이밖에 '-ㄴ둘', '-거니와', '-건마룬', '-ㄹ쏸뎡', '-ㄹ션뎡' 등도 양보를 나타내었다. 예. 오라 흔들 오시리잇가(용비어천가 69장), 하놊 쁘든 노파 묻디 어렵거니와 사르믹 쁘든 늘그니 쉬이 슬프도다(두시언해 23.9), 오직 芝蘭으로 히여 됴케 홀션뎡 엇뎨 구틔여 지블 이웃호야 살라 호리오(두시언해 20.29), 아니 다 니를쏸뎡 實엔 다 왜써니라(석보상절 13.7). (7) 목적을 나타낸 어미로는 '-라'가 있었다. 예. 빌머그라 오시니(월인석보 1.5). 이 '-라'는 동명사 어미 '-ㄹ'에 처격 조사 '-아' (고대형)가 붙은 것이다. (8) 의향을 나타낸 '-려'는 언제나 선어말 어미 '-오-'를 수반하였다. 예. 妙法을 닐오려 호시는가 授記를 호려 호시 는가(석보상절 13.25). (9) 希求를 나타낸 어미로는 '-고져', '-아져', '-과뎌', '-과듸여', '-굇고' 등이 있었다. 예. 섈리 가고져 願호노라(월인 석보 序 26), 내 보아져 호ᄂ다(석보상절 6.14), 一切 衆生이 다 解脫을 得과뎌 願호노이다(월인석보 21.8), 一切 衆生이 다 버서나과듸여 願호 노이다(석보상절 11.3), 사름마다 수비 아라 三寶애 나아가 븓긧고 브 라노라(석보상절 序 6). (10) 限度를 나타낸 어미는 15세기에는 '-드록' 이었고 '-도록'은 간혹 보였으나, 16세기에 와서 '-도록'이 일반화되었 다. (11) 정도의 더해감을 나타낸 어미로 현대어의 '-ㄹ수록'에 대응되 는 '-ㄹ스록'이 있었으나 드물게 사용되었고 '-디옷'이 일반적이었다. 예. 道ㅣ 큰 바르리 곧호야 더욱 드디옷 더욱 기프리라(몽산법어 49). (12) 두 동작이 곧 이어 행해짐을 나타낸 어미로 '-라'(첨사 'ㄱ'이 븥으 면 '-락')와 '-ㄴ다마다'가 있었다. 예. 블 구피라 펼 쏘싀(월인석보 21.4), 처딘 므리 처딘다마다 어러(滴水滴凍, 금강경삼가해 4.42). '-락' 은 두 번 되풀이되기도 하였다. 예. 오르락 느리락 호야(석보상절 11.13), 오락가락 호고(번역박통사 상 39) 등. '-ㄴ다마다'의 의미는 현 대어의 '-자마자'와 같으며, 그 형태도 '마다'와 '마자'가 동사 '말-'(勿) 의 활용형에서 온 점이 일치한다. (13) 어미 '-긔/기'는 '-게'로도 나타나는데 각각 고형과 신형이었다. 이들의 용법은 현대어의 '-게'와 다름이 없었다. (14) 뒤에 부정적 표현을 수반한 어미로 '-디', '-둘', '-ㄴ동', '-드란' 등이 있었다. 예. 아디 몯ᄒᆞ며(석보상절 9.13), 아디 어려본 法(동 13.40), 法 듣둘 아니ᄒᆞ리라(월인석보 2.36), 藥을 주어늘 먹둘 슬히 너기니(동 17.20), 아모드라셔 온동 모ᄅᆞ더시니(동 2.25), 얻드란 몯고(동 10.24). 중세어에 특수한 어미로서 15세기 중엽에 '-디빙'가 있었다. 이것이 그 뒤에 '-디위, -디외, -디웨' 등으로 표기되었음은 상술한 바 있다. 뒤에 부정사가 와서 앞의 사실에 대한 긍정이 두드러짐이 특징이었다. 예. 이에 든 사ᄅᆞᄆᆡ 죽디빙 나디 몯ᄒᆞᄂᆞ니라(석보상절 24.14). 이 '-디빙'는 위에 말한 '-디'와 관련이 있는 듯하다.

定動詞의 어미는 敍法(화자의 태도)을 나타내는데, 중세어에는 설명법, 명령법, 의문법, 감탄법의 네 가지 서법이 있었다. 설명법의 어미는 '-다'였다. 선어말 어미 '-오-', '-과-', '-더-', '-리-', '-니-' 및 계사 뒤에서는 '-라'로 교체되었다. 이 중 '-리-, -니-'는 동명사 어미에 계사가 붙은 것이다. 예. ᄒᆞ오사 내 尊호라(월인석보 2.34).

명령법의 어미에는 '-쇼셔', '-아쎠', '-라' 등이 있었다. 이들은 2인칭의 명령으로 공손법의 등급을 나타내었다. (보통 공손법의 등급은 이들 어미로 'ᄒᆞ쇼셔'체, 'ᄒᆞ야쎠'체, 'ᄒᆞ라'체 등으로 표시된다.) 예. 님금하 아ᄅᆞ쇼셔(용비어천가 125장), 엇뎨 부톄라 ᄒᆞᄂᆞ닛가, 그 ᄠᅳ들 닐어쎠(석보상절 6.16), 넷ᄠᅳ들 고티라(월인천강지곡 29장). 넓은 의미에서 명령법의 범주에 드는 어미로 '-져'와 '-사이다', '-고라'와 '-고이다', '-지라'와 '-지이다'(각각 'ᄒᆞ라'체와 'ᄒᆞ쇼셔'체)가 있었다. '-져'와 '-사이다'는 권유하여 함께 하자는 뜻으로 1인칭 복수에 대한 명령이었다. 예. ᄒᆞᄃᆡ 가 듣져 ᄒᆞ야든(석보상절 19.6), 淨土애 ᄒᆞᄃᆡ 가 나사이다(월인석보 8.100). '-고라'와 '-고이다'는 청원의 뜻을 나타냈었다. '-고려'도 보인다. 예. 付囑은 말씀브텨 아므례 ᄒᆞ고라 請홀씨라(석보상절

6.46), 내 아기 위ᄒᆞ야 어더 보고려(석보상절 6.13). 부텨 조ᄍᆞ와 머릴 갓고이다(능엄경 1.42). '-지라'와 '-지이다'는 선어말 어미 '-거-', '-아/어-'에 연결되었으며 자기가 원하는 대로 하게 해 달라는 뜻이었다. 예. 願ᄒᆞᆫ든 내 生生애 그딋 가시 ᄃᆞ외아지라(월인석보 1.11). 내 니거지이다(용비어천가 58장).

중세어에서는 두 가지 疑問文이 형태상으로 대체로 구별되었다. 즉 可否의 판정을 요구하는 의문문과 의문사가 있어 그에 대한 설명을 요구하는 의문문이 첨사 '가'와 '고'로 구별되었다. 그리하여 'ᄒᆞ쇼셔'체에 있어서는 判定 疑問의 어미는 '-잇가', 說明 疑問의 어미는 '-잇고'였다. 그러나 'ᄒᆞ야쎠'체에 있어서는 '-ㅅ가'가 두 의문문에 두루 쓰였다. 이것은 이미 후기 중세어에서 두 의문문의 구별이 동요되고 있었음을 시사하고 있다. 'ᄒᆞ라'체에 있어서는 서술어가 체언인 경우에는 첨사 '가', '고'가 이 체언에 연결되었고, 용언인 경우에는 선어말 어미 '-니-', '-리-'와 '-아', '-오'('-가', '-고'의 교체형)의 결합인 '-녀'와 '-뇨', '-려'와 '-료'가 쓰였다. 예. 이ᄂᆞᆫ 賞가 罰아(몽산법어 53), 이 엇던 光明고(월인석보 10.7), ᄒᆞ녀 몯 ᄒᆞ녀(월인석보 17.48), 어듸ᅀᅡ 시름 업슨 ᄃᆡ 잇ᄂᆞ뇨(동 10.25), 이시려 업스려(법화경 5.159), 어드리 가료(석보상절 6.22), 중세어의 매우 특수한 의문법 어미에 동명사 어미 '-ㄴ', '-ㄹ'에 첨사 '다'가 연결된 형태가 있었다. 이들 형태가 사용된 의문문의 주어는 2인칭 대명사 '너'로 나타난 것이 특징이었다. 그리고 이들은 판정 의문과 설명 의문을 포괄하였다. 예. 네 엇뎨 안다(월인석보 23.74), 네 겨집 그려 가던다(동 7.10), 네 이제도 ᄂᆞ외야 ᄂᆞᆷ 믜본 ᄠᅳ들 둘따(동 2.64), 네 즐겨 내 어미를 효양ᄒᆞᆯ다(소학언해 6.50). 끝으로 '-이ᄯᆞᆫ, -이ᄯᆞ녀, -이ᄯᆞ니잇가' 등은 일종의 修辭 疑問을 형성하였다. 예. 아디 몯ᄒᆞ면 識이 아니어니ᄯᆞᆫ(능엄경 3.47), 모맷 고기라도 비는 사ᄅᆞ믈 주리어니 ᄒᆞ물며 녀나문 쳔랴이ᄯᆞ녀(석보상절 9.13), ᄒᆞ물며 阿

羅漢果를 得게 호미쯔니잇가(석보상절 19.4).

　感歎法의 어미 '-고나'는 16세기 초엽의 번역박통사에 처음 보인다. 예. 됴흔 거슬 모르는듯 하고나(상 73). 15세기에는 일반적으로 선어말 어미 '-도-'와 평서법의 어미 '-다'의 연결로 표시되었다. 이밖에 '-ㄴ뎌', '-ㄹ쎠'가 있었다. 이들의 형성은 동명사 어미와 형식명사 '드', '亽'와 계사로 분석된다. 예. 슬프다 녯사르미 마롤 아디 몯ᄒ논뎌(남명집 하 30), 어딜쎠 觀世音이여(능엄경 6.65). 클셔 萬物이 브터 비르수미여(원각경 序 31).

　끝으로 繫詞와 그 활용에 대하여 덧붙이기로 한다. 중세어에 있어 계사의 형태는 표기상으로는 주격과 같았으나 매우 특수한 자질을 가지고 있었다. 즉 선어말 어미 '-거-', 어말 어미 '-게', '-고' 등의 'ㄱ'을 'ㅇ'으로, 선어말 어미 '-더-', '-도-' 및 어말 어미 '-다' 등의 'ㄷ'을 'ㄹ'로 교체시켰던 것이다. 예. 天子ㅣ어시니, 萬年이에 호ᄃ니, 百姓이오, 차반이러니, 時節이로다, 法이라 등. 그리고 의도법의 선어말 어미 '-오-'가 계사에서 '-로-'로 나타났음은 특기할 만하다. 예. 흔 佛乘이론 견츠로(석보상절 13.50), 흔가지로믈 니르니라(몽산법어 19). 이미 15세기에 '-로-' 대신 '-오-'를 가진 예가 보이기도 하였다. 흔가죠믈 니르시니(능엄경 2.79). 이러한 사실들은 비록 계사가 '이-'로 표기되었으나 음운론적으로 단순한 i가 아니었음을 시사하고 있다. 'ㄱ'이 'ㅇ'으로 교체된 것은 이것이 y로 끝난 하향 이중모음 iy였을 가능성을 보여준다. 그러나 'ㄷ'이 'ㄹ'로 교체된 것은 어떤 자질에 말미암은 것인지 확실치 않다. 중세어의 계사는 연결이 자못 자유로웠다. 동사의 선어말 어미 및 부동사 어미에 연결된 예들이 특히 주목된다. 예. 아디 몯게라(목우자수심결 43), 아디 몯게이다(원각경 下 3.2.69), 몰라 보애라(월인석보 23.86), 불기고져니(영가집 下 31).

4. 特殊助詞

중세어의 특수조사는 그 용법이 자못 다양하였다. 기원적으로 특수조사는 명사와 용언에서 온 것들이었는데, 체언에서 기원한 것들은 속격을, 용언에서 기원한 것들은 대격, 조격을 지배하였다. 그러나 격조사는 나타나지 않는 경우가 많았다.

특수조사 '게, 그에, 거긔, 손딕' 등은 속격 '-익'를 지배하였으며, 평칭의 여격을 나타내었다. 예. 阿羅漢익게, 阿羅漢의거긔(월인석보 9.35), ᄂᆞ미그에(석보상절 6.5), 須達익손딕(同 6.15). 한편 '게, 그에, 거긔'는 속격 '-ㅅ'을 지배하여 尊稱의 여격을 나타내었다. '게'의 異形인 '긔'가 보인다. 예. 王ㅅ그에(월인석보 7.26), 適子ㅅ긔(용비어천가 98章), 부텻게(법화경 3.96), 如來ㅅ거긔(월인석보 10.69). '게'는 단독으로 '그곳에'란 뜻으로 쓰인 단어였다. 예. 게 가 몯 나시리라(월인석보 2.11). '그에'는 지시대명사 '그'와 '게'의 결합으로 '이에, 뎌에'와 함께 부사로도 사용되었다. '거긔'도 대명사 '이, 그'와 연결되면 '어긔'가 되었다. '이어긔', '그어긔'에서 변한 '여긔, 거긔'가 이미 15, 16세기 문헌에 보인다. 예. 내 여긔 갈 일호니(남명집 上 36), 거긔 가 도라오디 아니ᄒᆞ면(번역소학 8.26). 한편 '게'와 '거긔'는 동명사 뒤에 사용되어 처격을 나타내었다. 예. 紺은 ᄀᆞ장 프른거긔 블근 겨치 잇ᄂᆞ 비치라(월인석보 10.52), 善ᄒᆞ게는 절ᄒᆞ시고(동 17.74), 큰게 向ᄒᆞ야(向大, 법화경 3.171). 여격을 나타낸 특수조사로 'ᄃᆞ려'가 있었다. 이것은 동사 'ᄃᆞ리-'(率)의 부동사형으로 대격을 지배하였다. 예. 날ᄃᆞ려 니ᄅᆞ샤딕(월인석보서 11), 須達일ᄃᆞ려 닐오딕(석보상절 6.19), 比丘ᄃᆞ려 니ᄅᆞ시니(월인천강지곡 180장).

主題化의 특수조사 'ㄴ'은 기원적으로는 삼인칭 대명사의 속격형인 것으로 추정된다.(30~1면 참조) 예. 長生인(월인천강지곡 11장), 한아

빈(두시언해 7.26, 8.23), 어디닌(賢者, 동 8.27) 등. 자음 뒤에서는 연결모음이 삽입되어 '은/은'으로 나타났다. 그리고 모음 뒤에서는 'ᄂ/는'이 사용되었는데 이것은 'ᄂ'에 다시 '은/은'이 붙은 二重形이었다. 'ᄂ'과 'ᄂ/는'의 용례를 보면 체언에 직접 연결된 경우에는 'ᄂ/는'이 우세했으나, 조사나 다른 특수조사 뒤에서는 'ᄂ'이 우세하였다. 예. -앤/엔, -으론, -완/관, 그엔, 거긘, 란 등. 이 나중 예의 '란'은 'ᄂ'보다 더욱 강한 의미를 가졌었다. 臣下란 忠貞을 勸ᄒᆞ시고 子息으란 孝道를 勸ᄒᆞ시고(월인석보 8.29).

명사에서 기원한 특수조사로 'ᄀᆞ장'이 있었다. (명사로는 極을 의미하였다.) 속격의 '-ㅅ'을 지배하였으며 현대어의 '까지'와 '껏'의 두 의미로 사용되었다. 예. 오ᄂᆞᆳᄂᆞᆯᄀᆞ장 혜면(석보상절 6.37), 一百 히예 ᄒᆞᆫ 히옴 조려 열히ᄃᆞ욇 ᄀᆞ장 조료ᄆᆞᆯ 減이라 ᄒᆞ고(월인석보 1.47), 므슴ᄭᆞ장 供養케 ᄒᆞ시니(盡心供養, 佛頂 下2), 힘ᄭᆞ장 다ᄒᆞ야(번역소학 8.35). 특수조사 '자히'도 명사에서 기원한 듯하나 확실치 않다. 동명사에 붙어 동작 또는 상태의 지속을 의미하였다. 예. 믈 톤자히 건너시니이다(용비어천가 34장), 안존자히 겨샤ᄃᆡ(월인석보 7.52). 이것이 수사에 붙어 序數를 나타내었음은 특기할 만하다. '자히' 외에 '차히'도 있었으며 이들의 축약형 '재', '채'도 있었다. ᄒᆞ나자히, 다ᄉᆞᆺ차히, 다ᄉᆞᆺ재, 세채 등.

동사에서 기원한 특수조사도 적지 않았다. 비교를 나타낸 특수조사로 '두고'가 있었다. 이것은 동사 '두-'(置)의 부동사형이다. 光明이 히ᄃᆞᆯ두고 더으니(월인석보 1.26). 16세기에는 '두곤'이 일반적이었다. 高允의 죄 崔浩두곤 더으도소니(번역소학 9.26), 샹녯 사ᄅᆞᆷ두곤 ᄀᆞ장 다ᄅᆞ더시다(동 9.6). 또 하나 비교를 나타낸 특수조사로 '라와'가 있었는데 기원은 확실치 않다. 모음과 'ㄹ' 뒤에서는 '라와', 자음뒤에서는 연결 모음 'ᄋᆞ'를 가지고 나타났다. 日月라와 느러(월인석보 9.15), ᄇᆞᄅᆞ

무라와 솅리 高仙山애 가니라(同 7.32), 寶塔 셰요므라와 더어(同 23.76). 두시언해에는 자음 뒤에서 '이라와'로 보인다. 다른 ᄀᆞ올히 녯 ᄀᆞ올히라와 됴토다(두시언해 8.35), 복셨고지 블고미 錦이라와 더오믈 내 分엣것 삼디 몯ᄒᆞ고 버들 개야지 소오미라와 ᄒᆡ요믈 ᄀᆞ장 믜노라(同 23.23). 이 '라와'는 16세기 이후의 문헌에서는 찾아 볼 수 없다. '이시-'(有)의 부동사형에서 기원한 '셔'는 명사 및 부사에 직접 연결되기도 했지만, 처격형, 향격형, 특수조사 '그에, 거긔', '브터', '자히' 및 부동사 뒤에 자주 연결되어 광범한 분포를 보였다. 예. 셔울셔(京, 두시언해 15.21), 머리셔(遠, 원각경 서 47), 돌해셔(石, 월인석보 1.27), 하늘로셔(석보상절 6.17), 쥬의그에셔(동 6.19), 더러본거긔셔(同 13.33), 供養브터셔(동 13.54), 누본자히셔(동 9.30), 사라셔(生, 월인석보 21.20), 살며셔(번역소학 8.2). 이밖에 '븥-'(附)에서 온 '브터', '더블-'에서 온 '더브러', '좇-'(隨)에서 온 '조차'와 '조초', '조치-'(兼)에서 온 '조쳐' 등이 있었다. 예. 므스글브터(因何, 능엄경언해 1.103), 네로브터(自古, 두시언해 20.54), 처엄브터(월인석보 2.62); 눌 더브러(석보상절 13.15), 舍利弗 더브러(同 6.23), 家臣 더브러(두시 7.37); ᄆᆞᅀᆞᆷ 微妙를조차 블고미 니러(능엄경언해 2.18), 불휘조차 쓰니라(금강경삼가해 2.50). '조초'는 대격 조사를 가진 경우에는 현대어의 '따라', 그렇지 않은 경우에는 '대로'를 의미하였다. 예. 龍을 조초 잇도다(두시언해 16.31), 그듸 혼조초 ᄒᆞ야(석보상절 6.8), 곳니플 잇ᄂᆞᆫ조초 노코(능엄경언해 7.12). '조쳐'는 대격 조사를 가진 경우에는 현대어의 '아울러', 그렇지 않은 경우에는 '조차'를 의미하였다. 예. 亡兒를조쳐 爲ᄒᆞ야(월인석보 序 18), 저 월 ᄯᆞᄅᆞ미 아니라 늠조쳐 외에 ᄒᆞᄂᆞ니(목우자수심결 10). 끝으로 '다비'가 있었다. 이것은 고대의 어간 '닿-'(如)에서 파생된 부사가 특수조사로 굳어진 것이었다. (이 어간은 중세어에는 파생 접미사로만 나타났다.) 때로 '다히'라 표기된 예도 보인다. 예. 法다비(몽산법어 21), ᄀᆞᄅ치샨다비(월인석보 14.62), 말다히(월인석보 1.13). 15세기 말엽에는 '다이'로 변하였다. 현대어의 '대로'는 이 '다이'의 조격형으로 생각되는데, 이미 중세 문헌에 이것이 보인다. 바볼 머굼대로 혜여 머굼과(월인석보 7.31), 이대로 ᄒᆞ라(분문온역이해방 13).

체언이나 용언에서 기원한 것으로 설명하기 어려운 특수조사도 더러 있다. '잇ᄃᆞᆫ'은 중세어 특유의 특수조사의 하나였는데 계사에서 온 것 같기도 하나 확실치 않다. 예. ᄆᆞ솜잇ᄃᆞᆫ 뮈우시리여(월인천강지곡 62장), 信잇ᄃᆞᆫ 그츠리잇가(서경별곡).

5. 添詞

중세어의 添詞에는 위의 서술에서 이미 지적된 것으로 强勢의 'ㄱ', 'ㅇ'과 疑問의 '가, 고'가 있었다.(175, 179면 참조) 'ㄱ'에 대해서는, 이것이 조격 조사 '-로', 부동사 어미 '-아'에도 자주 연결되었음을 추가할 필요가 있겠다. 예. 일록 後에(월인석보 2.13), 어딘 버든 네록 서르 사괴노라(두시언해 20.44), 工夫롤 ᄒᆞ약 ᄆᆞᄉᆞ물 뻐(몽산법어 4).

强勢의 첨사 'ᅀᅡ'는 고대의 '沙'에 소급하는 것이다. 체언에서는 i, 'ㄹ' 뒤에 직접 연결되었고 용언에서는 선어말 어미 '-거-', 어말 어미 '-아, -늘, -고, -게' 등에 연결되었다. 예. 각시ᅀᅡ(석보상절 6.14), 來日ᅀᅡ(월인석보 7.16), 오늘ᅀᅡ(동 7.9), 둘흘ᅀᅡ(월인천강지곡 52장), 오라거ᅀᅡ(월인석보 21.217) 등. 이 'ᅀᅡ'는 '야'로 변하였다. 소학언해에는 표기상 'ᅀᅡ', 'ᅀᅣ'와 '야'가 나타난다. 예. 그 공경을 ᄋᆞ듬 삼는 이ᅀᅡ 날로 서르 親ᄒᆞ야(5.77) 고텨지라 ᄒᆞ여ᅀᅣ 許ᄒᆞ더라(6.77), 아ᄎᆞ믜 나가 늣게야 오면(4.33). 漢文의 토에는 '야'(5.71)가 보인다. 이것은 당시의 실제 발음이 '야'였음을 말해 주는 것이다.

강세의 첨사에는 또한 '곳'이 있었다. 모음과 'ㄹ' 뒤에서는 '옷'이 되었다. 예. 感神곳 아니면(월인석보 21.25). 내 말옷 아니 드르시면(동 2.5). 우리옷 계우면(동 2.72), 이 보빅옷 가져 이시면(동 8.11), 나옷 이 相ᄋᆞᆯ 알오(석보상절 13.42) 등. 이와 같은 것에 '봇, 붓'도 있었다. 예. ᄆᆞᄉᆞ맷 벋봇 아니면(영가집 下 128). 숨븟 아니면(월인석보 8.95) 등.

한편 15세기 문헌의 첨사 '곰'은 부사나 부동사에 붙어서는 강세를 나타내었고(예. 이리곰, 다시곰, 시러곰, 히여곰, 뼈곰 등) 명사에 붙어서는 현대어의 '씩'과 같은 뜻을 나타내었다. 예. ᄒᆞᆫ 나라해 ᄒᆞᆫ 須彌山곰 이쇼ᄃᆡ(월인석보 1.22), 四方이 各各 變ᄒᆞ야 十方곰 ᄃᆞ외면 四十方이 일오(석보상절 19.12) 등. 역시 모음과 'ㄹ' 뒤에서는 '옴'이 되었다. 예. 三世 各各 流ᄒᆞ야 十世옴 ᄃᆞ외면 三十世 일오(석보상절 19.12), 四王天 목수미 人間앳 쉰 히를 ᄒᆞᄅᆞ옴 혜여 五百 히니(월인석보 1.38) 八千里象ᄋᆞᆫ ᄒᆞᄅᆞ 八千里옴 녀는 象이라(동 7.52) 등. 정음 문헌에서 '식'이 나타나는 것은 16세기에 들어서의 일이다. 예. 쉬낫 돈애 ᄒᆞᆫ 셤식 ᄒᆞ면(번역박통사 上 11), 혹 세번식 돌이며 혹 다ᄉᆞᆺ식 돌여(번역소학 10.32), ᄒᆞᄅᆞ 세번식 머그면(분문온역이해방 9) 등. 그러나 '식'은 大明律直解에 이미 吏讀의 '式'으로 나타나므로 실제 언어에서는 15세기에 있었음이 확실하다.

끝으로 중세어 특유의 첨사에 열거를 뜻하는 '여'가 있었다. 16세기에는 '야'로도 나타난다. 예. 굴그니여 혀그니여 우디 아니ᄒᆞ리 업더라(월인석보 10.12), 나져 바며(두시언해 8.29, 구급간이방 1.114), 나쟈 바먀(번역박통사 上 68). 간혹 '이여'로도 보인다. 나지여 바미여(내훈 2下 17).

6. 統 辭

후기 중세어의 문장의 구조는 대체로 근대나 현대국어의 그것에 일치한다. 그러나 부분적으로는 주목할 만한 차이가 발견된다.

중요한 차이의 하나가 從屬節의 變形에서 드러난다. 가령 "이 東山 은 須達이 산 거시오"(석보상절 6.40), "내의 어미 爲ᄒ야 發혼 廣大誓 願ᄋᆞᆯ 드르쇼셔"(월인석보 21.57), "浩의 ᄒᆈ 이리라 ᄒ여 니ᄅᆞ더이 다"(번역소학 9.46) 등에서 종속절의 주어가 속격형으로 변형된 사실이 주목을 끈다. 동명사를 가진 종속절에 있어서도 동일한 현상이 나타난다. 예. 意根이 淸淨호미 이러홀씨(석보상절 19.25), 내의 壽命長 遠 닐오믈 듣고(법화경언해 5.197). 특히 위의 예들에도 나타난 바와 같이 이런 경우에는 인칭대명사의 속격형이 '내의, 네의' 등이었음도 유의할 만하다. 그리고 다음과 같은 예들에서는 종속절의 주어가 대격형으로 변형되어 있음을 본다. 예. 사ᄅᆞ미 이를 다봇 옮듯호ᄆᆞᆯ 슬노니(두시언해 7.16), 오직 쭁을 둘며 ᄲᅮ믈 맛볼 거시라(번역소학 9.31). 이와 같은 사실은 알타이제어와 일치하는 점이 흥미깊다.

한 문장에서 동격으로 사용된 명사들은 마지막 것만이 필요한 조사를 가진다. 이것은 集團 曲用이라 일컬어지며 알타이제어의 한 특색이다. 국어에 있어서 공동격 조사 '-과'가 사용됨이 다른 알타이제어와 비교할 때 특수한 점이라고 하겠는데 중세어에 있어서는 마지막 명사도 공동격 조사를 취하고 다시 필요한 격조사를 취하는 것이 일반적이었다. 그리하여 '-왜/-괘'(주격형), '-와ᄅᆞᆯ/-과ᄅᆞᆯ'(대격형) 등이 나타난 것이다. 예. 齒頭와 正齒왜 글히요미 잇ᄂᆞ니(훈민정음언해 14), 빗과 소리와 香과 맛과 모매 범그는 것과 法과이 됴ᄒᆞ며 구주믈 아로미 六識이니(석보상절 13.38), 六塵과 六根과 六識과ᄅᆞᆯ 모도아(동 13.39), 부텨와 즁괏그에(동 13.22). 한편 중세어 문헌에서 이미 마지막

명사가 공동격 조사를 가지지 않은 예도 발견된다. 예. ᄇᆞᄅᆞᆷ과 구루믄 (두시언해 20.53). 그러나 16세기 초엽의 문헌에서는 아직 위에서 말한 중세적 용례를 많이 발견할 수 있다. 일례로 번역소학에는 '椿과 津괘'(9.74), '술와 져와를'(9.76), '苦蔘과 黃蓮과 熊膽과를'(9.106) 등의 예가 보인다. 바로 이 예들이 16세기 말엽의 소학언해에서는 모두 다음과 같이 고쳐져 있음을 발견한다. '椿과 津이'(6.69), '술와 져를' (6.76), '苦蔘과 黃蓮과 熊膽을'(6.99). 소학언해는 이 역사적 사실을 자못 분명하게 보여 준 가장 이른 문헌의 하나다. 이로 보아 이 변화도 중세 말기에 일어난 것임을 알 수 있다.

중세어에서는 'ᄀᆞᇀᄒᆞ-'(如), 'ᄡᅳ-'(値) 등은 주격형을 지배하였다. 예. 부톄 百億 世界예 化身ᄒᆞ야 敎化ᄒᆞ샤미 ᄃᆞ리 즈믄 ᄀᆞᄅᆞ매 비취요미 ᄀᆞᇀᄒᆞ니라(월인석보 1.1), 말 내요미 醉ᄒᆞᆫ 사ᄅᆞ미 ᄀᆞᇀᄒᆞ며 ᄒᆞ져즈로미 俗子ㅣ ᄀᆞᇀᄒᆞ야(몽산법어 47), 일홈난 됴ᄒᆞᆫ 오시 비디 千萬이 ᄡᆞ며(석보상절 13.22) 등. 이미 15세기에 공동격형을 지배한 예가 간혹 나타나기도 하였다. 예. 世界와 ᄀᆞᇀᄒᆞ야(석보상절 9.11), 하ᄂᆞᆯ콰 ᄀᆞ토ᄃᆡ(월인석보 1.14) 한편 '다ᄅᆞ-'(異)는 '-애', '-애셔', '-의게' 및 '두고'를 지배하였다. 예. 나랏 말ᄊᆞ미 中國에 달아(훈민정음언해 1), 江河ㅣ ᄒᆞ마 쉬구에셔 달오ᄃᆡ(월인석보 18.46), 사ᄅᆞ믹게 달온 고ᄃᆞᆫ(목우자수심결 20), 본ᄃᆡᆺ 소리두고 다ᄅᆞᆫ 뜯 다ᄅᆞᆫ 소리로 ᄡᅳ면(훈몽자회 범례). 근대어에 와서 '-과'를 지배하게 되었는데 이미 용비어천가에 이런 용례가 보인다. 軍容이 녜와 다ᄅᆞ샤, 置陣이 늡과 다ᄅᆞ샤(51장)

위에서 본 바와 같이(178면), '어렵-'(難)은 '-디'를 가진 부동사를 지배하였다. 예. 아디 어려볼 法(석보상절 13.40). 이것이 '-기' 동명사를 지배하게 된 것은 문헌상으로는 17세기초의 일이다.

순전히 통사적인 기능만을 맡고 있는 다음의 형식명사는 통사론에 있어 주목할 만하다. 가령 "얼굴 ᄀᆞ줄 씨 體오"(석보상절 13.41), "ᄇ

ㄹ매 아니 뮐 씨"(용비어천가 2장), "法을 업시우며 ㄴ물 업시울 쑬 닐오딕 增上慢이라"(법화경언해 1.172), "盡은 다올 씨라, 讚은 기릴 씨라"(석보상절서 2) 등 '-ㄹ' 동명사 뒤에 사용된 '씨, 쑬, 씨' 등은 '시, 슬, 싀'로도 표기되며 곡용형들이다. 이와 유사한 것으로 "히니 시서 ᄃᆞ외욘 디 아니며 거므니 믈드려 밍ᄀᆞ론 디 아니라"(능엄경언해 10.9), "아롨 디 아니며"(아미타경언해 14), "현 나리신 돌 알리"(용비어천가 112장), "엇던 ᄃᆞ로"(영가집 상 111), "그런 ᄃᆞ로"(법화경언해 4.32), "겨신 딜 무러"(용비어천가 62장), "잇던 듸라"(금강경삼가해 2.1) 등 '-ㄴ', '-ㄹ' 동명사 뒤에 사용된 '디, 돌, ᄃᆞ로, 듸' 등이 있는 바 이들도 역시 곡용형들임이 분명하다. 이들 형식명사의 어간은 각각 'ᄉᆞ', 'ᄃᆞ'로서 주격 조사 앞에서 모음 'ᆞ'가 탈락했다고 할 수 있을 것이다.

중세어의 동명사들 중에서 명사적 용법은 거의 오로지 '-ㅁ'에 의해서 충당되었다. 그만큼 '-ㅁ' 동명사의 활약이 컸다. '-기'는 아직 덜 발달되어 있었던 것이다. 따라서 근대어나 현대어에서 '-기' 동명사가 하는 일까지도 중세어에서는 '-ㅁ' 동명사가 했던 것이다.

그런데 중세어에서 '-ㄴ', '-ㄹ' 동명사의 용법에 주목할 만한 사실이 있다. 즉 그것은 주로 附加語的 용법을 가지고 있었지만 名詞的 용법도 알고 있었던 것이다. 중세어에서 '얼운'(長者)은 '얼-'(嫁)에 '-ㄴ'이 붙은 동명사가 굳어진 것이다. 용비어천가에 보이는 '金小斤 져근'(10.13)이란 인명도 주목된다. 또 '없-'(無), '아니-'(不) 앞에서 '-ㄹ' 동명사가 사용되었다. 예. 다옰 업스니(無極, 법화경언해 2.75), 슬픐 업시(두시언해 25.53). 아닔 아니며(육조법보단경 상 47), 두루 아니훓 아니ᄒᆞ시나(금강경삼가해 5.10). 무엇보다도 동명사가 곡용하거나 후치사가 온 예가 확인된다. 虞芮質成ᄒᆞᄂᆞ로 方國이 해 모ᄃᆞ나, 威化振旅ᄒᆞ시ᄂᆞ로 興望이 다 몯ᄌᆞᄫᆞ나(용비어천가 11장), 그딋 혼 조초ᄒᆞ야

(석보상절 6.8) 등. '虞芮質成ᄒᆞᄂᆞ로, 威化振旅ᄒᆞ시ᄂᆞ로' 등은 'ᄒᆞ-'(爲)에 '-ㄴ'이 붙은 동명사 '혼' 또는 경어의 'ᄒᆞ신'에 조격 조사 '-ᄋᆞ로'가 연결된 것이다. 마지막 예의 '혼' 역시 동명사다. 이런 명사적 용법은 고대에 있어서는 더욱 일반적이었을 것인데 15세기에 이르러서는 이미 크게 위축되었었다.

저 위에서 말한 바와 같이(30면), 알타이제어에 있어서 기원적으로 名詞文이 매우 중요하였다. 중세국어의 문장들을 분석해 보면 문장의 서술어는 체언이나 동명사에 첨사가 연결된 것이 많이 있다. 이것은 특히 의문문에서 현저하게 드러난다. 예. 이ᄂᆞᆫ 賞가 罰아(몽산법어 53), 趙州ᄂᆞᆫ 이 엇던 面目고(동 55). 이 문장들은 용언은 없고 의문의 첨사가 체언에 연결되어 있다. 서술어가 용언인 경우에도 같은 예를 얼마든지 볼 수가 있다. 예. 이리ᄃᆞ록 우ᄂᆞ다, ᄆᆞ슴 놀애 브르ᄂᆞ다(월인석보 8.101). 이 두 의문문에 있어서는 서술어는 각각 '우ᄂᆞ', '부르ᄂᆞ' 등의 동명사이며 여기에 첨사 '다'가 연결되어 있는 것이다. 그러나 이미 중세어에서 설명문은 대부분 동사문으로 변모되어 있었다. 중세어의 설명문에서도 명사문의 흔적을 찾아 볼 수 있으나(30면 참조), 그것은 역사적 해석으로만 가능한 것이다.

중세어에서 흥미 있는 漢文으로부터의 영향을 발견할 수 있다. 가령 한문의 '與, 以, 使, 及' 등이 '다ᄆᆞᆺ, 뻐, 히여(히여곰), 밋'으로 직역되어 국어에서 일반화된 것이다. 예. 너와 다ᄆᆞᆺ 두 늘그니 드외야시면(與子成二老, 두시언해 9.16), 正音으로 뻐 곧 因ᄒᆞ야 더 飜譯ᄒᆞ야 사기노니(以正音就加譯解, 석보상절 序 6), 사ᄅᆞᆷ마다 히ᅋᅧ 수비 니겨(使人人易習, 훈민정음언해), 글월과 믿 公服과(文及公服, 소학언해 6.88) 등.

중세어 문장의 가장 큰 특징은 單文은 거의 없고 複合文과 合成文이 뒤얽힌 복잡한 구조를 가지고 있었다는 사실이다. 중세에 있어서는 事件 또는 思考 속의 한 단락은 한 문장으로 표현함이 원칙이었던 것으로 믿어진다.

第七節 語彙

漢字語는 이미 대량으로 침투하여 있었다. 국어의 원시적 고유 자산에는 없었던 문화적 개념에 충당된 단어들은 말할 것도 없고 일반적인 명사나 동사도 한자어가 고유어를 격퇴하는 경향이 현저하게 되었다. 이미 어떤 것은 한자어란 의식이 없어져 자주 정음 문자로 쓰여진 것이 있으며(예. 샹녜 常例, 차반 茶飯, 위두 爲頭, 양 樣, 힝뎍 行蹟, 귓것 鬼) 어떤 것은 오랜 사용으로 인하여 의미의 변화를 겪은 것도 보인다. '간난'(艱難)은 그 원의로부터 貧困의 뜻으로 변하였으며 아울러 음운 변화가 16세기에는 '가난'으로 고정시켰다. '분별'(分別)은 그 原義로부터 걱정의 뜻으로도 변했다. 그리고 '즁싱'(衆生)은 그 原義를 유지한 문어적 용법 외에 구어에 있어서는 獸의 뜻으로 변했었다. 이런 의미의 변화와 아울러 발음도 15세기 말에 '즘싱'으로 변하였다. 예. 모딘 즁싱(猛獸, 용비어천가 30장), 온 즘싱(百獸, 남명집 상 47).

여기서 특히 강조하고 싶은 것은 종교 내지 시대 사상이 국어의 어휘에 미친 영향이다. 고대로부터 중세의 전기에 이르기까지는 佛敎의 영향이 지극히 컸으며 많은 불교 용어(대부분 한자어)가 국어 어휘 속에 들어왔던 것이다. 위에서 든 '衆生'도 그 일례에 지나지 않는다. 그러던 것이 중세의 후기에 들어 儒敎의 영향이 강해졌고 중세 말엽에 와서는 불교는 뒤로 물러나고 유교가 앞으로 나서게 되었다. 이 경향은 근대에 와서 더욱 뚜렷해졌다.

후기 중세국어의 시기에 확인할 수 있는 한자어의 순수 국어 단어의 격퇴로는 훈민정음 해례에 한번밖에 안 보이는 '슈룹'(雨繖)을 첫째로 들 수 있다.(鷄林類事 "傘曰聚笠", 朝鮮館譯語 "傘 速路" 참조) 이 단어는 훈몽자회에서는 '우산'으로 대체되었다. 다음으로 훈몽자회까지는 아직 사용되었던 '온'(百), '즈믄'(千) 등은 16세기 말에는 자취를 감추고 말았다. 신증유합에는 "千 일쳔쳔", "百 일빅빅"으로 되어 있다.

15세기와 16세기 문헌 사이에도 어휘의 면에서 흥미있는 개신을 발견할 수가 있다. 15세기에 그렇게도 많이 사용된 'ᄒᆞ다가'(萬若)는 16세기 문헌에 오면 자취를 감추고 그 대신 '만일에'가 일반화되었다. 또 15세기의 '반ᄃᆞ기'(必)도 자취를 감추고 '반ᄃᆞ시, 반드시' 일색이 되었다. ('반ᄃᆞ시'는 이미 두시언해에 그 모습을 나타내었다.) 한편 15세기의 'ᄆᆡᇰᄀᆞᆯ-'(作)은 16세기에서는 '밍돌-, ᄆᆞᆫ돌-'에 의하여 대체되었다. 16세기 초엽과 말엽 사이에서도 적지 않은 차이를 발견한다. 가령 번역소학과 소학언해를 비교해 보면 번역소학의 'ᄒᆞ마'(旣), '우틔'(裳), '바드랍-'(危), '비솜'(飾), '과ᄀᆞ른 ᄂᆞᆺ곳'(遽色) 등이 소학언해 '이믜', '치마', '危殆ᄒᆞ-', '단장', '급거흔 ᄂᆞᆺ빗' 등으로 고쳐졌음을 발견한다. 또 15세기 문헌에서도 사용되었고, 번역소학에서도 사용된 '녀러오다'(갔다오다, 다녀오다)는 소학언해에서는 찾아볼 수 없다. 예. 婚姻 ᄆᆞᆺ지예 녀러와서(自婚姻會歸, 번역소학 10.17), 婚姻 ᄆᆞᆺ지로브터 도라와(소학언해 6.115).

소학언해에서 비로소 '톄'(體)의 다음과 같은 용례를 발견한다. 예. 旌表 이제 홍문 셰기 톄엿 일이라(6.61), 검박흔 톄 ᄒᆞ거늘(6.128), 안즘을 키톄로 말며(3.9) 이 마지막 '톄로'(조격형)는 '톄로 > 텨로 > 쳐로'를 거쳐 현대어의 '처럼'에 도달한다.

모음의 대립이 의미의 미묘한 차이를 나타내기 위하여 이용된 예들이 후기 중세어에서 확인된다. 주로 陽母音과 陰母音의 양계열의 대립이 이용되었다. 칙칙ᄒᆞ-, 칙칙흐-(密); 포ᄅᆞ-, 프르-(靑); 보드랍-, 부드럽-(柔); 도렫ᄒᆞ-, 두렫흐-(圓); 아독ᄒᆞ-, 어득흐-(冥暗) 등. 현대어에서는 볼 수 없는 다음과 같은 대립형들도 있었다. 예. 햑-, 혁-, 혹-(小); 볏-, 밧-(脫); 도ᄅᆞ혀, 두르혀(反); 남-, 넘-(越) 등. 한걸음 더 나아가, 이러한 대립형이 완전한 단어의 분화를 가져오기도 하였다. 가령 '남-'과 '넘-'은 공통적 의미(越)를 가졌으나 15세기에 이미 '남-'에는 餘의 의미, '넘-'에는 過의 의미가 생겨 분화의 싹이 보였다. '갗'(皮)와 '겇'(表), '할-'(誇)과 '헐-'(破), '븕-'(赤)과 '볽-'(明), '늙-'(老)과 '눍-'(古)의 분화는 15세기에 이미 확립되어 있었다. 이들도 15세기 이전의 어느 단계에서는 의미의 미묘한 차이를 나타냈던 것으로 추측된다. 그러나 아직 후기 중세에서는 '설'이 歲와 歲頭를 아울러 의미했었다. 이것이 '설'(歲頭)과 '살'(歲)로 분화된 것은 근대에 들어서의 일이다.

자음에 있어서도 平音과 된소리의 대립이 의미의 미묘한 차이를 나타내기 위하여 사용된 예들이 확인된다. 가령, '두드리-'와 '쑤드리-'의 대립이 있었다. 예. 煆煉은 쇠 두드려 니길씨라(능엄경언해 7.18), 쑤드려 븟아(槌碎, 구급방언해 상 42). 'ᄀᆞᅀᆞ-'(引)에 대한 'ᄭᅳᅀᆞ-'의 예도 된소리의 표현적 가치를 이용한 것이었는데(139면 참조), 뒤에 'ᄀᆞᅀᆞ-' 등이 소멸한 것이다.

중세어에서도 어휘에 의한 경어법이 발달되어 있었다. 현대어의 그것과는 약간 차이가 있었다. 존경법으로 '이시-'(有)에 대한 '겨시-', '먹-'(食)에 대한 '좌시-'(16세기에는 '자시-')는 있었으나, '자-'(寢)에 대해서는 현대어의 '주무시-'에 해당되는 것이 없었고, '자시-'를 사용하였다. 예. 좀 자싫제(월인천강지곡 118장). 명사의 예로는 '밥'(飯)에 대한 '진지' 및 '뫼'의 예가 16세기 말에 보일 뿐이다. 예. 王季 진지를 도로 ᄒᆞ신 후에ᅀᅡ(소학언해 4.12), 文王이 두번 뫼 자시며(동 4.14). 대명사에는 3인칭의 '주갸'가 있었다. 아마도 중국어의 '自家'에서 온 것이 아닌가 한다. 공손법으로는 '니르-'(謂)에 대한 '숣-'과 '엳줍-'(奏), '보-'(見)에 대한 '뵈-'(謁), 또는 '뵈숩-', '주-'(與)에 대한 '드리-'(獻呈), '받-'(奉), 또는 '받줍-'(奉獻) 등이 있었다. 그리고 '뫼-', '뫼숩-'(陪)이 있었다. 명사의 경우 '말쏨'(16세기에 '말솜')이 있기는 하였으나 '말'에 대한 공손은 아닌 것 같다. 예. 나랏 말쏘미(國之語音, 훈민정음언해), 샹녯 말소매(常言, 번역박통사 上 14). 대명사에 있어서 현대어의 1인칭의 '저'에 해당되는 것이 없었다. 그리하여 윗 사람 앞에서도 자기를 '나'라고 하였다.

이 시기에는 중국어로부터 직접 들어온 借用語들이 있었다. 이들 차용어는 주로 16세기의 번역박통사, 훈몽자회 등에 많이 기록되어 있으며 服飾, 布帛, 器用, 食物 등에 집중되어 있었다. 투구(頭盔), 비갸(比甲), 딩즈(頂子, 頂兒), 후시(護膝), 딕미(玳瑁), 노(羅), 야쳥(鴉靑), 야투로(鴨頭羅), 솨즈(刷子), 피리(觱篥), 사탕(砂糖), 쳔량(錢粮), 진디(眞的), 빈치(白菜) 등. 15세기 문헌에도 '퉁'(銅, 석보상절 6.28)과 '갸스'(家事, 월인석보 23.74), 훠(靴, 능엄경언해 6.96), 노(羅, 두시언해 8.49) 등의 예가 보인다. ('갸스'의 의미는 椀楪) 이들 차용어는 대체로 중국의 근대음을 보여준다.

第八章　近代國語

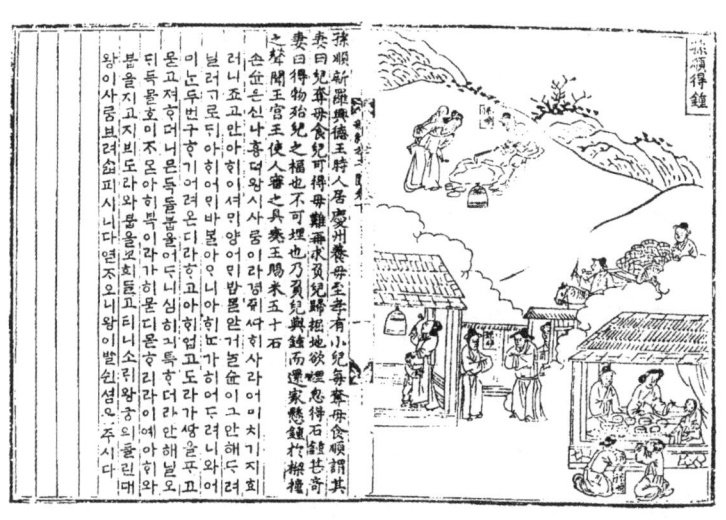

東國新續三綱行實　孝子圖　卷10, 1장

第八章

近代國語

　　근대국어의 시기는 壬辰亂이 지난 직후 즉 17세기 초엽부터 시작된다. 여기서 새삼 강조하고 싶은 것은 임진란은 중세어와 근대어와의 사이에서 발견되는 중요한 제변화의 요인이 아니라는 사실이다. 종래의 국어의 역사적 연구가 지녀 온 가장 큰 偏見의 하나는 중세어와 근대어 사이에 나타나는 거의 모든 변화를 임진란에 결부시킨 것이라고 할 수 있다. 가령 음운사적 관점에서 음소 'ㅿ'의 소멸, 성조의 소멸 또 어두 平閉鎖音의 硬音化 내지 有氣音化 등 중요한 제현상이 임진란을 계기로 일어났다는 것이 지금까지 통설이 되어 왔다. 그러나 이미 前章에서 밝힌 바와 같이 위의 음운사상의 제변화뿐 아니라 문법사상의 여러 중요한 변화가 이미 16세기말 임진란 이전에 일어났던 것이다. 그리하여 임진란이 지난 뒤 국어는 근대적 면목을 띠고 나타나게 되었던 것이다. 임진란과 같은 전란이 언어 변화의 요인이 되는 것은 부인할 수 없지만 이 변화는 상당한 시간이 경과한 뒤에 나타나는 것이 보통이다.

　　근대국어의 시기는 17세기 초에서 19세기 말까지 3세기 동안에 걸친다. 임진왜란과 병자호란의 잇따른 전란을 거쳤으면서도 우리 나라 사회와 문화에는 점차로 새로운 기운이 싹트기 시작하였다. 이것은 안으로는 상업, 수공업, 농업의 새로운 양상이 나타나 사회적인 변화가 현저해졌고 밖으로는 西洋 文物에 접하여 그 자극을 받은 결과였다. 이리하여 새로운 학문과 문학이 대두되었던 것이다. 18세기에 들어 융성한 實學과 庶民 文學의 발전이 그것이다.

서민 문학으로 대표적인 것은 小說이었다. 그리고 時調의 한 형태인 辭說時調의 출현도 주목할 만한 것이었다. 이러한 문학은 서민의 것이었으며 여기에 새로운 文學語가 형성되기에 이르렀다. 일반적으로 이 때의 작품들의 표현은 지나치게 한자어에 의존한 흠이 있기는 했지만, 日常語를 대담하게 도입하는 실험도 행해졌던 것이다.

한편 16세기 말 이래 西洋 文物의 수용이 시작되었다. 처음에는 극히 부분적이었지만, 새로운 종교로서 기독교가 알려지고 천문, 지리, 과학 등에 대한 지식이 많건 적건 유입되기에 이르렀다. 이 유입은 주로 북경을 통해 이루어졌고 19세기 후반에 와서야 직접 서양과의 접촉이 이루어졌다. 우리 나라는 이 접촉에 효과적으로 대처하지 못하여 큰 시련을 겪어야만 했지만 이런 순조롭지 못한 접촉이었으면서도 우리 나라 사람들의 의식의 세계와 언어에 영향을 끼치기 시작하였다. 이것은 현대에 와서의 숨가쁜 서구화의 전주였던 것이다.

근대국어에서 현대국어의 여러 특징이 형성되었다는 관점에서 볼 때, 근대국어는 중세국어에서 현대국어에 이르는 하나의 과도기였다고 할 수 있다. 이것이 바로 종래 근대국어에 대한 통념이었다. 그리하여 종래의 국어사 연구에 있어서는 중세국어의 어떤 현상에 대한 연구의 끄트머리에 그것이 그 뒤 어떻게 되었는가 하는 後日譚으로서 근대국어 자료가 제시된 것이 통례였다. 그러나 근대국어가 그 자체로서 독립된 연구의 대상이 되어 마땅한 것은 두말할 것도 없다. 근대국어의 자료는 양으로도 많지만 질로도 다양하여 연구의 폭도 그만큼 넓어지게 마련이다. 그리고 현대국어의 제반 특징이 이 때에 드러나기 시작했으므로, 이 단계에 대한 정밀한 연구는 현대국어의 이해에 직접적으로 공헌하게 되는 것이다. 앞으로 근대국어에 대한 보다 진지한 연구가 있어야겠음을 절실히 느낀다.

第一節 資 料

근대국어 자료 중에서 가장 확실한 것은 初刊本들이다. 重刊本인 경우에는 그 초간본과 비교하여 변개된 부분에 한해서 이용할 수 있다. 가령 龍飛御天歌가 광해군 4년(1612), 효종 10년(1659), 영조 41년 (1765)에 중간되었는데, 1612년본까지도 '업더시니'(19장), '녀토시고' (20장), '즁싱'(30장), '눈굴디니이다'(50장), '혀근'(82장) 등으로 유지되었던 것이 1659년본에서 '업더시니' '여토시고' '즘싱', '눈굴더니이다', '져근'으로 고쳐졌으며 1765년본에 와서는 이밖에 '더디시나'(27장)가 '디디시나'로 고쳐졌다. 이러한 변개들은 그 동안의 변화로 말미암아 옛 언어를 정확히 이해할 수 없었던 데서 빚어진 결과였다. 訓蒙字會 중간본(1613)도 이런 변개를 많이 보여 준다.

전후 7년에 걸친 壬辰亂이 지난 뒤 맨 처음으로 나온 국어 문헌은 아마 諺解痘瘡集要, 諺解胎産集要의 두 醫書인 듯하다. 선조 말년 (1608)에 간행된 것이다.(서울대학교 규장각) 許浚이 지은 東醫寶鑑 (25권, 1613)은 우리 나라의 대표적 醫書인데 한문으로 되어 있으나 그 중에 鄕藥名이 언문으로 표기되어 있다.(규장각) 그 뒤 광해조 때에는 임진란으로 희귀해진 고전의 중간 사업으로 樂學軌範(1610), 龍飛御天歌(1612), 訓蒙字會(1613) 등이 간행되는 한편 練兵指南(1권, 1612)과 東國新續三綱行實(18권, 1617)이 편찬 간행되었다. (각각 국립도서관, 규장각 소장) 이들은 전기 의서들과 함께 17세기 초엽의 가장 중요한 자료가 된다. 다음 인조 때에는 家禮諺解(1632), 火砲式諺解

(1635)가 이루어졌으나 지금 이 때의 초간본은 볼 수가 없고 중간본이 전하고 있다.(가람문고) 杜詩諺解의 중간본도 이 때에 이루어졌다 (1632). 이 책은 영남 지방에서 이루어진 것으로 (張維의 重刊序 참조) 그곳 方言의 영향을 받고 있다. 많은 현존본이 있다. "求禮地 華嚴寺 開刊"인 勸念要錄(1637)은 王郎返魂傳을 비롯한 불교 관계의 설화집으로 역시 방언의 영향을 보여 준다.(일사문고).

17세기 후반의 자료로는 효종대의 辟瘟新方(1653)과 警民編諺解 (1656)가 있다. 그리고 語錄解란 이름의 책들이 있다. 중국의 속어를 주해한 것으로 우리 나라에서는 退溪 李滉의 제자들의 손에 시작된 듯하다. 刊年이 확실한 것으로는 鄭瀁의 발문이 붙은 책(효종 8년, 1657)과 南二星이 수정을 주관하고 宋浚吉이 발문을 쓴 책(현종 10년, 1669)이 있다. 숙종 때의 자료로는 역학서들이 많이 전하고 있다. 老乞大諺解(2권, 1670), 朴通事諺解(3권, 1677), 捷解新語(10권, 1676) 등은 지금까지 많이 이용되어 왔다. 노걸대언해와 박통사언해는 최세진의 飜譯老乞大, 飜譯朴通事의 중간본이 아니라, 새로운 改譯本이다. 첩해신어는 倭學書로서 康遇聖이 임진란 때 일본에서 10년간 포로 생활을 하고 돌아와서 1618년을 전후하여 지은 것이니, 원고의 완성과 간행 사이에는 적어도 50년의 간격이 있다. 중국어 어휘집인 譯語類解(1690)는 17세기 말엽의 중요한 국어 어휘집이기도 하다.(규장각) 숙종 24년(1698)에 新傳煮硝方諺解가 간행되었는 바 초간본은 현전하지 않은 듯 정조 연간의 중간본이 전한다.(규장각) 초간본과의 異同은 밝힐 수가 없다. 간행 연대와 저자가 명기되어 있지 않으나 洪舜明의 作으로 추정되어 온 倭語類解가 있다. 이것은 역어유해보다 다소 뒤에 이루어졌을 것이므로 대체로 18세기 초엽의 자료로 간주될 수 있는 것이다.

18세기에 들어 영조 정조 때에 간행된 문헌들은 언해와 역학서로 나누어 볼 수가 있다. 언해는 三綱行實圖(1729), 二倫行實圖(1729), 警民編諺解(1730), 御製內訓(1736), 五倫行實圖(1797) 등 전대의 것의 중간본, 개찬본들이 간행되는 한편, 御製常訓諺解(1권, 1745), 闡義昭鑑諺解(5권, 1756), 十九史略諺解(2권, 1772), 念佛普勸文(1권, 1776), 明義錄諺解(3권, 1777), 續明義錄諺解(2권, 1777), 字恤典則(1권, 1783), 武藝圖譜通志諺解(1권, 1790), 增修無寃錄諺解(3권, 1792), 童蒙先習諺解(1권, 1797) 등 많은 새로운 책이 간행되었다. 위에 든 책들 중에서, 염불보권문은 慶尙道 陜川 海印寺에서 개간된 것으로 그곳 방언을 반영하고 있으며 明義錄諺解는 궁중의 특수어를 보여주는 점이 주목된다. 18세기에 와서 司譯院의 간행물은 양적으로 풍부하고 질적으로 우수한 것이 많았다. 漢學書로는 譯語類解補(1775), 倭學書로는 改修捷解新語(1748)와 그 중간본(1781)이 간행되었다. 淸學(滿洲語學)과 蒙學(蒙古語學)은 전일의 이 방면의 책들을 개정하는 한편 새로운 책을 편찬하는 데 정력을 기울였다. 淸學書들은 숙종 연간에 정리되어 八歲兒(1권), 小兒論(1권), 三譯總解(10권), 淸語老乞大(8권)가 숙종 30년(1704)에 간행을 보았던 것인데, 그 뒤 이들의 개간이 이루어졌다. 영조 41년(1765)에 淸語老乞大新釋, 영조 50년(1774)에 重刊三譯總解, 그리고 정조 원년(1777)에 小兒論과 八歲兒가 간행되었다. 오늘날 전하는 것은 이 개간본들 뿐이다.(大英博物館. 규장각에는 청어노걸대가 없음) 한편 이들 개간보다 앞서 同文類解(2권)가 영조 24년(1748)에 간행되었고 우리나라 청학의 최후 최대의 업적인 漢淸文鑑(15권)이 영조 말년, 정조 초년 무렵에 간행되었다.(빠리 동양어학교, 일본 동경대학 소장) 이것은 漢語 淸語 國語의 사전으로 청대의 增訂淸文鑑을 대본으로 한 것이다. 몽학서에 있어서도 많은 개간이 이루어졌다. 蒙語老乞大(8권)에 대해서 보면 영조 17년(1741), 영조 42년(1776), 정조 14년(1790)에 세 차례나 개간되었다. 捷解蒙語(4권)도 1737년과 1790

년에 개간이 있었다. 蒙語類解(2권)도 1768년과 1790년에 두 차례 개간되었는데, 이 마지막 개간시 蒙語類解補編(1권)이 추가되었다. 오늘날 전하는 이들 책은 모두 1790년의 마지막 개간본이다.(규장각, 기타) 이 밖에 사본으로 전하는 多言語 語彙集이 수종 전한다. 洪命福 등이 정조 2년(1778)에 편찬한 方言集釋은 5 언어(국어 중국어 만주어 몽고어 일본어) 어휘집이다.(서울대학교 소장) 李義鳳이 정조 13년(1789)에 편찬한 古今釋林의 일편인 三學譯語(일본어 만주어 몽고어 및 국어)도 사본으로 전한다.(서울대학교) 倭學書로는 隣語大方이 있다. 우리 나라와 일본에 여러 異本(刊本과 筆寫本)이 전하는데 대체로 18세기 말엽(또는 19세기 초엽)에 이루어진 것으로 추정된다.

중요한 국어 자료로 綸音이 있음을 잊어서는 안 된다. 윤음은 임금이 백성에게 내리는 詔勅으로, 20여종의 정조조 윤음이 전한다.

19세기 자료로는 우선 新刊增補三略直解(1805), 太上感應篇圖說諺解(1852), 關聖帝君明聖經諺解(1855) 등을 들 수 있다. 柳僖의 物名考(순조 연간)는 사본으로 전하는데, 동물 식물 광물명 등을 분류 기록한 것으로 소중한 업적이었다. 鄭允鎔이 엮은 字類註釋(1856)은 역시 寫本으로 전한다. 19세기 후반의 자료로는 규합총서(閨閣叢書, 1869), 敬信錄諺解(1880), 過化存神(1880), 죠군령적지(竈君靈蹟誌, 1881), 斥邪綸音(1881) 등과 간년 미상의 중국어 어휘집 華語類抄가 있다.

많은 문학 작품들은 근대어 자료를 다채롭게 해 준다. 時調, 歌辭, 小說, 日記, 紀行, 書簡 등이 자못 풍부하게 남아 있다. 이들의 대부분이 정확한 성립 연대를 알 수 없음이 언어 자료로서의 결점이지만 개략적인 연대 추정은 가능하다. 시조집으로서는 靑丘永言(金天澤編, 1728), 海東歌謠(金壽長編, 1763) 등이 중요하다. 소설은 방대한 양의 사본이 전하는데, 대부분은 19세기 자료로 볼 수 있으며, 그 중 오랜 것은 18세기에 소급하는 것으로 생각된다. 京板本, 完板本 등은 19세기 중엽 이후의 것인데, 특히 완판본 소설들은 전주에서 간행된 것으로 그 방언을 반영하고 있음이 흥미롭다. 申在孝의 판소리 사설도 완판본 같은 성격을 띠고 있다. 일기로는 意幽堂日記가 연대도 확실하고(순조 29~32년간), 내용도 정확하여 좋은 자료가 된다.(가람문고 소장) 이밖에 癸丑日記, 山城日記, 閑中錄 등은 궁중 생활을 묘사하고 있어, 그 특수어 자료로서 주목된다. 孝宗, 仁宣王后, 顯宗, 明聖王后, 肅宗, 仁顯王后의 諺簡들을 모은 宸翰帖이 전한다.(金一根 소장)

위에 든 것들 외에 朴性源의 華東正音通釋韻考(1747), 洪啓禧의 三韻聲彙(1751), 正祖 命撰의 奎章全韻(1796) 등의 韻書와 柳馨遠의 磻溪隨錄(17세기, 간행은 1770), 崔錫鼎의 經世正韻(1678), 申景濬의 訓民正音韻解(1750), 黃胤錫의 華音方言字義解 및 字母辨(頤齋遺藁 卷25)과 理藪新編(영조 연간), 柳僖의 諺文志(1824), 丁若鏞의 雅言覺非(1819) 등은 한자음과 문자 체계 및 국어의 음운, 어휘에 관한 소중한 자료가 된다.(경세정운은 日本 京都大學, 훈민정음운해는 崇實大學 소장) 이밖에도 일종의 백과전서라 할 수 있는 李德懋의 靑莊館全書(1795), 李圭景의 五洲衍文長箋散稿(헌종 연간) 등도 국어 및 문자 체계에 대한 흥미있는 관찰을 포함하고 있다. 끝으로 吏讀에 관한 문헌으로 李義鳳의 古今釋林 중의 羅麗吏讀, 具允明의 典律通補(정조 연간), 著者 未詳의 儒胥必知(정조 연간) 등이 있어 참고된다.

第二節 文字 體系, 正書法

임진란 이전의 문헌과 이후의 문헌들 사이에는 문자 체계와 정서법에 판연한 차이가 있음을 발견한다. 국어 정서법이 가장 정제되었던 것은 15세기에 있어서의 일이요 16세기에 오면 차츰 깨어져 간 것을 볼 수 있으나 그래도 전통을 지키려고 노력했던 것인데 임진란 이후에 15세기 중엽 이래의 정서법의 전통은 큰 혼란을 경험하게 되었다. 이미 그 전통을 지킬 수 없을 만큼 언어가 크게 변화되어 있었고, 또 임진란이란 대전란이 그러한 전통과의 단절을 가능케 했던 것이다. 그러나 정제되고 통일된 새로운 정서법이 다시 마련되지는 않았고 따라서 그 혼란 상태가 17세기를 거쳐 18, 19세기에 내려올수록 더욱 심해졌으며 특히 평민 문학의 대두에 의한 문자 사용의 확대는 이런 혼란을 촉진하였던 것이다.

　임진란 이전과 이후의 문헌 사이의 문자 체계상의 중요한 차이로서 다음과 같은 것을 들 수 있다. 첫째로 傍點이 완전히 사라졌다. 16세기 후반의 일부 문헌에 이미 방점을 찍지 않는 경향이 나타났었는데 17세기 초엽부터는 이것이 일반화되었던 것이다. 둘째로 'ㆁ'자가 완전히 자취를 감추었다. 이미 16세기에 'ㆁ'자는 종성에만 국한되었고 'ㅇ'과 혼동되었던 것인데 임진란 뒤부터는, 17세기 문헌에 간혹 'ㆁ'의 용례가 보인다고는 하나, 완전히 'ㅇ'자에 합류되었다고 할 수 있게 된 것이다. 그리하여 'ㅇ'자가 위치에 따라 상이한 가치를 가지게 되었다. (현대와 동일한 상태에 도달한 것이다.) 셋째로 'ㅿ'자가 완전히 자취를 감추고 말았다. 적어도 표기상으로는 'ㅿ'자가 16세기 말까지 근근히 유지되었던 것인데 17세기에 들어서는 아주 폐용되었던 것이다. 17세기에 'ㅿ'이 간혹 나타나는 것이 사실인데, 이들은 대개 동국신속삼강행실, 중간두시언해, 노걸대언해 등 중세국어 문헌의 영향을 받은 책들에 한정되어 있다. 이리하여 17세기의 문자 체계는 사실상 25자 체계로 되었던 것이다.

　근대에 있어서의 정서법상의 혼란 중에서 주목할 만한 것을 들면 다음과 같다. 첫째로 어두 합용병서의 혼란을 들 수 있다. 저 위에서 말한 바와 같이 중세 문헌에는 'ㅅㄱ ㅅㄷ ㅅㅂ', 'ㅂㄷ ㅂㅅ ㅂㅈ ㅂㅌ', 'ㅄㄱ ㅄㄷ'의 세 가지 합용병서가 존재했는데 17세기에 오면 'ㅄㄱ, ㅄㄷ' 등이 소멸의 운명을 걷게 된다. 특히 17세기 초에 'ㅂㅅ'이란 병서가 'ㅄ'의 새로운 異體로서 등장한 것은 주목할 만한 사실이다. (15·16세기에 'ㅅㄱ'의 이체가 존재했음은 이미 지적하였다.) 따라서 'ㅄ'의 이체로서 15·16세기 이래의 'ㅅㄱ'과 새로운 'ㅂㄱ'의 공존이 결과되었던 것이다. 예. 뻐뎌(동국신속삼강행실, 효자도 3.43), 쩌디니라(동 4.29), 버디니라(동, 2.84); 쁘려(동 충신도 1.46), 스리오고(동 효자도 8.8), 브려(동 6.44) 등. 그리고 'ㅳㅅ'에 대한 'ㅴ'도 이때에 등장했다. 예. 쩨(동국신속삼강행실 충신도 1.78), 때(동 효자도 1.34). 한편 'ㅼ'과 'ㅴ', 'ㅄ'과 'ㅆ'의 표기가 많이 혼동되었다. 중간두시언해에 '뜯'(意)이 '쯛'(3.49, 7.11, 7.24 등)으로 나타난 예들을 제외하면, 이 혼동은 17세기 후반에 들어서의 일이다. 예. 떠나셔(첩해신어 5.3), 쩌나셔(동 5.11), 쑥, 쑥(艾, 박통사언해 上 35), 쓰고(使, 동 下 28), 씀이(동 中 2) 등. 17세기에 싹튼 이 혼동은 18세기에 이르러 극심해졌다. 동일한 된소리에 서로 다른 두 가지 표기가 그때 그때 자의적으로 선택되었던 것이다. 여기에 각자병서가 일부 부활되어 사용된 예가 있으므로 사실상 된소리가 세 가지 표기를 가지고 있었다고 할 수 있는 것이다. 쩨여(挺, 동국신속삼강행실 효자도 3.9), 빼여(동 열녀도 4.23); 셜리(권념요록 6), 빨리(중간두시언해 4.15). 그러다가 19세기에 와서 된소리 표기는 모두 된시옷으로 통일되는 경향이 뚜렷해졌다. 'ㅺ, ㅼ, ㅽ, ㅾ' 등. 그러나 'ㅅ'의 된소리는 'ㅆ'이 아니라 'ㅄ'으로 통용되었다.

비록 몇 예에 지나지 않지만, 17세기 문헌에 'ㅆㅎ'이 나타난 사실은 특기할 가치가 있는 것으로 생각된다. 15세기 중엽에 'ᅘㅕ-'(引)로 표기된 동사 어간은 각자병서가 폐지된 원각경언해 이후의 문헌에서는 '혀-'로 표기되었고 이것이 그대로 16세기 말까지 계속되었던 것이다.(131, 139~40면 참조) 그런데 17세기에 와서 'ㅆㅎ'이란 흥미있는 표기가 나타나게 된 것이다. 예. 화를 쎠(彎弓, 동국신속삼강행실 열녀도

4.70), 法을 혀(引法, 경민편언해 序 3), 나를 혀(引我, 연병지남 9).

또 하나의 심한 혼란은 종성의 'ㅅ'과 'ㄷ'에서 발견된다. 15세기에 있어서는 이 두 받침이 엄격히 구별되었던 것인데 16세기에, 특히 그 후반에 이 구별이 무너졌던 것이다. 17세기에 들어서 받침의 'ㅅ'과 'ㄷ'의 선택은 지극히 자의적이었다. 예. 굳고(固, 두창집요 上 34), 굿거든(同 下 217); 묻고(問, 권념요록 3), 뭇디(첩해신어 1.9); 맛(味, 동국신속삼강행실 효자도 4.30), 맏(동, 효자도 1.36); 못(池, 권념요록 24), 몯(동 30). 그러다가 18세기부터는 'ㄷ'은 점차 없어지고 'ㅅ'만으로 통일되는 강한 경향이 나타났다. 그리하여 심한 예로는 '미더'(信)를 '밋어'(명의록언해)라고 표기한 것조차 볼 수 있게 되었다.

이밖에도 여러 가지 세부적인 사실을 지적할 수 있다. 가령 모음간에서 'ㄹㄹ'과 'ㄹㄴ'이 혼용되었다. 예. 진실노(眞實), 블너(呼), 흘너(流) 등. 이런 표기는 중세 문헌에서는 전혀 볼 수 없었던 것이다. 그때에는 언제나 'ㄹㄹ'이 사용되었다. 또 모음간의 된소리 또는 유기음을 표기하는 데 있어서 다음과 같은 경향이 나타났다. 깃써(悅, 동국신속삼강행실 효자도 6.27), 무릅피(언해두창집요 상 35), 곧출(동 下 49), 곳츨(박통사언해 中 43), 븍녁키(노걸대언해 上 15) 등.

요컨대 근대에 있어서의 표기법은 중세로부터의 전통의 잔재를 완전히 불식하지 못하고 많건 적건 그것을 유지하면서 그 기초 위에서 표음적이고자 하는 노력의 결과였다고 할 수 있다. 그러나 여기 한 가지 주목해야 할 것은 체언과 조사를 분리하여 표기하려는 의식이 뚜렷이 나타나고 있는 사실이다. 박통사언해나 명의록언해 등을 펴 보면 이 사실을 쉽게 인식할 수 있다. 동사에 있어서도 어간과 어미를 분리하여 표기하려는 의식이 간혹 드러나지만 그렇게 뚜렷하지는 못했다.

第三節 音 韻

근대국어의 음운 체계에 대하여 우선 17세기의 그것을 고찰하고 그 뒤의 변화를 더듬기로 한다.

자음 체계에서는 무엇보다도 먼저 17세기에 'ㅎ'의 된소리가 있었음이 지적되어야겠다. 이것은 17세기 문헌에 'ㆅ'이란 특이한 표기가 나타나는 사실에 비추어 의심할 여지가 없는 것이다. 이 된소리는 17세기 후반에 'ㅋ'에 합류되어 버린 것으로 추정된다. 이 합류의 원인은 이 된소리가 15세기에 'ㅎㅕ-'(引)로 표기되고 17세기에 'ㆅㅕ-'로 표기된 한 단어에 나타나 그 機能 負擔量이 적었기 때문이었을 것이다. 노걸대언해(하 53)에 이 단어가 '켜-'로 표기된 예가 보인다. 예. 여러 모시뵈 살 나그내 켜오라(引將幾箇買毛施布的客人來).

16세기에 'ㅇ'은 'ㄹㅇ'에 남아 있었으나 그 말기에 와서는 동사의 활용형에서 'ㄹㄹ'로 변했음을 지적한 바 있는데(136면 참조), 17세기 문헌에서는 명사에 있어서도 이것이 'ㄹㄹ'로 변했음이 확인된다. 가령 중세어의 '놀애'(歌)는 '놀내'(동국신속삼강행실 효자도 6.27), '놀래'(첩해신어 6.8, 9.6 등)로, '몰애'(沙)는 '몰래'(가례언해 7.23, 중간두시언해 3.54, 6.25)로 표기되었다. 한편 '노ᄅ'(獐)의 속격형 '놀이'가 '놀릐 고기'(동국신속삼강행실 효자도 7.4), '놀릭 고기'(역어유해 上 50), '놀릭삿기'(동문유해 下 39)로 표기되었다. 그러나 한편으로는 '노래'(박통사언해 上 26), '모래'(가례언해 7.24, 왜어유해 上 8) 등도 보인다. 이로 보면 'ㄹㅇ'은 'ㄹㄹ'과 'ㄹ'의 두 갈래로 발달했으며 18세기에 와서 'ㄹ'형으로 일반화된 것으로 생각된다. 이리하여 17세기의 자음 체계는 중세어의 자음 체계(144~5면 참조)에서 유성마찰음 계열 'ㅸ ㅿ ㅇ'을 빼고 'ㅈ'의 된소리를 더한 것이었다고 할 수 있다. 이 'ㅈ' 된소리의 인정은 어두 자음군과 관련된다.

중세국어의 어두 자음군 'ㅂㄷㅂㅅㅂㅈㅂㅌ' 및 'ㅅㄱ ㅅㄷ'이 언제까지 존속했는가 하는 것은 국어 음운사에서 매우 흥미깊은 문제의 하나다. 17세기 초엽의 정서법에 'ㅂㅅ', 'ㅅ', 'ㅂ'의 혼동이 나타났음을 위에서 보았다. 이것은 사실상 'ㅂㅅ'계, 'ㅅ'계, 'ㅂ'계가 구별되지 않았음을 단적으로 말해 주는 사실이라고 볼 수 있다. 그러나 실제로 'ㅂ'계와 'ㅅ'계 즉 'ㅂㄷ'과 'ㅅㄷ', 'ㅂㅅ'과 'ㅆ'의 혼동이 나타난 것은 중간두시언해의 '뜯, 쁟'을 제외하면, 17세기 후반의 일이라는 사실이 주목되지 않을 수 없다. 특히 'ㄴㅈ' 표기가 나타난 것은 왜어유해로부터의 일이다. 쏠(醶, 상 48), 싹(隻, 하 33). 이보다 앞서 첩해신어에 'ㅉ'의 예가 보인다. 그 쭘을(7. 19). 이렇게 볼 때 17세기에 어두 자음군이 된소리가 된 것은 의심할 수 없는 사실임을 결론할 수 있는데, 그 완성은 17세기 중엽으로 보는 것이 온당한 것으로 생각된다.

근대어에서 가장 현저한 음운 변화의 하나가 口蓋音化였다. 국어사에서 구개음화라면 i, y 앞에서 'ㄷ ㅌ ㄸ'이나 'ㄱ ㅋ ㄲ'이 'ㅈ ㅊ ㅉ'로 변하는 현상을 말하는데, 이런 변화는 남부 지방의 방언에서 매우 일찍 일어나 北上한 것으로 믿어진다. 서울말에서는 'ㄷ ㅌ ㄸ'의 구개음화만이 일어났으며 그것도 매우 늦게 일어났던 것이다. (서북 방언에 있어서는 현대에도 구개음화가 일어나지 않았다.) 柳僖의 諺文志는 이 구개음화에 관련해서 매우 흥미있는 증언을 하고 있다. 이 책은 "如東俗댜뎌呼同쟈져 탸텨呼同챠쳐 不過以按頤之此難彼易也 今唯關西之人 呼天不與千同 呼地不與至同"이라고 하여 19세기 초에 있어서 서북 방언을 제외한 제방언에서 상기한 구개음화가 일어난 사실을 분명히 하고 나서 이렇게 계속하고 있는 것이다. "又聞鄭丈言 其高祖昆弟 一名知和 一名至和 當時未嘗疑呼 可見디지之混 未是久遠也." 이 글 속에서 가리킨 鄭氏 어른이란 鄭東愈(晝永編의 저자로서 柳僖의 스승, 1744~1808)를 가리키는 바, 그의 高祖 생존시(17세기 중엽 전후)는 아직 구개음화가 일어나지 않았음을 흥미있는 예로써 증언하고 있는 것이다. 그러나 이 기록은 구개음화가 17세기 후반 또는 18세기 동안에 일어났음을 추측케 할 뿐 그 정확한 연대는 말해 주지 않는다. 그 정확한 연대는 문헌 자료의 검토에서 결정될 수 있다. 현존 문헌들을 검토해 보면 구개음화의 예는 왜어유해에 먼저 나타남을 본다. 예. 打 칠 타(上 30), 瓦 지새 와(上 32), 刺 지를 ᄌᆞ(上 54), 黜 내칠츌(上 54), 春 찌흘용(下 3), 觸 찌를쵹(下 24), 落 질락(下 30) 등. 그리고 동문유해는 구개음화가 이미 완성되었음을 알려 준다. 예. 씻타(揣擣<씿-<딯-)(下 2), 찌다(蒸了 <ᄣᅵ-)(上 59), 직히다(守了 <딕희다)(上 45), 고지식(老實 <고디식)(上 21), 좀쳐로(<텨로)(下 57) 등. 이러한 사실로 보아서 구개음화는 17세기와 18세기의 교체기에 일어났다고 보아 대과 없을 것이다. 이 구개음화의 결과로 '디 댜 뎌 됴 듀', '티 탸 텨 툐 튜' 등의 결합이 국어에서 자취를 감추게 되었다. 그러나 19세기에 들어 '듸', '틔' 등이 '디', '티'로 변하게 되어 다시 이들 결합이 나타나게 된 것이다. 예. 견듸->견디-(忍), 무듸->무디-(鈍), 쯰>찌(帶) 등.

그런데 구개음화는 좀더 광범한 현상으로 인식되어야 할 것이다. 우선 위에서 말한 구개음화는 파찰음 'ㅈ ㅊ' 등의 구개음화를 전제로 하는 것이다. 중세어에 있어서 파찰음들은 치음([ts] [dz] 등)이었는데 (110면 참조), 이것이 i, y 앞에서 구개음([tʃ] [dʒ])으로 변한 뒤에라야만 'ㄷ ㅌ' 등의 구개음화도 생각할 수 있는 것이다. 이 구개음화의 결과, 18세기에는 'ㅈ, ㅊ'은 i, y 앞에서는 구개음으로, 다른 모음들 앞에서는 종래대로 치음으로 발음된 것으로 추측된다. 그러다가 'ㅈ, ㅊ'이 모두 구개음으로 발음되게 되어 '자, 저, 조, 주'와 '쟈, 져, 죠, 쥬'의 대립(141면 참조)이 중화된 것이다. 19세기 문헌에 '자'와 '쟈', '저'와 '져'의 혼란이 많이 나타난다. 구개음화는 실상 i, y 앞에 온 여러 자음들에 다 적용되었던 것이다. 가령 'ㅅ'이나 'ㄴ'도 구개음화로 [ʃ] [ɲ]와 같은 異音을 가지게 된 것이다.

어두에 있어서의 i, y에 선행한 'ㄴ'의 탈락은 이 구개음화와 관련된 현상이다. 이 탈락의 연대는 18세기 후반이었던 것으로 추정된다. 이 때의 문헌에 어두의 '니'가 '이'로 표기된 예가 나타나기 시작한다. 십구사략언해(1.17)에 '임금'(<님금)의 예가 보이며 1782년과 1783년의 윤음에 '일음이라'(謂 <니름), '이르히'(至 <니르히) 등의 예가 보인다. 19세기에 오면 이런 예가 자못 일반적이다.

이미 15, 16세기에 많이 나타난 바 있는 평음의 된소리화 및 유기음화는 근대에 들어서 더욱 일반화되었다. 우선 된소리화의 예로서 다음과 같은 것이 초기 근대 문헌에서 추가된다. 예. 씃-(<슷- 拭)(동국신속삼강행실, 신속열녀도 5.13), 뚤-(<듧- 鑽)(박통사언해 上 14), 쏮-(<곶- 挿)(역어유해 上 43). 된소리의 인상적 가치를 이용하여 표현이 강화된 예들이다. 그리고 역행 동화의 예들, 가령 '곳고리, ᄀᆞᆺᄀᆞᆺᄒᆞ-, 덛덛ᄒᆞ-, 듯듯ᄒᆞ-' 등이 '꾀꼬리, 깨끗하-, 떳떳하-, 따뜻하-' 등으로 변한 것은 18세기에 들어서 일어났다. 예. 쏫쏫ᄒᆞ다(溫)(동문유해 上 61).

유기음화의 예로는 다음과 같은 것이 발견된다. 예. 탓(닷 故)(첩해신어 6.9. 9.7), 풀무(<불무)(박통사언해 下 29), 코키리(<고키리 象)(역어유해 下 33) 등.

약간의 예에서 양순음 'ㅍ' 앞에서 'ㄹ'의 탈락을 볼 수가 있다. 중세의 '앒'(前), '알ᄑᆞ-'(痛), '골ᄑᆞ-'(飢) 등이 '앞, 아프-, 고프-' 등으로 변한 것이다. 예. 아픠(前)(동국신속삼강행실, 열녀도 6.18), 압희(前)(첩해신어 5.23), 아프게ᄒᆞ다(동문유해 下 30), 빈 곱프다(동 下 28) 등.

15세기의 'ᄀᆞ초-'(藏)는 16세기에 'ᄀᆞ초-'가 되었는데(칠대만법 7, 야운자경 67), 드디어 '곰초-'에 도달하였다. 예. 곰초다(역어유해 下 45,

동문유해 上 30). '더디-'(投)는 구개음화로 '더지-'가 되었다가 첨가자음의 발달로 '던지-'에 다달았다. 예. 더지니(삼역총해 1.21), 더져(속명의록언해 1). 동국신속삼강행실에 '근처'(斷)가 보이는 바(열녀도 3.27) 이도 역시 첨가자음의 발달의 일례다.

'밖'(外), '겪-'(折) 등 'ㅅ'이 역행 동화로 'ㄲ'이 된 것은 17세기의 일이다. 예. 박그로(가례언해 6.14), 억게(동 6.6), 걱거나(경민편 10), 싹고(박통사언해 上 51) 등.

특수한 변화를 보여 준 예로 '디새'(瓦)를 들 수 있다. 15세기의 '디새'(瓦)는 17세기 말의 역어유해에도 '디새'였으나 18세기에는 '지새, 지와, 기와' 등 어형이 보인다. 예. 지새(동문유해 上 36, 한청문감 12.10), 지와(한청문감 13.16), 기와(속명의록언해 1). 여기서 '디새'가 직접 '기와'로 변한 것이 아님을 주의할 필요가 있다. 따라서 '지새'의 '기와'에의 변화는 중세어 '질삼'(紡績)이 '길쌈'으로, 중세어 '짗'(羽)이 '깃'으로 변한 것과 동궤를 밟은 것이다. 또 '맛디-'(任)가 직접 현대어의 '맛기-'로 변한 것이 아니라 '맛지-'의 중간 단계를 거쳤음도 주의할 만하다. 예. 맛져(명의록언해 上 3).

근대어에서 母音 體系가 큰 변화를 겪게 된 것은 18세기 후반에 들어서의 일이었다. 모음 'ㆍ'는 앞서 16세기 제1단계의 소실(제이음절 이하에서의 소실)을 경험했는데, 18세기 후반에 와서 제2단계의 소실(어두 음절에서의 소실)이 일어남으로써 완전히 그 자취를 감추게 되었다. 어두 음절에서 'ㆍ'가 다른 모음으로 변한 최초의 예는 중세어의 최후의 문헌인 소학언해(6.122)의 '흙'(土)이었는데 17세기 초의 동국신속삼강행실에 그 '흙'이 여러 군데 나타났었다. 이 책에는 '소매'(<ᄉᆞ매, 열녀도 4.14)의 예도 보인다. 이 두 예가 제2단계의 일반 공식 'ㆍ'>ㅏ'와는 달리, 도리어 제일단계의 공식인 'ㆍ>ㅡ', 'ㆍ>ㅗ'를 보여 주고 있는 점은 주목할 만하다. 그리고 17세기 후반에는 박통사언해에 '하야 리 -, 해야 리-'(<ᄒᆞ야 리-破)와, 역어유해에 '가이'(ᄀᆡ애 鋨)가 나타난다. 그러나 이 정도의 예로서 'ㆍ'의 소실을 말할 수는 없을 것이다. 18세기 중엽의 문헌, 가령 동문유해(1748)는 다만 '간나희'를 '근나희'라 쓴 일례를 추가해 줄 뿐이다. 현존 자료 중 제2단계 소실에 대한 결정적인 예를 보여 주는 것은 한청문감이다. 이 책에는 '래년'과 '릐년'(來年), '타다'와 '틔다'(彈), '드리다'와 '다릐다', '다릐다'(拉) 등이 混記되어 있으며, '가래'(<ᄀᆞ래 山核桃), '달팽이'(<ᄃᆞᆯ팡이 蝸牛), '다릐'(ᄃᆞ래 羊桃) 기타 많은 예에서 그 이전 문헌의 'ㆍ'자가 'ㅏ'자로 기록되어 있음을 본다. 이보다 뒤에 나온 綸音(1797)에도 '가자'(具 <ᄀᆞ자), '가다듬ᄂᆞᆫ'(<ᄀᆞ다듬ᄂᆞᆫ)의 예가 보인다. 이로써 제2단계 소멸은 대체로 1770년보다 다소 앞선 시기, 그러니까 대체로 18세기 중엽에 일어난 것이라고 결론할 수 있다. 제2단계에 있어서의 변화 공식은 주로 'ㆍ'>'ㅏ'였다. 이 결론은 당시 학자들의 증언과도 모순되지 않는다. 18세기 10년대에서 70년대까지 생존한 申景濬은 그의 訓民正音韻解에서 'ㆍ'자와 동시에 yʌ 표기로 그 자신이 창안한 'ㅣ' 자에 언급하고 "我東字音以作中聲者頗多 而ㅣ則全無 惟方言謂八曰ᄋᆲ 此一節而已"라고 말하고 있어 그가 'ㆍ'자의 발음을 인식하고 있었음을 보여줌에 대하여 18세기 70년대에서 19세기 30년대까지에 걸쳐 생존한 柳僖는 그의 諺文志에서 "東俗不明於多混於ㅏ(如兒事等字從今俗誤呼如阿些)亦或混一(如ᄒᆞᆰ土 今讀爲흙土)"라고 하여 'ㆍ'의 소실을 증언하고 있다. 음소 'ㆍ'는 소실했으나 문자 'ㆍ'는 현대 정서법(1933)에 의하여 폐지될 때까지 계속 사용되었다.

이 'ㆍ'의 소실로 제일음절의 이중모음 'ㆎ'가 'ㅐ'로 변했는데, 그 얼마 뒤에 'ㅐ[ai]'와 'ㅔ'[əi]는 각각 [ɛ] [e]로 單母音化하였다. 이 단모음화를 'ㆍ'의 소실 이후로 보는 이유는 제1음절의 'ㆎ'가 'ㅐ'와 마찬가지로 [ɛ]로 변한 사실에서 찾을 수 있다. 그리고 이 단모음화가 일어난 증거로는 움라우트 현상을 들 수 있다. 움라우트의 예는 관성제군 명성경언해에서 현저하게 나타나기 시작하였다. 예. 익기논(26, <앗기 - 惜), 디리고(27, <드리- 煎), 메긴(28, <머기- 食), 기디려(30, <기드리- 待), 지팡이(33, <지팡이 杖), 싀기(33, <삿기 羔) 등. 뒷 음절의 i 의 동화로 앞 음절의 a 가 ε로, ə가 e로 변화한 이 현상은 대체로 18세기와 19세기의 교체기에 일어난 것으로 추정되는데, 이것은 이중모음의 단모음화로 ε와 e가 확립된 뒤에 일어날 수 있었던 것이다. 따라서 이중모음 'ㅐ', 'ㅔ'의 단모음화는 18세기 말엽에 일어난 것으로 결론할 수 있다.

이 때에는 아직 'ㅚ', 'ㅟ'의 단모음화는 일어나지 않았던 것으로 보인다. 19세기 문헌에 이들 움라우트의 예는 매우 적고 그나마 'ㅈ', 'ㅊ' 뒤에 한정되어 있었던 것이다.

이상을 종합해 보면 'ᆞ'의 소실과 'ㅐ', 'ㅔ'의 단모음화를 겪고 난 뒤의 19세기 초엽에 국어는 다음과 같은 8모음체계를 가졌던 것으로 추정된다.

```
i ㅣ    ɨ ㅡ    u ㅜ
e ㅔ    ə ㅓ    o ㅗ
ε ㅐ    a ㅏ
```

근대어의 시기에 일어난 주목할 만한 모음 변화의 하나에 순음 'ㅁ, ㅂ, ㅍ, ㅽ' 아래의 모음 'ㅡ'의 圓脣化가 있었다. 이 변화로 중세어 이래 있었던 '므 브 프 쓰'와 '무 부 푸 쑤'의 대립이 국어에서 없어지게 된 것이다. 예. 중세어 믈(水), 물(群) 등. 이 변화는, 문헌상으로는 17세기 말의 역어유해에서 확인된다. 예. 불(火, 下 18), 무즈미ᄒᆞ다(洑水, 下 22), 술 붓다(醱酒, 上 59), 榜 부티다(告示, 上 10) 등. 이런 예는 18세기 문헌에서 일반화되었다. 동문유해에는 매우 많은 예가 보인다. 예. 불(火, 上 63), 쓸(角, 下 38), 풀(草, 下 45), ᄂᆞ물(菜, 上 59, <ᄂᆞ믈<ᄂᆞᄆᆞᆯ), 붉다(紅, 下 25) 등. 이로 보아 이 원순모음화는 17세기 말엽에 이루어진 것으로 추정된다.

이미 중세 말엽에 '불휘'(根)의 'ㅟ'가 'ㅢ'로 나타난 예가 있지만(ᄂᆞ믈 쓸희, 소학언해 6.133), 이런 경향은 17세기에 와서 일반화되었다. 예. 불희(역어유해 上 33), 븨-(<뷔- 空, 박통사언해 上 55), 븨-(<뷔-제, 박통사언해 上 48) 등. 여기서 다시 'ㅢ>ㅣ'의 변화가 일어났다. 예. 믭->밉-(憎), 불희>뿌리(根) 등, 앞서 든 '듸>디' 등의 변화도 이 일환이다. 이 변화의 연대는 아직 확인되지 않았다.

19세기에 들어 'ㅅ ㅈ ㅊ' 아래서 'ㅡ'가 'ㅣ'로 변한 단어들이 많이 발견된다. 관성제군명성경언해에서 몇 예를 들면 다음과 같다. 다시리 ᄂᆞᆫ(治, 9), 질거온(樂, 11), 추지니(尋, 18), 안지되(坐, 31), 이지러지고(虧, 22) 등. 중세어의 '아ᄎᆞᆷ'은 16세기에 와서 '아츰'이 되고 19세기에 다시 '아침'이 된 것이다.

16세기에 'ㆍ'가 비어두 음절에서 'ㅡ'로 변한 사실('ㆍ'의 제1단계 소실)은 근대어의 모음조화에 큰 영향을 미쳤다. 어두 음절에서는 여전히 'ㆍ'는 양모음, 'ㅡ'는 음모음이었으나 비어두 음절에 있어서는 'ㅡ'만이 나타났던 것이다. 이리하여 'ㅡ'는 부분적인 중립성을 가지게 되었다. ("部分 中立母音"이라고 볼 수 있을 것이다.) 모음조화의 붕괴가 중립화의 증가에 의해서 결과됨을 생각할 때, 이 'ㅡ'의 부분 중립화는 국어의 모음조화의 붕괴를 결정적으로 촉진한 것이라고 할 수 있다. 18세기에 어두 음절의 'ㆍ'가 'ㅏ'로 변했으나('ㆍ'의 제이단계 소실) 이 두 모음은 다 양모음이었으므로 중립화를 가져 오지는 않았다. 그 대신 어두 음절의 'ㅏ'는 종래와 같이 'ㅓ'와의 대립을 가지면서 또 한편으로 'ㅡ'와의 대립도 가지게 된 것이다. 여기에 비어두 음절에서의 'ㅗ>ㅜ' 경향이 다시 추가되어, 근대어의 모음조화는 어간의 그것이나 어미의 그것을 막론하고 큰 타격을 받게 되었다.

중세어의 聲調가 16세기에 유실되었음은 이미 말한 바 있다.(154면 참조) 그러므로 근대어는 이미 성조 언어는 아니었다. 원래 上聲은 그 모음이 길게 발음되었는데, 성조가 없어진 뒤에도 이 長音만은 자연히 남게 되었다. 이 장음은 표기상에는 잘 나타나지 않았다. 다만 'ㅓ'의 경우, 단음과 장음의 음성 실현이 달라진 것이 19세기의 일부 문헌에 반영되었음을 볼 수 있다. 즉 장음이 고모음으로 'ㅡ'에 가깝게 실현되었음이 다음 표기들에 드러난다. 예. 쓰리지(<써리- 憚, 과화존신 8), 으드리니(<얻 - 獲, 竈君靈蹟誌 6) 등.

끝으로 한자음에 있어서는 '雙', '喫' 등의 첫 자음이 된소리로 된 것이 특히 주목된다. 諺文志에 "近日東俗 除雙썅喫끽二字之外 都無全濁之聲"이라 하였다. 倭語類解의 '雙쌍썅'(下 33) 참고. '氏'는 권념요록에 '宋氏송씨'(1), '具氏구씨'(20)로 된 예가 있고 1781년과 1783년의 綸音에도 '씨'로 나타난다. 그러나 왜어유해 '氏 각시 시'(上 14) 참고. 언문지에 지적되지 않았음을 보면, 19세기 초엽에 '시'로도 발음되었던 모양이다.

第四節 文 法

17세기의 근대어 문헌들을 펴 보면 그 언어가 15세기의 중세어 문헌들의 그것과는 판이하게 달라졌음을 발견한다. 이것은 주로 16세기에 일어난 여러 중요한 변화의 결과라고 할 수 있다. 이 차이는 18세기로 내려올수록 더욱 심해지고 19세기에 오면 사뭇 현대어와 비슷하게 된다. 이것은 주로 근대어에서 일어난 개신들의 결과라고 할 수 있다.

근대어의 문법 체계를 중세어의 그것과 비교해 볼 때, "簡素化" 즉 보다 경제적이고 효율적인 체계의 지향을 그 가장 현저한 특징으로 지적할 수 있다. 앞으로 밝혀질 바와 같이 이 간소화에의 지향은 근대어 문법의 거의 모든 면에서 현저하게 드러난다. 이 지향은 실상 16세기에 시작되었지만, 17세기에 들어와서도 낡은 체계의 그림자가 걷히지 않았었다. 특히 文語에서 그랬다. 따라서 문헌을 통해서 근대어의 시기에 일어난 문법적 개신의 생생한 모습을 재생시키는 일은 전혀 불가능하지는 않다고 해도 매우 어려운 일임에 틀림없다. 근대어 문법에 대한 면밀한 연구가 되어 있지 않은 지금의 형편으로는 더욱 그렇다.

1. 造 語

중세어에서 지적되었던 용언 어간의 遊離的 성격이 근대어에 와서 없어졌다. 그 결과 용언 어간이 그대로 부사로 쓰인다든가, 두 용언 어간의 합성이라든가 하는 현상은 근대어에서는 볼 수 없게 되었다. 간혹 그런 예가 보이기는 하지만, 그것은 중세어에서 형성된 것의 화석들이었다. 흥미있는 일례로 '곧'(如)을 들 수 있다. 용비어천가(50章)의 "하ᄂᆞᆳ벼리눈곧디니이다"에서 보는 '곧'의 용법은 17세기에서는 이미 이해할 수 없이 되어 1659년의 중간본에서는 "눈곧더니이다"로 고쳐졌던 것이다.

동사에서 명사를 파생시키는 어미로는 '-(으)ㅁ'이 여전히 대표적이었다. 여기서 주의할 것은 중세어에서는 동명사의 어미는 '-오/우-ㅁ'으로 동사 파생명사와 구별되었었는데, 이 구별이 근대어에서는 없어졌다는 사실이다. 이 결과 중세어에서 동명사가 그대로 파생명사였던 '우룸'(鳴), '우숨'(笑) 등이 '우름', '우음'으로 변하게 되었다. 훈몽자회의 '鳴 우룸명'(하 8)이 1613년의 중간본에 '우름'으로 된 것이 주목되며, 捷解新語(9.1, 9.11) 등에 '우음'이 보인다. 그러나 '춤'(舞)의 경우에는 도리어 동사 어간 '츠-'(舞)가 '추-'로 변화한 점이 특이하다. 예. 춤추다.(역어유해 上 60, 왜어유해 上 42). 한편 접미사 '-이'는 아주 비생산적으로 되어, 중세어에서 이루어진 '맛조이'(迎, 첩해신어 5.18, <마쯔빙 용비어천가 95장), '놀이'(弄, 노걸대언해 하 48) 등이 화석화되어 있었을 뿐이다. 한편 형용사에서 파생된 '킈, 노픠, 기릐' 등은 17·18세기에는 그대로였으나(킈, 동문유해 上 18; 기릐, 역어유해 下 45 등) 'ㅢ>ㅣ'의 변화로 '키, 노피, 기리'가 되었다. 이 결과 부사의 '노피, 기리'와의 구별이 없어지게 되었다.

복수의 접미사는 '-둘ㅎ'과 '-네'였다. 이들은 각각 중세어의 '-둘ㅎ'과 '-내'로부터의 변화였는데, '-네'는 이미 존칭이 아니었다. 代官네씌(첩해신어 1.9)와 '僉官들씌'(同 2.17) 참고.

근대어의 數詞는 중세어의 그것을 계승하였는데 약간의 변개가 있었을 뿐이다. 基數詞를 동문유해(下 20-21)와 한청문감(4. 25-27)에서 옮겨보면 다음과 같다. ᄒᆞ나, 둘, 셋, 넷, 다ᄉᆞᆺ, 여ᄉᆞᆺ, 닐굽, 여둛, 아홉, 열, 스믈, 셜흔, 마흔, 쉰, 여슌, 닐흔, 여든, 아흔, 빅, 쳔, 만. 이 중 'ᄒᆞ나, 둘, 열'은 17·18세기에는 대체로 곡용에 있어서 중세어와 마찬가지로 말음 'ㅎ'이 나타났다. 중세어의 '온'과 '즈믄'이 완전히 사라지고 '빅'(百)과 '쳔'(千)만이 사용된 사실도 주목할 만하다. 序數詞에 있어서는 무엇보다도 '첫재'의 출현이 주목된다. (동문유해에는 '첫것'이라 있다.) 이 특수조사는 '재'로 통일되었다. 둘재, 셋재 등.

근대어에 있어서의 동사 어간의 파생에 대해서 중세어와 비교하면서 고찰하면 다음과 같다. 사동 어간을 파생시키는 접미사로는 '-히-'와 '-우-'가 있었다. 중세어의 예(160-161면) 참고. 그리하여 중세어에서 이미 비생산적이었던 '-ᄋᆞ-'에 의한 파생어 중 '이ᄅᆞ-'는 없어지고

'사ᄅ-'는 '사ᄅ잡-'(虜), '사ᄅ자피-'(被虜) 속에 화석으로 남게 되었다. 15세기에는 'ᄒ-'(爲)의 사동형이 '히-'였는데, 16세기에 'ᄒ이-'로 표기된 예들이 나타나기 시작했고, 이 표기가 17세기에 계승되었다. 예. 벼슬ᄒ이다(역어유해 上 12, 한청문감 2.47), 罪를 다 면ᄒ이고(팔세아 11). 그러나 이 'ᄒ이-'는 근대어의 후기에는 '시기-'로 대체되었다. 예. 일식이다(한청문감 2.61), 排班식이다(동 3.15). 피동 어간의 파생에 있어서는, 중세어에서는 '-이-'를 가졌던 일부 어간이 근대에 와서 '-히-'를 가진 사실이 지적될 수 있다. 가령 중세어에서 '볿-'(踏)의 피동형은 '불이-'(<불ᄫ이-)였는데 이것이 근대어에서 '볼피-'가 되었다. 예. 볿펴(박통사언해 下 2), 불피다(역어유해 下 23), 볿피다(동문유해 上 26) 등.

형용사의 파생법에서 명사로부터의 파생 접미사는 중세어에서 '-ᄅ/ᄅᄫᆡ-', '-둘/ᄃᄫᆡ-' 등의 교체형을 가졌는데, 이들은 근대어에 와서 '-롭-', '-되-'로 변하였다. (근대어에서 w를 편의상 'ᄫ'로 표기하기로 한다.) 예. 폐롭디(첩해신어 5.22), 해롭디(박통사언해 상 13), 효도로움(동국신속삼강행실 효자도 3.39), 졍셩되고(同), 그릇된(한청문감 8.49) 등. 여기서 특기할 것은 18세기에 있어서의 '-스럽-'의 출현이다. 예. 원슈스러은 놈(역어유해 補 21), 어룬스러온 쳬(동 56), 촌스러온 이(한청문감 8.50). 동사 어간으로부터의 '-ᄫ-', 'ᄇ/브-'에 의한 파생법은 근대어에서는 그 생산성을 잃었다. 그런데 전기 근대어에서는 본래의 동사 어간들 '짓-', '두리-', '젛-', '믜-' 등도 사용되었지만, 그보다도 이들의 부동사와 'ᄒ-'의 합성인 '깃거ᄒ-', '두려ᄒ-', '저허ᄒ-', '믜여ᄒ-' 등이 자주 사용되었고(중세어부터 이런 합성법이 간혹 보인다.) 후기 근대에 와서는 여기에 파생 어간 '밓-', '저프-'의 부동사와 'ᄒ-'의 합성이 추가되었다. 예. 깃거ᄒ다(한청문감 6.56), 믜여ᄒ다(동 7.49). 두려ᄒ여(오륜행실도 3.21), 믜워홀식(동 2.6), 저퍼ᄒ다(한청문감 7.7). 이 마지막 합성법이 현대로 오면서 일반화되었다.

파생 부사 중에서는 15세기의 '손소, 몸소'가 '손조, 손소', '몸조, 몸소'로 변하였다. (이들은 실상 16세기로부터 존재하였다. 151면 참조) 동국신속삼강행실에 이들의 용례가 다 보인다. 손조(효자도 2.38), 손소(효자도 2.43), 몸조(충신도 1.36). 몸소(열녀도 1.42, 효자도 1.90). 이들의 공존은 적어도 18세기까지 계속되었다.

2. 曲用

중세의 'ㅎ' 말음 명사들은 근대에 와서도 전기에는 그 말음을 유지했으나 후기에는 그것이 탈락되었다. 그러나 특수한 예로 중세의 '따ㅎ'(地)는 '짱'으로 발달하였다.(동국신속삼강행실 효자도 1.1, 열녀도 5.27) 중세의 '집웋'(堂上, 두시언해 7.3)가 '지붕'으로 발달한 것도 이와 同軌의 것이다.

근대에 와서 체언의 비자동적 교체를 지양하고 그 單一化를 성취하려는 경향이 뚜렷해졌다. 이런 경향의 싹은 이미 15세기에 돋았었다. 후기 근대어까지도 木과 穴을 의미한 명사의 곡용형 '낭기, 낭글', '궁글, 궁긔' 등이 간혹 있었으나, 그 말엽에 와서 '나모', '구멍'으로 단일화되기에 이른 것으로 보인다. '노ᄅ', '아ᅀ' 등에 대해서도 같은 말을 할 수가 있다. 18세기만 해도 이들은 중세적 교체를 보였다. 예. 놀릐 고기(獐子肉, 역어유해 上 50), 놀릐 삿기(獐羔, 동문유해 下 39)

근대어의 조사에서 무엇보다도 주목되는 것은 主格의 '-가'다. 이 조사의 첫 露頭는 16세기에 어렴풋이 드러난 일이 있지만(166면 참조), 17세기 문헌들에서 그 존재가 확인된다. 첩해신어에 "빅가 올 거시니"(1.8), "東萊가 요ᄉ이 편티 아니ᄒ시더니"(1.26) 등이 보이며, 신전자초방에 "더러온 직가 다 처디고"(穢滓盡沈 8), "밍녈키를 해ᄒᄂᆫ 틔가 다 소사 올라"(害烈之物皆上浮, 12) 등이 보인다. 이들 예의 '빅, 東萊, 직, 틔'등이 모두 y를 가진 이중모음들임이 주목된다. 이렇게 '-가'가 일정한 환경에만 나타나는 사실은 17세기가 그 발달의 초기임을 말해 주는 것으로 볼 수 있다. 그 뒤 이 '-가'의 용법은 점차 모음으로 끝난 모든 명사의 뒤에서 사용되는 현대어의 상태로 확대된 것인데, 이 과정은 문헌에 잘 드러나지 않는다. 口語에서는 '-가'의 사용이 자못 광범했을 것으로 추측되는 18, 19세기에도 文語에는 이것이 잘 사용되지 않았던 것이다. 근대어에 와서 '-의'만이 속격의 기능을 나타내게 되었다. 중세어에서 속격이었던 '-ㅅ'은 근대어에 와서 문자 그대로의 "사이시옷"이 되었다. 이것은 거의 합성 명사 사이에만 나타나게 되어 그 표지가 되었다. 공동격 조사는 근대에 와서 모음 뒤에는 '-와', 자음 뒤에는 '-과'로 확정되었다. 16세기에 y 뒤에도 '-과'가 나타나(167면 참조), 이것이 17세기에도 계속되었으나 곧 '-와'로 통일되었다. 예. 막대과(박통사언해 中 28), 아리과(노걸대언해 上 35). 존칭의 호격 조사 '-하'는 근대어에서는 쓰이지 않게 되었다.

 대명사에서는 1인칭과 2인칭의 주격형 '내가', '네가'가 근대어에서 사용되기 시작하였다. 이것은 중세의 주격형 '내, 네'에 다시 '-가'가 연결된 것이다. '내가'는 명의록언해(2.7), 인어대방(3.7)과 이 무렵(18세기 말엽)에 내린 綸音에서 볼 수 있다. 한편 중세어에 있었던 3인칭의 尊稱 '주갸'는 宮中語에 '주가'로 남은 것으로 생각된다. 계축일기의 "공쥬 주가는 므스 일고, 그냥 공쥐라 ᄒᆞ여라" 참고. 중세어에 있어서 미지칭 어간은 '누' 단일형이었는데 이 '누'와 의문의 첨사 '고/구'가 결합한 '누고, 누구'가 또 하나의 어간형으로 지반을 닦게 되었다. 특히 의문형의 경우에 여기에 다시 첨사 '고'가 붙은 점이 주목된다. 예. 누구는 어믜 오라븨게 난 ᄌᆞ식이며 누구는 아븨 누의게 난 ᄌᆞ식고(노걸대언해 上 14), 이 벗은 누고고(同 下 5). 17세기에 있어서 사물대명사의 미지칭은 '므엇'과 '므섯'이 공존하였다. 예. 므서슬, 므서시(박통사언해 上 56), 므어시(동국신속삼강행실 충신도 1.75), 므엇 ᄒ리오(노걸언해 上 24). 실상 이 공존은 16세기 말의 소학언해에서 이미 볼 수 있었던 것이다. 예. 므서슬(6.123), 므어슬(5.99). 18세기에는 '무엇'(동문유해 下 47, 한청문감 6.36)으로 단일화되었다. '어느'는 근대어에서 대명사로서의 용법을 잃어버려 곡용을 하지 않게 되었다.

3. 活 用

근대국어에는 'ᄫ', 'ㅿ'가 없었으므로 중세어에서 이들 말음을 가졌던 어간에 변화가 일어났다. 'ᄫ'는 w가 되었을 뿐 크게 달라진 것은 없지만, 'ㅿ'는 아주 없어졌으므로 중세의 '짓-/짓-'(作)은 '지-/짓-'으로 되었다. 그러나 이 '지-'는 보통 모음 어간과는 달라서 가령 '-니', '-며' 등이 연결 모음 '으'를 가졌다. 한편 어간 말음 'ㅅ'은 근대에 와서 역행 동화로 'ㄲ'이 되었다.(210면 참조) 중세에 'ㅼ'을 가졌던 유일한 어간 '맜-'(任)은 근대에 와서 '맡-'으로 변했다. 예. 맛튼 짜히(任所, 동국신속삼강행실 충신도 1.48). 그러나 이로부터 파생된 사동 어간 '맛디-'는 그대로 유지되다가 구개음화로 '맛지-'가 되었다. 예. 委任 맛지다(동문유해 下 55), 交付 通稱 맛지다(한청문감 2.61). 이 '맛지-'가 후일 다시 '맛기-'로 변한 것이다. 이 '맛지->맛기-'의 변화는 類推에 의한 것이다.

용언 어간의 비자동적 교체에서 '드르-'(異) 등이 '모르-'(不知) 등과 합류되었음은 이미 말한 바 있다. 그런데 'ᄫᅀ-', 'ᄀᅀ-', '비ᅀ-', '수ᅀ-' 등은 'ㅿ'과 'ㅇ'의 소실로 상당한 변화를 입게 되었다. 'ᄫᅀ-'는 'ᄫᅳ-'가 되고, 'ᄀᅀ-, ᄭᅀ-'는 'ᄀ으-, ᄭ으-'가 되었다. 예. 그으고(동국신속삼강행실 열녀도 8.57), ᄭᅳ어 가져 가니(박통사언해 下 24),

쓰어 내티다(역어유해 上 67), 쓰어 내여다가(삼역총해 5.15). 이 '쓰어'는 '써'로 되어 접두사처럼 되었다. '비스-'는 '설빔'에 그 遺影을 남기고 폐어가 되었다.

'녀-'(行)는 중세에도 간혹 '녜-'로도 나타났지만, 근대에 와서는 이것으로 고정되었다. '겨시-' 역시 '계시-'로 되었다. 중세어에서 다양한 교체를 보인 존재의 동사 '이시-, 잇-, 시-'도 근대에 와서 '잇-'으로 단일화되었다.

근대어의 어미들을 논함에 앞서, 중세어에서 그 교체에 적용되던 몇 가지 규칙이 근대어에서 달라졌음을 지적할 필요가 있다. 첫째 중세어에는 특수한 환경에서 'ㄱ'이 'ㅇ'이 되는 규칙이 있었다.(141~3면 참조). 예. 믈와(믈 水), 알오(알- 知), 두외오(두외- 爲) 등. 이 규칙은 근대어에 와서 전반적으로 무효화했으나 계사 뒤에서만은 부분적으로 유효하였다. 즉 계사의 활용에서 어미 '-고'는 중세에 '-오'가 되었는데 근대에는 '-요'가 되었다. 예. 그 죄 둘히요(삼역총해 2.4). 둘째, 모음조화의 규칙이 매우 약화되었다. 그 결과 근대어의 어미의 모음조화는 사실상 현대어와 다름이 없었다. 부동사 어미 '-아/어'의 교체가 거의 유일한 것이었다. 셋째, 중세어에는 특수한 조건에서 'ㄷ'이 'ㄹ'이 되는 규칙이 있었다. 그 대표적인 예가 계사의 활용이었다. 이 경우 선어말 어미 '-더-', 어말 어미 '-다', '-다가' 등이 '-러-', '-라', '-라가'로 되었었다. 이 규칙은 근대에서도 초기에는 지켜졌으나 그 말기(19세기)에 이르러 일반형으로 변화했음을 볼 수 있다.

선어말 어미에 있어서 중세와 현저하게 다른 점은 다음과 같다. 중세어에 있었던 의도법은 근대에 와서는 그 자취를 찾아볼 수 없게 되었다.(170~2면 참조) 그리고 敬語法은 중세의 존경법 겸양법 공손법의 체계에서 존경법과 공손법의 체계로 이행하였다. 즉 겸양법이 근대에 와서 공손법으로 변했던 것이다. 그리하여 중세어의 겸양법과 공손법의 결합인 '-숩ᄂ이다'에 소급하는 '-읍닝이다, -옵닉이다, -옵 ᄂ이다' 등은 공손법을 나타내게 되었다. 첩해신어에 많은 예들이 보인다. 현대어의 '-(으)ㅂ니다'는 이로부터의 발달이다.

중세어의 시상 체계는 근대어에 와서 심각한 동요를 보이기 시작하였다. 그리하여 서서히 현대어에서 볼 수 있는 것과 같은 체계가 준비되고 있었던 것이다. 근대어는 낡은 체계와 새로운 체계의 긴 교체기였다고 할 수 있다. 먼저 확립된 것은 과거의 '-앗/엇-'이었다. 삼역총해에서 이것이 滿洲語의 과거형을 번역하는 데 사용되었음을 본다. 믈리쳣다(2.5), 보내엿다(2.9). 이것은 중세어에서 부동사 어미 '-아/어'와 존재의 동사 어간 '잇-'의 결합으로 이루어진 것이었다. 현대어의 '-겠-'(未來)은 근대에 발달된 것임에 틀림없으나 분명히 드러나지 않는다. 부동사 어미 '-게'와 존재의 동사 '잇-'의 결합으로 보는 것이 통설로 되어 있으나, 이것을 증명하기에 충분한 자료의 밑받침이 요청된다. 중세어의 현재 시상의 선어말어미 '-ᄂ-'와 설명문의 어미 '-다'의 결합인 '-ᄂ다'는 근대어에 와서 모음으로 끝난 어간 뒤에서는 '-ㄴ다'로, 자음으로 끝난 어간 뒤에서는 '-는다'로 변하였다. 예. 간다 ᄒ여(삼역총해 2.9), 드리를 놋는다 ᄒᄂ니라(박통사언해 中 33). 이 중 '-ㄴ다'는 16세기 문헌에도 간혹 보이지만 '-는다'는 17세기에 처음으로 나타난 것이다.

중세의 감탄법의 선어말 어미들은 근대에 와서 단순화되어 '-도-'만이 남게 되었다.

근대어의 동명사 어미들은 중세어와 마찬가지로 (1) '-ㄴ', (2) '-ㄹ', (3) '-ㅁ', (4) '-기'가 있었다. (1) 중세에는 '-는, -던, -건, -린' 등이 있었는데 처음 둘은 근대어에 와서 '-는, -던'으로 되어 계속 사용되었으나, 나중 둘은 볼 수 없게 되었다. (2) 중세에 있었던 '-릴'은 근대어에서 볼 수 없게 되었다. (3) 중세어에서는 반드시 의도법의 선어말 어미 '-오/우-'가 있었는데, 이의 소멸로 근대에 와서는 '-(으)ㅁ'이 되었다. 그 결과 동명사와 파생명사의 형태상의 구별이 없어지고 말았다. 근대어에는 'ㄹ' 말음 어간에 연결 모음이 오지 않았음이 눈에 뜨인다. 예. '듧'(眠), '삶'(生) 등. 동국삼강행실도의 '쏭의 쓰며 둘믈 맛보고'(효자도 6.71), '아빅 살믈 어드니라'(효자도 3.9), '오욕ᄒ고 살미 므릭 쌔뎌 주금만 곧디 몯ᄒ니라'(열녀도 5.4) 참고. 현대어의 '앎'(知), '삶'(生) 같은 것은 이 근대어의 殘影이다. (4) 근대어에 와서 '-기' 동명사가 엄청나게 많아졌다는 사실이 주목된다.(226면 참조)

근대어의 부동사 어미를 중세어와 비교해 볼 때, 역시 간소화의 특징을 확인할 수 있다. 부동사의 어미들과 선어말 어미 또는 후치사, 첨사의 결합 관계가 간소화되었을 뿐 아니라, 적지 않은 어미들이 소실되었던 것이다. 가령 중세어에는 '-고', '-며', '-아' 등이 특수조사나 첨사와 결합한 '-곤, -곡, -곰', '-며셔, -명', '-악, -암' 등이 있었는데(175~6면 참조), 근대에 와서는 '-며셔' 이외에는 모두 사용되지 않았다. 이 '-며셔'는 근대 후기에 '-면서'로 변하였다. 한편 아주 없어진 어미로 대표적인 것으로는 '-디옷', '-디비>-디위' 등을 들 수 있다. 그리고 다소 변화한 것들을 들어 보면 다음과 같다. '-오/우-되'는 '-되'가 되었다. 이 변화는 이미 중세말에 일어났었다. 예. ᄒ븟식 쓰되(분문온역이해방 19), 아히를 ᄀᆞ치되(소학언해 5.2), 믈 깃기 ᄒ되(노걸대언해 上33). '-건마ᄅᆞᆫ'은 '-건마는'으로 되었다. 이 변화도 역시 중세 말에 보인다. 하건마는(소학언해 書題 2). 근대어에는 다음과 같은 예도 보인다. 말도 ᄒ더니마는(첩해신어 9.12). 희구의 '-과뎌'는 16세기에 '-과댜'로 변했는데(알과댜ᄒ야, 소학언해 凡例), 근대어에 와서도 사용되었고, 뒤에 구개음화로 '-과쟈'가 되었다. 예. 迷惑을 프르시과댜(첩해신어 1.30), ᄆᆞ음을 좃과댜 ᄒ야(삼역총해 10.3), 웃과쟈 ᄒ기를 온가지로 ᄒ되(십구사략언해 규장각본 1.55), '-ㄹ스록'

은 중세에는 '-디옷'보다 열세였는데 근대에 와서는 '-디옷'을 소멸시켰다. 근대에 와서 '-ㄹ소록'으로 변하였다. '人心은 낫 갓ᄒ여 볼소록 달으거늘'(해동가요). 한편 중세의 '-ᄃ록'은 16세기에 '-도록'으로 되어 근대에 그대로 이어졌다.

　어미에 대해서는 다음과 같은 사실들이 지적될 수 있다. 근대어에서 설명법 어미로 '-롸'의 출현이 주목할 만하다. 예. 高麗 王京으로셔브터 오롸(노걸대언해 上 1), 부러 권ᄒ라 오롸(삼역총해 1.3). 그리고 근대어에 와서 중세의 '-더이다', '-ᄂ이다', '-노이다', '-노소이다', '-도소이다' 등에서 '-다'가 탈락한 형태가 일반화되는 경향이 강해져서 '-데', '-ᄂᆡ', '-뇌', '-노쇠', '-도쇠'(계사 뒤에서는 '-로쇠') 등이 나타났음도 주목할 만하다. 예. 問安ᄒᆞᆸ시데(첩해신어 1.22), 門쇠지 왓ᄉᆞᆸᄂᆡ(동 1.1), 이실듯ᄒ다 니르ᄋᆞᆸ노쇠(동 5.14), 어와 아ᄅᆞᆷ다이 오ᄋᆞᆸ시도쇠(동 1.2), 어와 자네ᄂᆞᆫ 우은 사ᄅᆞᆷ이로쇠(동 9.19). 명령법 어미로는 중세의 '-아쎠'가 없어진 대신 '-소'의 등장이 주목된다. 예. 여긔 오ᄅᆞᆸ소(첩해신어 1.2), 나 ᄒᆞᄂᆞᆫ대로 ᄒ소(동 7.7), 고디 듯디 마ᄋᆞᆸ소(동 9.12). 그리고 일인칭 복수 명령으로 '-ᄋᆞᆸ새'가 보인다. '-ᄋᆞᆸ-'은 경어법의 선어말 어미요 '-새'는 중세의 '-사이다'에서 '-다'가 탈락된 것이다. 예. 書契를 내셔든 보ᄋᆞᆸ새(첩해신어 1.16). 중세의 '-져'는 '-쟈'가 되었다. 예. 감히 피ᄒᆞ쟈 니ᄅᆞᆫ 이ᄅᆞᆯ 버효리라(동국신속삼강행실 충신도 1.39). 의문법에 있어서는 중세어 어미들이 거의 다 근대어에도 나타난다. 그러나 판정의문과 설명의문의 구별이 점차 근대어에서 없어진 사실이 주목된다. 그리고 중세어의 '-녀, -려'가 '-냐, -랴'로 변하였다. 이 변화도 16세기에 시작되어 17세기에 와서 확립된 것이다. 예. 아니호미 가ᄒᆞ냐(야운자경 83), 비록 ᄆᆞᆯ히나 든니랴(소학언해 3.5), 百戶ㅣ 다 어듸 죽어가냐(박통사언해 중 5), ᄇᆞᄅᆞᆷ 마시랴(노걸대언해 상 18). 중세어에서 수사 의문을 형성한 '-이ᄯᆞᆫ', '-이ᄯᆞ녀' 등은 근대어에서는 다시 찾아 볼 수 없게 되었다. 감탄법에 있어서는 16세기에 나타난 '-고나'가 근대어에 와서 일반화되었고, '-고야', '-괴야' 등도 사용되었다. 예. 독별이 모르는고나(노걸대언해 上 24), 코내는 믈이로고나(동 下 17), 니근둣 ㅎ괴야(동 上 31), 이 활을 네 쏘 간대로 흔나므라는괴야(동 下 28). 한편 중세의 '-도다'는 근대에 와서 '-는' 뒤에서 '-쏘다'로 변했고 '-ㄹ쎠'는 '-ㄹ싸'로 변했다. 예. 四時를 조차 노는쏘다(박통사언해 上 18), 어린 아히 에엿블샤(박통사언해 下 43).

4. 特殊助詞와 添詞

근대어에 와서 특수조사 및 첨사도 상당히 간소화되었다.

근대에 와서 與格 표시의 특수조사는 평칭의 '의게', 존칭의 '께'로 통일되었다. 예. 曹操의게(삼역총해 6.19), 家老께(가례언해 2.2), 어마님께(염불보권문 14). 중세어에서는 '게'가 동명사에 직결되기도 했으나 근대어에서는 이런 용법은 볼 수 없고 다만 '게'가 '물'(馬)에 직결된 예가 보인다. 물게 느리니(三譯總解 1.1), 물게 틔오고(청어노걸대 7.22). 위의 '께'와 후치사 '셔'의 결합인 '께셔'가 근대어에서 존칭의 주격을 표시하게 된 것은 특기할 만하다. 예. 曾祖께셔 나시면(가례언해 1.17), 信使끠셔도 최촉ㅎ셔(첩해신어 5.16). 그런데 첩해신어에는 '겨셔, 계셔'가 보이며 諺簡과 閑中錄에 '겨오셔, 계오셔'가 보임이 주목된다. 예. 아주마님겨오셔 여러 둘 쵸젼ㅎ옵시던 긋틱(신한첩), 선인겨오셔 경계ㅎ오시딕, 션인계오셔 쑴에 보와 계시오더니(한중록). 이들은 분명히 존재의 존칭 동사 '계시-', '겨오시-'의 활용형이다. 현대어의 '께서'는 前者의 계통을 끄는 것으로 생각된다.

동작 또는 상태의 지속을 나타낸 특수조사는 '재'였다. (중세어 '자히') 예. 환도 촌 재 황뎨던에 오르니(삼역총해 1.13). 수사에 붙어 서수를 나타낸 경우에도 '재'였음은 위에서 말하였다.

비교를 나타낸 특수조사로는 중세의 '두고, 두곤'에서 변한 '도곤'이 있었다. 예. 아므 일도곤 大慶이로송이다(첩해신어 8.13), 良藥으로 病 다스림도곤 나으리라(박통사언해 中18). 그런데 18세기에 새로 '보다가'가 생겨 점차 '도곤'을 물리치고 19세기 후반에 유일형이 된 것으로 보인다. '보다가'의 예가 영조조 윤음과 자휼전칙에 보인다. 쇼민보다가 비록 간절홈이 이시나(어졔계주윤음 1757), 이 아희들과 어린 것들이 혹 둔니며 빌고 혹 내여 브리는 거시 병든 것보다가 더욱 긴급ᄒ니(자휼전칙 2). 이것은 동사 '보-'(見)의 부동사형에서 온 것으로 지금도 방언에서는 '보다가', 서울말에는 '보다'가 사용되고 있다.

근대어의 강세 첨사로는 '야', '곳'을 들 수 있다. 중세의 잡다한 강세 첨사들은 모두 자취를 감추었던 것이다. 15세기의 'ᅀᅡ'가 16세기 말에 '야'로 변했음은 위에서 말한 바 있다.(184면 참조) '곳'은 근대어에 와서 주로 부정어를 뒤에 수반하게 되었다. 예. 나곳 업스면(한중록). 첨사 'ㅇ'은 '-명'에만 보이는데 그것도 '오명 가명'에 화석화되다시피 되어 있었다.

5. 統辭

위에서 후기 중세어의 통사론적 특징으로 지적한 사실들에 있어서 근대어는 거의 현대어의 그것과 같이 되었었다.

근대어에서는 중세어의 형식명사 'ᄃ'와 'ᄉ'는 인정하기 어렵게 되었다. 비록 그 흔적은 여러 형태들 속에 남아 있으나 그들이 형식명사로서 인식되기 어려운 상태에 도달했던 것이다.

근대어에서는 '-기'를 가진 동명사가 크게 세력을 떨쳤다. 그 결과,

'-(으)ㅁ'은 중세어에 비하여 위축되지 않을 수 없게 되었다. '-기'는 중세어에도 간혹 쓰였다고 하나, 근대어 동명사의 특징이라고 할 수 있는 것이다. 근대어에 와서 '-ㄴ, -ㄹ'을 가진 동명사는 예외없이 附加語的 용법만을 가지게 되었다.

중세어에서 문장들을 분석해 보면 그 대부분은 기원적으로 名詞文이었음을 보여 준다. 특히 의문문에 있어서는 중세에 있어서도 분명한 명사문의 구조를 보여 주었다. 그런데 근대어에서 문장들은 動詞文이 되어 가는 경향을 뚜렷이 보여 주고 있다. 중세어의 의문문은 서술어가 명사인 경우 거기에 의문의 첨사 '가, 고'를 직결시켰었는데, 근대어에 오면 그렇지 않은 예들이 많아진다. 가령 'ᄂᆞ뭇 누구'(몽산법어 20)의 '누구'는 그 대표적인 예인데, 근대어에도 '이 벗은 누고고'(這火伴是誰, 노걸대언해 下 5)와 같은 예가 있었으나, "네 뉜다"(삼역총해 8.1)와 같이 변했던 것이다.

근대어에 있어서도 문장은 중세어와 마찬가지로 여전히 복잡한 구조를 가지고 있었다. 언해 자료는 제쳐 놓고, 근대 소설을 보아도 單文은 극히 드물고 대부분 複合文과 合成文이 뒤얽혀 있다. 이것이 단순화된 것은 현대에 와서의 일이다.

第五節 語 彙

중세어에서 근대어로 내려오는 동안에 또는 초기 근대어에서 후기 근대어로 내려오는 동안에 고래의 순수한 국어 단어들이 눈에 뜨이게 없어져 갔다. 이 중에는 한자어로 대체된 것이 많았다. 예. 뫼(山), ᄀᆞ름(江, 湖), 아ᅀᆞᆷ(親戚), 오래(門) 등. 이들은 이미 고대로부터 있어 온 한자어의 침투가 매우 심각하게 된 증거라고 할 수 있다. 그러나 한자어에 대체되지 않고 폐어가 된 예들도 적지 않다. 이들의 이유를 구명하는 것은 앞으로의 과제로 남아 있다. 예. '잃-'(迷), '외-'(穿鑿), '외프-'(刻), '혁-'(小) 등을 들 수 있다. 용비어천가의 '입더시니'(迷, 19장)를 1659년 중간본이 '업더시니'로, '혁근'(小, 82장)을 '져근'으로 고친 것은 17세기 근대어에서는 이들 단어가 폐어화되었음을 명백히 알려 주는 좋은 증거다. 그리고 훈몽자회의 임진란 이전 간본에는 '刻 외풀극'(上 1)으로 되어 있는데, 1613년 중간본에는 '刻 사길극'으로 고쳐져 있다. 이 역시 '외프-'란 단어를 당시에 이미 이해할 수 없었던 증거로 삼을 수 있는 것이다. '외프-'는 '외-'와 '프-'(掘)의 합성 어간이다. '외-'에 대해서는 몽산법어(28)의 "穿鑿은 윌씨라" 참고.

한편 근대에 들어서 새로운 단어가 국어에 추가되었다. 그 중에는 서양으로부터 중국을 통해서 우리 나라에 들어온 것들이 있었다. 17세기 이전에 있어서는 우리 나라 사람의 세계는 매우 좁았었다. 그 이전에도 서양에 대해서 중국을 통하여 듣기는 하였으나, 그 지식은 매우 빈약하고 막연한 것이었다. 유럽 지도가 우리 나라에 처음 들어와 일부 식자 사이에 서양에 대한 지리적 지식을 준 것이 선조 말년경이었으며 서양 문물의 도래와 서양인과의 직접적 접촉에 의하여 점차 서양을 인식하게 된 것은 인조 때부터의 일이었다. 서양 문물은 주로 北京으로부터 흘러들어 왔는데 '自鳴鍾', '千里鏡' 같은 기계도 있었지만 특히 지도, 천문 지리서, 기타 과학서와 종교(기독교)에 관한 서적 등이 중요한 위치를 차지하고 있었으며 이들 서적은 새로운 세계에 대한 지식을 공급했던 것이다. 한편 극히 우연한 일로 이 시대에 서양인이 직접 우리 나라에 오게 되었으니 인조 8년에 화란인 朴淵이, 효종 연간에 역시 화란인 하멜 일행이 표착하여 온 것이었다. 이들이 우리 나라에 와서 무기 제조 등에 공헌했음은 주지하는 바와 같다. 이와 같은 서양 문물의 유입은 우리 나라에 적지 않은 새로운 단어를 가져온 것이다. '담배'(煙草)도 이 시기에 실물과 함께 우리 나라에 들어 왔다.

중세어 문헌에서는 볼 수 없던 단어로서 근대어 문헌에 처음 보이는 것으로 '뉴'(輩, 동문유해 하 51) 같은 예는 주목을 끈다. 아마 이것은 근대에 와서 유행된 말인 듯하며 한자의 '類'에서 나온 말일 것이다. 예. 좌우편 뉴들을(삼역총해 1.10). 한편 '싱심이나'(敢히)란 말도 많이 사용되고 있음을 본다. 예. 싱심이나(不敢, 역어유해 上 31), 엇디 싱심이나 허믈ㅎ료(노걸대언해 上 37), 싱심이나 어이 남기고 머그리잇가(첩해신어 3.11) 등. '焉敢生心'에서 온 표현으로 추측된다.

한자어에도 오늘날은 아주 쓰지 않게 되었거나 그런 뜻으로는 쓰지 않게 된 것이 매우 많다. 근대어 문헌들 특히 소설류에는 '原情'(陳情), '人情'(賂物), '放送'(釋放), '下獄'(投獄), '等待'(미리 준비하고 기다림), '發明'(辯明), '政體'(다스리는 형편) 등 한자어가 자주 보인다.

중세어에서 근대어로 내려오는 동안에 흥미있는 의미 변화가 일어났음을 볼 수 있다. 중세어에서는 '어엿브-'는 憐憫을 의미했었는데 이것이 근대어에서는 美麗를 의미하게 되었다. 한편 '어리-'는 愚를 의미했고 '졈-'이 幼少를 의미했었는데 근대어에서는 '어리-'가 幼少를 의미하게 되고 자연히 '졈-'은 연령적으로 좀 많은 것을 의미하게 되었다. '어리-'의 의미 변화는 16세기 말에 확인된다. 어린 아히(嬰兒, 소학언해 4.16). 또 중세어에서는 'ᄉᆞ랑ᄒᆞ-'는 두 의미(思, 愛)를 가졌었는데 뒤에는 愛의 뜻만을 가지게 되었다. 15세기가 思에서 愛에의 의미 변화의 과도기인 것으로 보인다. 한편 15세기에는 'ᄃᆞᆺ-'(愛), '괴-'(寵) 등이 있었는 바 차례로 폐어가 되었다. 'ᄌᆞᆺ'은 용모를 의미했었는데 뒤에 이 단어는 품위가 떨어져 현대어의 '짓'에 이르렀다. 한편 훈민정음 해례(용자례)의 '힘爲筋'에서 명백한 바와 같이 '힘'은 筋을 의미했던 것이며 이것이 후대에 추상적 개념인 力을 의미하게 되었는 바, 중세에는 아직 원의가 일부 보존되어 있었다. 또 중세에는 '빋'이 현대어의 '값'과 '빚'의 양의를 가졌었는데 근대에 와서 첫째 뜻은 없어지고 말았다. 그리고 '빗쏘다'의 '쏘다'는 본래 그만한 값이 있음을 뜻했었는데(현대어의 '그 사람은 매맞아 싸다' 등 참조), 현대어에 와서 '빗싸다'는 價高를 의미하게 되고 중세어에서 '빋디다'라고 하였던 價直에 대해서는 다만 '싸다'를 사용하게 된 것은 참으로 흥미있는 현상이다. 17,18세기에 있어서 '갑쏘다'는 값이 적당하다는 뜻을 가졌으니(價直 갑쏘다, 동문유해 하 26), 아마도 '싸다'가 價廉을 의미하게 된 것은 19세기에 들어서의 일이 아닌가 한다.

근대어의 시기에도 중국어가 차용어의 가장 중요한 공급원이었다. 柳馨遠의 磻溪隨錄(25.44-45)과 黃胤錫의 理藪新編(20.58), 丁若鏞의 雅言覺非에 17-19세기의 중국어 차용어에 대한 생생한 증언이 담겨져 있다. 여기에 몇 예를 들면 다음과 같다. 햐츄(下處), 다홍(大紅), 망긴(網巾), 텨리(帖裏), 상투(上頭), 간계(甘結), 슈판(水飯), 비단(匹段), 토슈(套袖), 탕건(唐巾), 무명(木綿), 보리(玻瓈) 등. 물론 이들의 차용 연대는 같지 않을 것이다. 그 중에는 아마도 중세에 차용된 것도 없지 않을 것이다. 그런데 정약용은 중국어 차용어의 흥미있는 일면을 지적하고 있다. 즉 '보리'를 예로 들면, 이것은 중국어의 '玻瓈'(중국음 '보리')의 차용임에도 불구하고 '보리'라는 발음에 맞는 한자를 찾아 우리 나라에서는 '菩里'라고 표기했다는 것이다. 이런 "取音字"의 사용은 근대에 상당히 유행했던 듯하며 오늘날도 그 흔적이 적지 않게 남아 있음을 본다. 한걸음 더 나아가, 그는 국어로 麥을 '보리'라 하는 데서 '玻瓈眼鏡'을 '麥鏡'이라고까지 하게 되었다고 지적하고 있다. 중국어 차용어의 흥미있는 다른 일면은 그 발음에 있다. 가령 위에 든 '보리'는 동문유해(下 23)에는 '버리'라 있고, 자류주석(下 13)에는 '파려'라 되어 있다. 이 '파려'가 주목되는 바, 중국어 차용어는 그 본래의 한자에 대한 지식으로 해서 점차 그 한자의 우리 나라 발음으로 이행되는 일반적 경향을 띠고 있었다.

　차용어의 또 하나의 공급원은 만주어(淸語)였다. 종래 만주어 차용어라고 지적된 것들은 대부분 몽고어로부터 만주어와 국어가 다 같이 차용한 것들이었다. 이런 것들을 제외하면, 만주어 차용어의 수는 매우 적어진다. 다음의 몇 예는 아마도 확실한 만주어 차용어인 듯하다. '널쿠'(斗蓬, 동문유해 上 55, 한청문감 11.6)는 같은 의미의 만주어 단어 nereku에서, '소부리'(護屁股, 역어유해 보편 46; 鞍座兒, 동문유해 下 19)는 같은 의미의 만주어 단어 soforo에서, '쿠리매'(褂子, 동문유해 上 55, 한청문감 11.4)는 같은 의미의 만주어 단어 kurume에서, '마흐래'(冠, 동문유해 上 55)는 같은 의미의 만주어 단어 mahala에서. 이 마지막 예는 중세 몽고어의 maγalai(帽)를 만주어와 국어가 공동으로 차용했을 가능성도 있다.

第九章　現代國語

한글학회 편, 큰 사전 권1, 185면

第九章
現代國語

　　20세기 초엽 이래의 50여 년은 우리 민족에게는 큰 고난의 시기였다. 19세기 후반부터 "고요한 아침의 나라"는 침략 세력들에 시달렸고 드디어는 1910~45년의 36년 동안 일본 제국주의의 혹독한 압박을 받았다. 이 기간은 異民族의 언어(일본어)가 우리에게 강요되었다는 점에서 국어사상 전무후무한 수난기였다고 할 수 있다. 1945년 8월의 광복으로 이 수난은 끝났다. 그러나 38선에 의한 국토의 분단은 1950년 민족 상잔의 비극을 초래하였다. 몇 해 동안 국토는 황폐화하였고 대부분의 국민은 정처없이 떠돌았다.
　　그러나 이 동안은 또한 "開化"와 "近代化"의 시기이기도 하였다. 불우한 환경 속에서 모든 것이 순조로울 수 없었으나 우리 민족의 천재와 불굴의 정신은 18·19세기를 통하여 싹튼 근대적 사상 및 문화의 토대 위에서, 많건 적건 외래 문화의 자극을 받아, 새로운 민족 문화를 건설하여 왔다.
　　개화 과정에서 가장 심각하게 등장한 것이 언어 문자 문제였다. 개화와 더불어 급격히 커진 그 사회적 기능을 감당하기 위해서는 언어, 문자는 표준화를 이룩하지 않으면 안 되었다. 우선 무엇보다도 먼저 言文一致의 실현이 시급하였다. 종래의 문자생활에서는 상층부의 漢

文, 하층부의 諺文이 있었고 중간층으로서 吏讀와 諺漢文(諺文과 漢文의 혼용)이 있었는데 언문일치 운동으로 한문과 이두는 뒤로 물러나고 언문과 언한문이, 이름도 國文과 國漢文으로 바뀌어 등장하게 되었다. 여기서 국문과 국한문의 대결이 시작되었던 것이다. 국한문이라고 하지만 兪吉濬의 西遊見聞(1895)이나 그 뒤의 신문 등에서는 한문에 토를 단 것이나 다름이 없었는데, 한자는 점차 한자어 표기에 국한되게 되었다. 이러한 경향이 일반화된 것은 三一運動 이후의 일이었다. 한편 국문은 근대의 전통을 이어 받아 소설에서 사용되었고 점차 그 세력을 확대하여 왔다. 특히 1945년 이후에는 "한글 專用" 운동이 전개되어 왔다.

　표준어와 정서법의 확립은 국문 정리 사업의 핵심이었다. 현대국어에 적합한 문자(한글) 체계와 정서법을 새로이 세우려는 노력이 20세기의 처음 10년간에 자못 진지하게 이루어졌다. 이 때에 국어 연구가 활발하게 이루어져 국어의 음운과 문법에 관한 저술들이 출판된 것도 이러한 노력의 일환이었다. 池錫永의 상소로 공포된 新訂國文(1905)은 이러한 노력이 정책에 반영된 최초의 예였는데, 이것이 세간에 물의를 일으켜 1907년 學部 안에 國文研究所가 설치되기에 이르렀다. 이 연구소는 1909년말에 연구를 종합하여 議定案을 완성했으나 공포되지 못하고 말았다. 그러나 그 사업은 그 뒤에도 우리 나라 학자들 사이에 꾸준히 계승되어 朝鮮語學會(광복 뒤에 한글학회로 개칭)의 正書法 제정(한글 맞춤법 통일안, 1933)으로 열매를 맺은 것이었다. 조선어학회는 그 뒤 標準語를 사정하였고(사정한 조선어 표준말 모음, 1936) 국어 사전을 편찬하였다.(큰 사전 6권, 1947~1957) 표준어는 新文學 발달의 토대 위에서 이루어진 것으로, 1945년 이래의 학교 교육은 이의 보급에 힘써 왔다. 1988년에 '한글 맞춤법'과 '표준어 규정'을 문교부 고시로 공포하여 지금 시행되고 있는데, 이들은 종전의 맞춤법과 표준어를 부분적으로 고친 것이다.

 이러한 표준어의 보급으로 오늘날 방언은 큰 위협을 받고 있다. 젊은 세대는 차츰 자기 지방 고유의 방언을 잊어 가고 있다. 현대 국어의 방언은 다음의 여섯으로 구획할 수 있다. 서북 방언(평안도), 동북 방언(함경도 永興 이북), 서남 방언(전라도, 추자도), 동남 방언(경상도), 중부 방언(위의 방언들에 둘러싸인 지역), 제주도 방언. 동북 방언과 동남 방언은 역사적으로 깊은 관계가 있으며 高低 악센트를 가지고 있는 점이 특이하다. 서북, 중부, 서남 방언은 音長이 있으며, 서북 방언은 구개음화를 모르고 있다. 제주도 방언은 고립되어 있어 육지 방언들과는 상호 이해가 쉽게 이루어지지 않을 정도로 다르며 성조도 음장도 없다.

 여기서 특기할 것은 50년 이상의 남북의 단절에서 생긴 언어의 차이다. 서로 다른 국제 사회에 속하여 서로 다른 체제를 가지게 된 것이 차이를 촉진한 요인이 된 것이다. 통일만이 국어의 분열을 막을 수 있을 것이다.

第一節 現代 正書法의 原理

 '한글 맞춤법 통일안'(1933)과 '한글 맞춤법'(1988)이 채택한 문자 체계는 종래의 관용을 존중하면서 최소한의 개혁을 한 것이었다. 'ㆆ'를 없애고 된소리 표기 'ㅅㄱ ㅅㄷ ㅅㅂ ㅄ ㅆ'를 'ㄲ ㄸ ㅃ ㅆ ㅉ'으로 고친 것이 그 개혁의 전부였다. 그리하여 'ㅇ'은 여전히 초성과 종성(받침)에서 상이한 가치를 가지며, 'ㅐ ㅔ ㅚ' 등은 구조상으로는 두 문자지만 단모음을 나타내게 되었다. 그리고 'ㅅ' 역시 s와 t의 두 가치를 유지하였다.

 이 맞춤법의 기본 원리는 통일안의 總論 第一條에 "표준말을 그 소리대로 적되 語法에 맞도록 함"이라고 요약되어 있다. 여기서 "소리대로"라는 원칙의 의미는 통일안 제5항에 "한글 자모는 다 제 音價대로 읽음을 원칙으로 한다"고 구체적으로 규정되어 있는 듯이 보인다. 그러나 실제로 통일안을 검토해 보면 이 규정은 지켜지지 않았음을 발견한다. 즉 분명히 "한글 字母는 다 제 음가대로 읽음"을 불가능케 하는 표기가 서슴치 않고 행해지고 있는 것이다. 이런 예들은 "어법에 맞도록"이란 또 하나의 원칙을 만족시킨 결과다. 따라서 "소리대로"의 원칙을 통일안 작성자들의 견해대로 해석한다면 이것과 "語法에 맞도록"의 원칙은 서로 모순된다고 할 수 있다. 그러나 해석을 달리하면 이런 모순은 없어진다.

통일안이 "소리대로 적되 語法에 맞도록"이란 말로 표현하고자 한 것은 한 마디로 形態音素的 원리였다. 즉 '값'(價)을 고수하여 '값과, 값도'와 같이 실제로 발음되지 않는 'ㅅ'을 표기하고 있지만 이런 경우 'ㅅ'음이 떨어지는 것은 국어 형태음소론의 규칙에 의하여 自動的으로 일어나는 것이다. 통일안은 이러한 자동적 현상의 경우에는 "原形"을 밝혀 적는 것을 원칙으로 한 것이다. 다만 '곱다, 고와'(麗), '짓다, 지어'(作)와 같은 "불규칙" 용언의 경우는 예외로 다루었는데, 이것은 문자 체계가 주는 제약에서 온 것이었다. (이런 경우 훈민정음의 'ㅸ'나 'ㅿ'을 되살려 쓰자는 견해가 있었다.)

요컨대, 통일안에 의한 현대 정서법은, 그 당시 아직 통일안 작성자 자신들도 이론적으로 확실히 파악하지 못했었지만, 결과적으로 형태음소론의 원리가 잘 반영된 것이었다. 이것은 일찍이 周時經이 그의 여러 저술을 통하여 주장한 원리로서 15세기의 정서법의 그것(134~6면 참조)과는 반대되는 것이다.

第二節 現代國語의 特徵과 傾向

현대국어의 시기를 20세기 초엽으로부터 오늘까지로 잡을 때, 이 100여 년 동안에도 상당한 변화가 있었음이 확인된다. 이 변화는 어휘에 있어서 현저하지만 음운과 문법에 있어서도 나타난다.

특히 광복 뒤에 표준어의 기반인 서울말이 크게 혼란된 것은 주목할 만한 사실이다. 1950년의 전란 이전에는 주로 서북 및 동북 방언을 말하는 피난민들이 서울에 왔고, 전란 중에는 서울 사람들이 동남 및 서남 방언 지역으로 피난을 갔으며 전란 이후에는 또 동남 및 서남 방언을 말하는 사람들이 많이 서울에 와서 살게 되어, 오늘날 순수한 서울말은 서울에서도 듣기 어렵게 되었다고 해도 지나친 말이 아니다. 그리하여 지금은 이러한 방언들의 영향 밑에 새로운 서울말이 형성되어 가고 있는 과도기라고 할 수 있다. 젊은 세대의 서울말에서는 이미 몇몇 새로운 특징들이 나타나기 시작하였다.

현대국어의 자음 체계는 구개음화가 일어난 뒤의 18·19세기의 그것과 대체로 다름이 없는 듯하다. 이제 그 특징 몇 가지를 들어보면 다음과 같다. 閉鎖音, 破擦音에 平音 'ㅂ ㄷ ㅈ ㄱ', 有氣音 'ㅍ ㅌ ㅊ ㅋ', 된소리 'ㅃ ㄸ ㅉ ㄲ'의 3계열이 있다. 평음은 (어두에서는) 약한 氣를 수반한 무성음 또는 (모음간에서는) 유성음으로, 유기음은 강한 氣를 수반한 무성음으로, 된소리는 성문 폐쇄를 수반한 무성음으로 실현된다. 그런데 마찰음에는 평음 'ㅅ'과 된소리 'ㅆ'만이 있다. 평음 'ㅅ'은 어두에서 상당히 강한 氣를 수반하며 모음간에서는 氣가 약화되나 폐쇄음 파찰음의 평음들처럼 유성화하지 않고 무성음으로 실현됨이 특징이다. 이 특징은 'ㅅ'이 그것에 대응하는 유기음을 가지고 있지 않다는 사실에 의하여 설명된다. 즉 유기음 'ㅍ ㅌ ㅊ ㅋ'은 모음간에서 그 氣가 약화되므로 평음 'ㅂ ㄷ ㅈ ㄱ'이 유성화되지만, 'ㅅ'은 그럴 이유가 없는 것이다. 'ㅎ'은 그것에 대응되는 된소리도 가지고 있지 않다. (중세국어에는 있었다. 139면 참조) 이밖에 鼻音 'ㄴ ㅁ ㅇ'과 流音 'ㄹ'이 있다. 口蓋帆 비음 'ㅇ'[ŋ]과 유음 'ㄹ'은 어두에 오지 않는다. 다만 'ㄹ'이 외국어 학습의 결과 일부 외래어에서 어두에 사용되고 있음은 주목할 만하다. 예. 라디오(radio).

모든 자음은 어말 또는 다른 자음 앞에서 반드시 內破音으로 실현된다. 이 內破化는 중세어에서 발달한 것으로(112~3, 147면 참조), 현대에 와서 그 극치에 달한 것이다. 그리하여 폐쇄음에서는 가령 'ㄷ ㅌ'는 한결같이 내파적 [t]로 실현되며 파찰음 'ㅈ ㅊ'과 마찰음 'ㅅ ㅆ'도 [t]로 실현되어 모두 中和되고 만다. 비음과 유음도 내파화되는 점에 있어서는 다름이 없다. 유음 'ㄹ'은 모음 사이에서는 [r]로 실현되며 음절말 또는 어말에서는 [l]로 실현되는데 이 [l]은 내파화의 결과다.

현대국어에서는 어두에 자음군이 허용되지 않는다. 어말에서도 마찬가지다. 어말에서 'ㄻ', 'ㄼ' 등이 간혹 발음되기도 하나 정상적 발음에서는 'ㄹ'이 탈락된다. 모음간의 자음 결합은 두 자음에 한한다. 지금까지의 기술에서 자명하지만 현대국어의 음절 구조는 가장 복잡한 것이 자음+반모음+모음+자음이다.

현대국어의 모음 체계는 전설 원순모음을 가진 점이 19세기의 그것(212면 참조)과 다르다. 현재 서울말에서 '외'와 '위'의 발음은 세대에 따라 차이가 있으나 대체로 '외'(孤), '위'(上)와 같이 어두에 올 때는 [we], [wi]로 발음되나 자음 뒤, 특히 치음이나 구개음 뒤(쇠 죄, 쉬 쥐)에서는 [ø], [y]로 발음되고 있다. 이들 전설 원순모음을 인정하면, 현대 서울말의 모음 체계(최대 체계)는 다음과 같이 된다.

ㅣ ㅟ ㅡ ㅜ
ㅔ ㅚ ㅓ ㅗ
ㅐ   ㅏ

모음 'ㅓ'는 음장에 따라 발음이 달라진다. 이런 경향이 19세기에 나타남은 이미 지적한 바와 같다(213~4면). 단음의 경우는 [ʌ]에 가깝고, 장음의 경우는 [əː]에 가깝다. 한자음에서도 단음의 '榮 景 京' 등에서는 [ʌ]로, 장음의 '永 慶 競' 등에서는 [əː]로 발음된다.

　최근 젊은 세대의 모음 체계에는 상당한 동요가 보인다. 그 중 가장 현저한 것은 전설모음 '애'[ɛ]와 '에'[e]의 구별이 흐려져 가고 있는 사실이다. 이 사실은 비어두 음절에서는 일반적이요 어두 음절에서도 간혹 나타난다. 가령 '재적'(在籍)과 '제적'(除籍)이 잘 구별되지 않는 경우가 있다. 이것은 주로 동남 방언(및 서남 방언)의 영향인 듯하다. (이들 방언에는 '애'와 '에'의 대립이 없다.)

　현대 정서법에서는 '의'를 인정하고 있다. 그리하여 이것을 음운론적으로 어떻게 해석하느냐 하는 것이 문제되기도 한다. ji로 해석하여 wa(와) ya(야) 등과 같은 상향 이중모음으로 보기도 하고 iy로 해석하여 중세국어의 하향 이중모음의 최후의 잔재라고 보는 견해도 있다. 그러나 실제 발음에서는 그 어느것도 존재하지 않는다. 어두에서는 [ɨ](또는 [i]로), 비어두에서는 [i]로 발음되며 속격 조사로는 [e]로 발음된다. 다만 '보늬'(밤 같은 것의 속껍질), '무늬'(紋) 등 數例에서 '의'는 그 앞의 'ㄴ'이 구개화되지 않은 [n]임을 보인 것이다. 이것은 '니'가 구개화된 [ɲi]를 표시하는 것과 구별하기 위한 것이다. 이 표기법은 음운론적 관점에서 매우 흥미있는 것이다.

　정서법은 한자음에서 '의'(義), '희'(希) 및 '계'(桂), '례'(禮), '폐'(肺), '혜'(惠) 등으로 표기하고 있으나, 실제는 '희'는 '히'로, '계, 례' 등은 '게, 레' 등으로 발음되고 있다.

　서울말에는 음장이 있다. 이것은 중세어의 성조가 없어지면서 上聲의 음장이 남은 것이다.(154~5면 참조) 예. 장모음 말(言), 눈(雪), 밤(栗), 발(簾) 등. 단모음 말(馬), 눈(眼), 밤(夜), 발(足) 등. 그런데 이 음장은 비어두 음절에서는 나타나지 않는 경향이 있다. 이것은 특히 근대에 와서 일반화되었다. 가령 '없-'(無)의 음장은 '끝없-', '부질없-' 등에서는 없어지는 경향이 있다. 이 사실은 한자음에도 적용된다. 가령 '大'는 '大學'의 경우에는 그 음장을 유지하지만 '擴大'의 경우에는 그것을 잃고 만다.

母音調和는 극도로 쇠퇴했으나 아직도 언중에 의해 분명히 의식된다. 그것은 陽母音 '아, 오'와 陰母音 '어, 우'의 대립을 주축으로 하며 주로 擬聲語와 擬態語에 현저하다. 예. 졸졸-줄줄, 알락달락-얼럭덜럭 등. 모음조화는 용언의 활용에서는 겨우 부동사 어미 '-아/어'에 그 잔영을 남기고 있다. 이것은 사실상 근대어에 있어서도 마찬가지였다. 그런데 현대에 와서는 어간 말음절의 모음이 'ㅏ'인 경우에도 '-어'가 사용되고 있다. 예. 받어, 잡어 등. (표준어는 '받아, 잡아'를 택하고 있다.)

역사적 관점에서 볼 때 현대어는 몇 가지 흥미있는 문법적 사실을 보여 주고 있음을 지적할 수 있다.

적어도 서울말에 있어서는 중세어에서 비자동적 교체를 보여 준 모든 명사의 어간(164~5면 참조)은 단일화되었다. 다만 표준어에서 '나무', '구멍'에 대한 '낡', '굼'을 특별한 擬古的 용법에 인정하고 있을 뿐이다. 그런데 현대어에서는 새로운 동요가 나타나고 있음을 볼 수 있다. 즉 '꽃'(花)의 곡용에서 그 말자음 'ㅊ'은 'ㅅ'으로 수의 변이를 일으키는 것이다. 그리하여 가령 대격형은 '꽃을' 또는 '꼿을'로 나타난다. '젖'(乳), '밭'(田) 등의 경우에도 마찬가지다. 그리고 중세어의 'ㅎ' 말음 명사(164면 참조)의 잔재를 '하나'(1)에서 볼 수 있다. 표준어는 '하나가' '하나도'를 인정하고 있으나 서울말에는 '하나이', '하나토'가 존재한다.

曲用에서는 주격의 '-이/가'의 교체가 확립된 사실을 먼저 지적할 수 있다. '-가'의 출현은 중세어 말기에 소급하지만 근대어 문헌에서도 그것은 매우 드물게 나타난 것이다. 이것이 文語에 일반화된 것은 현대에 와서의 일이라고 할 수 있다. 중세어에서 속격 조사였던 '-ㅅ'은 근대어에 와서 그 기능을 잃어버리고 합성어 속에만 나타나게 되었는데, 이 "사이시옷"의 기능에 대해서는 아직 연구가 덜 되어 있다. 가령 '나뭇집'(나무를 파는 집)과 '나무집'(나무로 지은 집)이 '-ㅅ'의 유무로 구별되는 것을 보면 이것은 단순한 음운론적 사실 이상의 것으로 생각된다. 속격의 '-의'와 여격의 '-에게'는 有情物 명사에만 연결되어 왔지만 근래 특히 '-의'는 無情物의 명사에도 광범하게 연결되고 있다. 한편 '-에의, 에서의' 등과 같은 새로운 연결도 생겨났다. 이것은 서양 제어의 번역체에서 온 것으로 생각된다.

근대 이후의 변화의 결과, 대명사에 있어서는 1인칭과 2인칭에 있어서 주격형 '내가', '네가', 속격형 '내', '네' 등의 형태가 생겨나게 되었다. 그리고 공손의 1인칭 대명사 '저'가 확립되었다. 주격형 '제가', 속격형 '제'. 미지칭에 있어서는 어간이 '누'와 '누구'의 두 異形을 가지게 되었다. 주격 누가, 속격 뉘, 누구의, 대격 누구를 등.

용언의 활용은 근대어와 큰 차이가 없다고 할 수 있다. 그런데 중세어에서는 매우 특이했던 계사의 활용이 현대어에 와서는 용언의 활용에 유추되었음이 주목된다. 그러나 아직 부동사형의 '이요', 간접화법에서의 설명법형 '이라(고)'에 중세적 遺影이 남아 있다. '이요'에 대해서는 '이고'가 역시 쓰이고 있으며, 직접화법에 있어서는 '이다'로 굳어졌음을 주의할 필요가 있다. 한편 '아니'는 중세어에서는 명사로서 서술어로 쓰이는 경우 계사가 연결되었는데 근대어에 와서 동사로서도 활용을 하게 되었었다. '(ᄒᆞ디) 아닐, 아녀, 아닌대, 아니면' 등의 활용형이 17·18세기 문헌에 보인다. 그런데 현대어에 와서는 '아니다'는 형용사로서 활용하게 되고 동사로는 '아니하다'가 사용되게 되었다. '아니다'의 활용에는 중세어의 유영이라고 할 수 있는 '아니오', '아니라' 등이 아직 남아 있다.

현대어의 경어법에는 존경법과 공손법이 있다. 존경법은 '-(으)시-'에 의하여 표시되며 공손법은 '해라'체, '하게'체, '하오'체, '합쇼'체 등의 등급이 있다. 이밖에 반말이 사용된다. '하소서'체는 일부 文語에서 사용된다. 젊은 세대의 언어는 '하오'체, '하게'체는 사용하지 않음을 특징으로 한다. 즉 '해라'체, '합쇼'체 및 반말을 사용하고 있다.

현대어에서는 모든 문장은 動詞文의 성격을 띠고 있다. 국어사를 통틀어 볼 때, 국어의 문장은 고대로 올라갈수록 名詞文의 성격이 뚜렷했고, 후대로 내려올수록 동사문의 성격이 강해졌음을 볼 수 있다. 현대어에서는 서술어가 체언만으로 된 것(체언에 첨사가 붙은 것 등)은 볼 수가 없고, 체언이 서술어에 쓰이는 경우에는 반드시 계사가 연결된다.

통사론에 있어서도 외국어의 영향이 보인다. 가령 근대어에서 생긴 특수조사 '보다'(<보다가)가 부사처럼 사용되게 되었고(예. 보다 위대하다), '뿐'이 역시 독립되어 사용되게 되었다. 예. 뿐만 아니라. 이런 용법은 일본어의 직접적 영향이다. 일본어 yori, nominarazu 참고.

현대어는 특히 어휘에 있어서 그 면모를 새로이 하였다. 현대 서양 학문의 새로운 개념들이 대개 二字 또는 三字의 한자어로 번역되어 (중국 또는 일본에서) 대량으로 유입되었다. 예. 科學(영어 science), 幾何(영어 geometry), 止揚(독일어 Aufhebung) 등. 그 예는 일일이 매거할 수 없다. 서양에 있어서 희랍·라틴어가 新語 創造에 있어서 하는 구실을 동양에서는 한자가 맡게 되었던 것이다. 서양 문화의 도입이 가장 뒤떨어졌던 우리 나라에는 隣國에서 이루어진 것이 그대로 흘러 들어오게 마련이었다. 그리하여 국어에는 더욱 많은 한자어가 추가되었다. '-的'(예. 愛國的, 理想的 등), '-主義'(-ism, 예. 理想主義,

浪漫主義 등), '-化'(예. 機械化, 民主化 등) 등은 거의 무수한 파생어를 만들어 내는 것으로서 특기할 만한 사실이다. 오늘날 국어 어휘에는 기원적으로 순수한 국어 단어보다 漢字語가 더 많다. 觀念語 學術語는 대부분 한자어에 의존하고 있는 것이 현대국어의 실정이다. 이러한 결과는 고대로부터의 한자어의 유입, 기원적인 국어 단어들의 점차적인 소멸에 의한 것이기도 하지만 현대에 있어서의 새로운 한자어의 도입도 중요한 원인이 되어 있다. 한자어는 고유한 국어 단어보다 품위가 있는 것으로 생각되어 왔다. 이 양자 사이에는 동의어가 많이 존재하는데, 그런 경우는 한자어 쪽이 경어가 되어 있는 수가 많다. 예. 齒牙(이), 手足(손발), 鬚(수염), 行步(걸음), 齒痛(이 앓이), 感氣, 感患(고뿔), 出入(나들이) 등.

　新語 創造에 있어서 전혀 한자에 의존하여 온 이 전통은 매우 완강하게 순수한 우리말에 의존하려는 기도를 물리치고 있다. 文法을 '말본', 名詞를 '이름씨', 紫外線을 '넘보라살' 등으로 대체하려는 기도는 醇化論者들에 의해서, 특히 광복 뒤에는 교육부를 본거로 하여, 강력히 추진된 바 있으나 오히려 혼란을 가져왔고 극소수에 있어서 그나마 억지로 일반화되어 가는 경향이 엿보인다. 예. 셈본(算數), 세모꼴(三角形). 이러한 신어들이 국어의 생리를 무시하고 있는 사실은 매우 유감된 일이다. 가령 국어에서 '꼴'이란 말은, 적어도 현대어에 있어서는, 깔보는 뜻을 가졌는데 이것을 '세모꼴'에 쓴다는 것은 서투르기 짝이 없는 일이다. 또 한자어에 있어서 느끼는 것과 같은 간결미를 노려서인지 국어의 일반적인 조어법에 어긋나는 것도 허다하니(예. 넘보라살) 이런 점도 반성해야 할 것이다.

　이러한 학자들의 신어 창조가 불경기인데 대하여 민중의 그것이 경기가 좋은 것은 그것이 대중의 언어 감각에 적합하기 때문이다. 현재는 표준어로서 일반화된 '오빠'는 20세기 초엽만 해도 서울 성안에서만 사용되던 것이다. 광복 전후의 신어로 '새치기', '소매치기' 등은 이미 확고한 지반을 차지하고 있다.(일본어 차용어였던 '요꼬도리', '스리' 등을 단시일에 물리쳤다.) 작가들 특히 시인들은 문학어의 수립을 위하여 노력을 아끼지 않았지만 약간의 새로운 단어를 詩語로 고정시키는 데 성공하였다. 예. 고요('고요하다'에서), 오가다('오고 가다'에서) 등. 또 그들은 약간의 옛말을 되살려 놓았다. 예. 가람(江).

개탄해야 할 일로 隱語 내지 卑俗語의 성격을 띤 말들이 광복 뒤의 사회악의 범람으로 생겨나 청소년층의 언어 생활을 타락시키고 있다. 이러한 비속어가 일반어 속에 얼마나 남게 될지는 문제지만, 현재 적어도 서울 지방에서 '공갈'(恐喝)을 '거짓말'의 뜻으로 사용하고 있는 사실 등은 오래 갈 가능성이 있는 듯하다.

일찍이 開化期에는 '開化杖'(短杖), '開化 주머니'(호주머니) 등이 유행한 일이 있었고 광복 뒤에는 '洋담배', '洋公主' 등이 등장하였다. ('洋'의 접두사적 용법은 19세기에 소급한다.) 이런 말은 그 시대의 반영으로서 영속화하기는 어려울 것이다.

다소 특수한 경우로 삼인칭 대명사 여성형(영어의 she)에 대한 추구는 신문학 초창기 이래 시작되었으나 아직 결정을 보지 못하고 있다. 金東仁은 '그' 하나로써 삼인칭 대명사를 삼았던 것인데 몇몇 작가들은 이에 만족하지 않고 '궐녀'(厥女)니, '그네'니, '그녀'니 하는 말들을 시험하여 왔다.

유럽 제어로부터 많은 차용어가 들어온 것은 동양 제어에 공통적인 사실이다. 주로 일본을 중개로 하여 들어왔다는 점이 국어에 특수할 뿐이다. 스포츠 용어 등은 영어에서, 예술 요리 용어 등은 불어에서, 음악 용어는 이태리어에서 들어온 것은 세계적으로 공통된 사실에 속한다.

국어 속의 일본어 요소들은 아직 유동적이어서 어떤 것이 차용어로서 뿌리를 박게 될 것인가는 더 기다려 보아야 할 형편이다. 아마도 일본어 요소는 기술 분야에서 가장 오래 남을 것으로 생각된다.

현대어에서 볼 수 있는 한 특징은 약어의 빈번한 사용이다. 예. 共委(共同委員會), 勞組(勞動組合), 불백(불고기 白飯) 등.

고유의 국어 어휘가 일상 어휘와 감각어에 많이 남아 있음은 위에서 말한 바인데 擬聲語 擬態語의 풍부는 현대국어의 가장 현저한 특징이 되어 있다. 예. 딸랑딸랑, 아장아장 등. 이런 단어들은 '-거리다', '-대다' 등을 接尾시켜서 용언화할 수가 있다. 예. 딸랑거리다, 아장거리다 등.

索 引

【ㄱ】

家禮諺解　198
歌辭　71
加耶　42
加耶語　49
假借　59
加畫　70, 129
各自並書　130~1, 138~140
刊經都監　121, 124
干涉　14, 57, 94
簡素化　214
簡易辟瘟方　126
葛項寺 造塔記　62
感歎法　174, 180, 222, 224
開京　51, 100
改修捷解新語　200
開音節性　34
結合的 變化　15
謙讓法　90~1, 172, 221
景德王 改名　59, 76, 93
警民編諺解　200
經世正韻　202
敬信錄諺解　201
敬語法　90~1, 170, 172~3, 192~3, 221, 243
慶州　49, 50, 75

京板本　201
鷄林類事　103, 106~7, 109~116
繫詞　169, 180, 221, 243
誡初心學人文　127
癸丑日記　202
系統　20
系統的 分類　20~2
高句麗語　37, 42, 43~7, 50~51, 101~2
古今釋林　202
古代國語　53, 74~98
古代日本語　49, 51
古代日本語 借用語　77~8
高麗 中央語　51~2, 100~3
高麗歌謠　105
高麗史　105, 116
孤立語　24
古아세아諸語　21
固有名詞　43, 58~60, 76, 79~81, 93
固有語　118, 190
高低 악센트　236
古篆 模倣說　68~9
古朝鮮　40~1
曲用　29, 89, 163~8, 218~20, 241
　→ 助詞
골락語　21
共同格　167, 186, 219

恭遜法　91, 172~3, 221
共通祖語　13, 20, 37
共通特徵(論)　22~5
關係代名詞　23, 24
官(職)名　76, 115
冠形詞　168
過化存神　201
關聖帝君明聖經諺解　201
校正廳　127
膠着性　22~4
膠着語　24
交替　163~5, 169~70, 218~9, 221
口蓋音化　15, 144, 207~209
口蓋的 調和　23, 87
口訣　64~6, 121
救急簡易方　125
救急方諺解　124~5
舊譯仁王經　65~6, 91, 106
國文　71, 235
國文硏究所　235
國史　57
國語史　10, 11, 17~8, 52~4
國漢文　235
屈折　24
屈折語　24
勸念要錄　199
奎章全韻　202
閨閤叢書　201
均如傳　77
極北諸語　21
近代國語　54, 196~231
金剛經三家解　124

金剛經諺解　124
機能負擔量　140, 155, 206
基督敎　197, 228
箕子(朝鮮)　41, 50
길랴語　21
金大問　93
金東仁　245

【ㄴ】

羅麗吏讀　202
南明集諺解　124
南山 新城碑　62~63
南亞語族　21
內史　17
內的 再構　13~4
內破化　84, 112~3, 239
內訓　124
老乞大諺解　199
老朴輯覽　126
論語諺解　128
楞嚴經諺解　124

【ㄷ】

單母音化　211~2
單文　189, 227
對格　89, 166
大矩和尙　67
大東韻府群玉　103
大明律直解　63
代名詞　33, 35, 89~90, 159, 165,

167, 181, 193, 219~20, 242, 245
大藏都監　104
大學諺解　128
東國新續三綱行實　198
東國正韻　69, 123, 128, 136
東南 方言　236, 238, 240
動名詞　30~2, 35, 159, 174, 188, 215, 226
童蒙先習　65
同文類解　200
東北 方言　236, 238
動詞　157~8, 160, 215~6
動詞文　189, 227, 243
動詞派生名詞　31, 35
東音　→　漢字音
東醫寶鑑　198
同化　15, 135
된소리　83, 109~10, 138~9, 192, 206~7, 238
된소리化　139, 209
된시옷　138
杜詩諺解　125, 199
드라비다諸語　21, 22

【ㄹ】

라틴語　50, 57

【ㅁ】

馬韓語　42, 47
滿洲語　230

滿洲語 借用語　230~1
鞾鞈　41
말레이·폴리네시아語族　22
孟子諺解　128
命令法　178, 224
名詞　157~61, 164, 193, 215
名詞文　30, 189, 227, 243
明義錄諺解　200
母音交替　23, 24
母音調和　22, 23, 34, 87, 89, 132, 153~4, 213, 221, 241
母音體系　26, 85~6, 113, 149~54, 210, 239
母音推移　15, 151
母音 脫落　27, 109
牧牛子修心訣諺解　124
蒙古語群　16, 21
蒙古語 借用語　17, 105, 110, 116~7
蒙古韻略　150
蒙古字韻　150
蒙山和尙法語略錄諺解　124
蒙語老乞大　200
蒙語類解　201
蒙語類解補編　201
몽크멜語　21
蒙學　200
妙法蓮華經諺解　124
武藝圖譜通志諺解　200
無情物　166, 242
無條件 變化　15
문다諸語　21
文法體系　89~91, 155~90, 224~7

文字史　10
文字의　幻影　12
文字體系　12, 56～71, 128～136, 202
　　　～3
文學語　77, 197, 245
文獻　12～3
勿吉　41
物名考　201

【ㅂ】

朴通事諺解　199
磻溪隨錄　202, 230
發心修行章　127
方言　235～6
方言集釋　201
方言學　13, 14
傍點　134, 154～5, 203 → 聲調體系
百濟語　42, 47～8, 74
法華經諺解　124
飜譯朴通事　105, 126
飜譯小學　126, 128
辟瘟新方　199
弁韓語　42
並書　130～1, 203～4
補充法　32, 159
普賢十願歌　77
複數　90, 159
複合文　189, 227
附加語的　用法　188, 226
副動詞　23, 24, 31, 90, 175～7, 223
部分中立母音　213

副詞　156, 162～3, 215, 217
夫餘系　諸語　37, 41～2, 52
夫餘韓諸語　53
夫餘韓祖語　37, 52～3
北史　41
分類杜工部詩諺解　125
分門瘟疫易解方　126
佛敎　190
佛說阿彌陀經諺解　124
佛語　245
佛頂心經諺解　124
比較　方法　13, 20, 25, 36
比較　硏究　25～36
卑俗語　245
非自動的　交替　164～5, 169, 218,
　　　220, 241

【ㅅ】

斜格　30
使動　160～1, 216
사모예드語　21
辭說時調　197
四聲　134, 154
四聲通攷　123
四聲通解　123, 126, 150
사이시옷　135～6, 219, 242
史的　言語學　11
사정한 조선어 표준말 모음　235
山城日記　202
三綱行實圖　124, 200
三國史記　43, 48, 76

三國遺事 76〜7
三國志 41, 42
三代目 67, 75, 77
三譯總解 200
三韻聲彙 202
三學譯語 201
上聲 154〜5, 214, 240
上院寺重創勸善文 124
上層 47, 48
象形 68〜9
새김 59, 66
書記 57
西南 方言 236, 238, 240
徐羅伐 49, 50
庶民 文學 197
瑞鳳塚 60
西北 方言 236
敍述語 30, 171, 189, 227, 242
西洋 197, 228
西遊見聞 235
釋 59 → 새김
釋讀 44〜5, 48, 59〜60, 76, 107〜8
釋讀口訣 66, 91, 106
釋譜詳節 123
石峰千字文 127
禪家龜鑑諺解 127
先語末 語尾 90, 170〜1, 221〜2
宣和奉使高麗圖經 105
說明法 178, 224
薛聰 63, 66
聲調體系 134, 154〜5, 213〜4
세미트語族 21

世宗 68〜9
小說 197, 201
小兒論 200
小學諺解 128
屬格 89, 166, 219
續明義錄諺解 200
續三綱行實圖 126
數詞 33, 35, 46, 91〜2, 104, 159, 182, 216
肅愼 41
脣輕音 111〜112, 140〜141
脣的 調和 23
脣重音 111
純化論者 244
時相 173, 222
施食勸供諺解 125, 137
時調 71, 197, 201
新刊增補三略直解 201
新羅語 42〜3, 45, 47〜9, 53, 74〜98
新語 創造 243〜4
新傳煮硝方諺解 199
新訂國文 235
新增類合 127
新集 57
宸翰帖 202
十九史略諺解 200

【ㅇ】

雅言覺非 202, 230
아이누語 21, 22
樂章歌詞 105

樂學軌範 105, 198
알타이語族 21, 22
알타이祖語 25, 37
野雲自警 127
略語 246
略(體)字 65, 66, 79
陽母音 153~4, 213, 241
梁書 47, 74, 77
養蠶經驗撮要 64
語頭 子音群 24, 109, 146, 206, 239
語錄解 199
語末 語尾 90, 170~5, 223~4
語源論 60, 76, 93
御製內訓 200
御製常訓諺解 200
語族 20
語彙 32~3, 44~6, 57, 91~4, 115~
  8, 190~3, 227~31, 238~46
諺文 68
言文二致 57
言文一致 71, 234~5
諺文志 202
諺文廳 121
言語地理學 14
諺漢文 235
諺解 64, 71, 121
諺解痘瘡集要 198
諺解胎産集要 198
與格 29, 181, 225
呂氏鄕約諺解 126
女眞語 借用語 117

譯語類解 199
譯語類解補 200
沿格 30, 35
練兵指南 198
連書 131
念佛普勸文 200
永嘉集諺解 124
零變化 156
英語 17, 245
靈驗略抄 124
濊語 41
五倫行實圖 200
五洲衍文長箋散稿 202
沃沮語 41
完板本 201
王郞返魂傳 199
外來語 24, 94, 128
外史 17
倭語類解 199
倭學 125, 199
龍飛御天歌 122, 198, 227
우랄·알타이語族 21, 22
우랄語族 21, 22
움라우트(Umlaut) 211~2
圓覺經諺解 124, 131
圓脣母音化 212
原始 夫餘語 52
原始 韓語 52
越南語 21
月印釋譜 122
月印千江之曲 123

魏弘　67
儒敎　190
留記　57
有氣音　28, 81~2, 137~8, 238
有氣音化　138, 209
兪吉濬　235
儒胥必知　202
有聲摩擦音　82~3, 140~2, 206
流音　24, 29, 85
有情物　166, 242
類推　15~6, 220
유카길語　21
類合　80
六書　59
六祖法寶壇經諺解　125, 137
綸音　201
音讀　44~5, 48, 59~60, 65, 76, 78~81, 107
音讀口訣　66
陰母音　153~4, 213, 241
音素的 原理　133~5
音韻對應의 規則　25, 36
音韻倒置　15
音韻法則　14
音韻變化　15
音韻體系　82~7, 109~15, 137~55, 205~14, 238~9
音節　70, 135, 239
音節末 子音　84, 112~3, 147~8
音節的 原理　135
挹婁　41

鷹鵑方　105
意圖法　170~1, 221
疑問文　178~9, 189, 224, 227
意味變化　80, 229
意味의 微差　190
擬聲語　141, 241, 246
意幽堂日記　202
擬態語　241, 246
吏讀　60~4, 71, 77, 89
伊路波　125, 150
二倫行實圖　200
理藪新編　202, 230
頤齋遺藁　202
二重母音　87, 89, 152~3, 211~2
二中曆　104
이태리語　245
異化　15
인도·유럽(印歐)語族　21
隣語大方　201
人稱 語尾　30
日本文字　66
日本書紀　50
日本語　17, 22, 34~6, 46, 51, 66, 245
잃어버린 고리　36
壬申誓記石　61
壬辰倭亂　54, 198
入聲　134, 154
入聲韻尾　88

【ㅈ】

資料 75~8, 103~6, 121~8, 198~202
自動的 交替 163~4, 169
字母 129
自生的 變化 15
字類註釋 201
字母辨 202
子音交替 23, 24
子音 連接 規則 148~9
子音體系 27~9, 81~6, 137~49, 206~10
字恤典則 200
長音 214, 240
底層 34, 102
典律通補 202
全淸 82
全濁 82
接尾辭 24
接續詞 23, 24
接觸 17, 94
正書法 12, 134~6, 202~4, 211, 236~7 → 表記法
定動詞 90, 178~9, 224
正音廳 121
帝王韻記 61, 63
條件 變化 15
造格 89, 167
助詞 29~30, 89, 166~8, 218~9 → 曲用

造語(論) 156~63, 215~8
朝鮮館譯語 102, 121~2, 147
朝鮮語學會 235
尊敬法 90, 172, 221, 243
尊稱 166, 181, 225
終聲 132~3, 204~5
從屬節 186
죠군령젹지 201
主格 89, 166, 187~8, 218~9, 225, 241
周書 47
周時經 237
中國 近代音 193
中國語 21, 22, 56, 58
中國語 借用語 17, 88, 193, 230
中國音韻學 70, 128
中國 中古音 82
中國・티베트語族 21
中立母音 87, 153, 213
中聲 131
中世國語 46, 48, 51~4, 120~93
中庸諺解 128
中和 113, 147~8, 208
增修無寃錄諺解 200
增訂淸文鑑 200
地名 43~4, 48, 59, 75~6, 93
池錫永 235
辰韓語 42
集團曲用 186

【ㅊ】

借用　17, 117
借用語　88, 94, 105, 116~7, 193, 230~1, 245
次清　82
處格　29, 89, 166
處容歌　95~8
斥邪綸音　201
闡義昭鑑諺解　200
千字文　127
添加子音　209~10
添詞　184~5, 226
捷解蒙語　200
捷解新語　200
靑丘永言　201
淸語老乞大　200
靑莊館全書　202
淸學　200
初聲　129~31
初學字會　136
崔萬理 上疏　68
崔世珍　123, 126
추크치語　21
親族關係　20, 22~3, 25, 32
七大萬法　127

【ㅋ】

캄차달語　21
큰 사전　235

【ㅌ】

타이諸語　21
濁聲　138
太上感應篇圖說諺解　201
吐　64 → 口訣
토이기諸語　21, 33
統辭(論)　186~9, 226~7, 243
通時言語學　11
퉁구스諸語　21, 33, 35~6, 42, 47
特殊助詞　30, 89, 181~4, 225~6
티베트·버마諸語　21

【ㅍ】

파스파(八思巴)文字　150
破擦音　110, 144, 208
派生法　158~63, 215~7, 243~4
八歲兒　200
八終聲　133, 147
平音　81, 137, 238
平稱　166, 225
平板調 體系　155
閉音節　34
表記法　78~81, 106~8 → 正書法
標準語　235
표준어 규정　235
被動　161, 217
핀·우글諸語　21

【ㅎ】

하미토·세미트語族　21
하미트語族　21
韓系諸語　37, 42~3
한글　71
한글 맞춤법　235~6
한글 맞춤법 통일안　235~7
한글 專用　235
漢文　56~7, 94, 189, 234~5
漢陽　100
漢字　56~60
漢字語　57, 93, 118, 190, 197, 227~9, 243
漢字音　87~9, 125, 128, 136~7, 214, 240
漢字 借用 表記法　58~60, 107~8
閑中錄　202
漢淸文鑑　200
漢學　126
合成法　157, 215
合成文　189, 227
合用並書　130~1, 203~4
合字　133
海東歌謠　201
鄕歌　67, 75, 77, 94~8
向格　30, 167
鄕藥救急方　104, 107~8
鄕札　67, 71, 77, 108, 136
現代的 偏見　18

現代 正書法　133, 211, 236~7
形式名詞　187~8, 226
形容詞　161~2
形態音素的 原理　133, 237
呼格　167
洪武正韻譯訓　123
華東正音通釋韻考　202
華語類抄　201
華音方言字義解　79, 202
華夷譯語　122 → 朝鮮館譯語
火砲式諺解　198~9
活用體系　30~2, 90, 168~80, 220~5, 242
孝經諺解　128
後漢書　42
訓　59 → 새김
訓蒙字會　127, 136~7, 198
訓民正音(文字)　68~71, 100~1, 120, 128~34
訓民正音(諺解本)　122
訓民正音(解例本)　68, 69, 122
訓民正音韻解　202, 211
희랍·라틴語　243
ㅎ末音 體言　164~6, 218, 241